오! 이런, 이란

# 오! 이란, 이란

테헤란 기숙사
카펫 위 수다에서
페르시아 문명까지

최승아 지음

Humanist

머리말

이란에서 한국으로 돌아온 지 벌써 3년이 흘렀다. 2009년 무작정
이란으로 떠났을 때는 그 이야기가 이렇게 책으로 나오게 될 줄 꿈에
도 몰랐다. 모두가 그렇듯이 나 역시 이슬람혁명 후 이란의 모습, 그
러니까 40년도 채 안 된 이란의 모습만을 알고 있었다. 그러다가 우
연히 1년 8개월 동안 이란에 머물게 되면서 지금 이란과 이란에 남아
있는 페르시아의 흔적들을 생생하게 들여다볼 수 있었다.

한국에 돌아온 뒤 서점에 들렀는데 아쉽게도 이란을 떠나기 전과
다름없이 이란의 현재를 담은 책은 없었다. 시간이 지날수록 이란에
대한 그리움과 갈증은 더해갔다. 결국 나는 내가 보고 느낀 이란을
글로 쓰기로 결심했다. 그곳에서의 내 경험이 지금의 이란을 보여주
는 자료가 되리라는 작은 기대에서였다.

책을 쓰기 위해 이란에서의 경험을 복기하는 것은 외롭고도 설레
는 작업이었다. 1년 8개월 동안 내가 이란에서 만난 기숙사의 젊은 이
란 여성들, 도시와 농촌의 서로 다른 환경에서 살아가는 사람들, 디아
스포라 이란인과 재(在)이란 한국인 등 다양한 사람들, 그리고 페르시

아의 장구한 역사를 오롯이 품은 테헤란과 지방 도시 들은 마치 기다렸다는 듯 자신들의 이야기를 들려주었다. 책을 쓰는 것은 그 소중한 인연을 다시 불러와 마주하는 작업이었고, 마치 오래전 묻힌 거대한 뼛조각을 발견하는 듯한 기분이 들었다. 당시에는 도무지 이해할 수 없었던 이란의 문화에 대해 자료를 찾으며 공부하기도 했는데, 그 공부가 때로는 날카로운 곡괭이가 되어 묻혀 있던 기억들을 불러냈다. 이란에 대한 국내 자료가 턱없이 부족한지라 초보 글쟁이로서 어려움이 컸지만, 내 기억을 이야기로 엮어내는 기쁨과 설렘이 더 컸다.

영원히 변하지 않을 것만 같던 이란 사회에도 변화의 바람이 불고 있다. 2013년 중도 성향의 하산 로우하니 대통령이 당선되고, 같은 해 이란과 P5+1(유엔 안보리 5대 상임이사국과 독일)이 핵협상 관련 계획에 합의를 했다. 이에 따라 일시적인 경제제재 해지로 35년 만에 이란의 수문이 조금씩 열리게 되었다고 한다. 그래서인지 영국의 한 신문은 2014년 추천 여행지 1위로 이란을 꼽기도 했다. 지금도 이란의 이야기는 영원히 짜이는 카펫처럼 계속 새롭게 쓰이고 있다. 이 책은 이란의 비교적 현재의 모습인 동시에 이란의 현재를 만들어온, 당분간은 변하지 않을 풍경들을 담고 있다. 이 책이 독자들에게 검은 차도르가 아닌 오색찬란한 카펫 같은 이란을 만나볼 수 있는 계기가 되길 바란다.

2014년 10월

최승아

# 차 례

## 1장
# 테헤란에 첫발을 내딛다

2장/
# 이란의 청춘, 카펫 위의 수다

3장

# 우리 집으로 오세요!

4장

# 페르시아와 차도르

때는 2009년 한국.

"무슨 과예요?"

"이란어과요."

"아, '일·한어과'요? 그러면 통·번역하는 과인가요?"

나는 대학에서 이란어, 즉 페르시아어를 공부했다. 그러나 학부 시절 이란은 내게 살아 있는 세계가 아니라, 학점을 따기 위해 배워야 할 언어 중 하나일 뿐이었다. 학교 강의나 이란 영화 등을 통해 다양한 이란의 면모를 간접적으로 체험했지만 온통 지루하기만 했고, 전공수업보다 교양수업을 듣는 재미로 학교를 다녔다. 그렇게 일곱 학기를 다니다가 휴학을 했고 2년 만에 여름학교로 복학했다. 그리고 그해 12월 22일, 나는 이란으로 무작정 향했다.

내 눈에 이란이 들어오기 시작한 것은 애니메이션 〈페르세폴리스〉(2007)와 다큐멘터리 〈왕비와 나〉(2008)를 보고 난 이후였다. 〈페르세폴리스〉는 〈천국의 아이들〉 속 착한 눈망울을 한 아이들이나 차도르를 둘러쓰고 음울하게 서 있는 차도리(차도르 쓴 여자들을 일컫는 말)만

존재할 것 같던 이란에 역동적인 사람들의 이야기가 존재하고 있음을, 이란의 마지막 왕비 파라의 삶을 그린 다큐멘터리 〈왕비와 나〉는 이란에 풍요롭고 화려한 문명이 있었음을 알게 해주었다. 그리고 그 속에는 페르시아가 있었다.

아마도 니체의 《차라투스트라는 이렇게 말했다》의 차라투스트라가 페르시아 태생의 조로아스터라는 것을, 괴테가 대적할 자 없다고 극찬한 시인이 바로 페르시아의 시인 하페즈라는 사실을 아는 사람은 그리 많지 않을 것이다. 이뿐만이 아니다. 비록 가상의 인물이지만 《천일야화》 속 이야기꾼으로 알려진 세헤라자드는 페르시아의 왕비이며, 이슬람권의 유명한 학자들, 일명 이슬람문명의 핵심 브레인들도 바로 페르시아인이었다. 페르시아인이 활약했던 중세 이슬람 문화는 오늘날 서양문화의 토대가 되기도 했다. 생각지 못한 이란의 역동적인 모습 아래 흐르고 있는 페르시아 문명의 향기는 그렇게 나를 이란으로 이끌었다.


"응? 이게 뭐지?"

그러던 어느 날 결정적 순간이 찾아왔다. 그것은 이란 여성 시위자를 찍은 한 장의 사진이었다. 2009년 여름 이란은 대통령 부정선거 문제로 온 나라에 반정부 시위 물결이 일었다. 사진 속 여성은 반듯하게 접은 녹색 천을 이마와 입에 두르고 녹색 물감을 칠한 손바닥을 들어 보였는데, 내 눈에는 마치 이렇게 말하고 있는 듯해 보였다. "여기를 보라. 우린 저항하고 있다." 그 순간 귓가에 이런 목소리가 울려 퍼지는 것 같았다. "이란에 가야겠다. 이란에 가야겠다."

마침 신화학자 조지프 캠벨의 저서《신화의 힘》,《신화와 인생》등을 읽으면서 이 모든 게 무언가를 말하는 단서일지도 모른다는 생각이 들었다. 이를테면 내 눈에 아른거리는 예감, 일상적인 사건 들을 하나의 삶의 단서로 보기 시작했다는 것이다.

마음의 소리를 따라 이란행 준비를 일사천리로 해냈다고 말하고 싶지만 그런 식으로 삶이 쉬이 흘러가지는 않았다. "내가 지금 뭘 하는 거지?", "아니야, 분명 이유가 있을 거야." 하며 불신과 자신 사이를 오갔다. 그러다 때마침 테헤란 주재 한국기업 취직이라는, 돈 한 푼 들이지 않고 이란에 갈 수 있는 문이 열렸고 결국 이란행 비행기에 몸을 싣게 되었다. 2009년 12월 23일 오전 10시, 테헤란 공항에서 나는 이맘 호메이니 그림을 마주하고 있었다.

그리고 2010년 어느 날, 이란.

"승아, 여기 영수증이요."

"네."

"승아, 이번 달 내 월급 얼마예요?"

"월급날은 내일이거든요?"

이란으로 떠나기 전 나는 분명 꿈에 부풀어 있었다. '2년 동안 이란에서 일하면서 퇴근 후에는 페르시아어를 배우거나, 책을 읽거나, 이란 곳곳을 여행해야지.' 그러나 그 기대와 달리 내 일상은 이란 돈, 영수증, 엑셀 파일에 뒤덮여 있었다. 야근을 하는 날은 늘어만 갔다. 그러다 순간 정신이 번쩍 들었다. '내가 여기 왜 왔지?' 답은 간단했다. 결국 나는 회사를 그만두었다.

회사를 그만둔 뒤 테헤란 북부 고급 주택가를 떠나 테헤란 남쪽의 낡은 여성 전용 기숙사로 이사를 했고, 어학원에 등록하여 본격적으로 페르시아어를 배우기 시작했다. 그러나 이번에도 평화는 오래가지 못했다.

"미안하지만, 다음 수업 등록은 힘들겠네요."

한 달 만에 학원에서 쫓겨났다. 근래에 한국 선교사들이 이란 길거리에서 성경을 나누어주며 전도를 하다가 이란에서 추방당했는데, 나 또한 같은 국적이므로 학원을 더 이상 다닐 수 없다는 이유였다. 선교사들이 무심코 건드린 이슬람이라는 예민한 촉수가 이란 땅에 있으면서도 종교에 별 관심이 없던 내 일상마저 흔들어놓은 셈이다.

학원에서 돌아온 나는 큰 충격을 받고 좁은 기숙사 방 카펫 위에 멍하니 앉아 있었다. 시간이 지나자 멍한 기분은 차츰 안개 걷히듯 사라졌다. 그러자 몇 번 펼쳐보지 못한 채 책꽂이에서 먼지만 뒤집어쓰고 있던 여행서가 눈에 들어왔다. '나는 과연 언제 여행을 떠날 수 있을까?' 하고 고심하던 그동안의 내 생활을 돌이켜보았다. 꿈틀대며 살아 있는 이란 땅을 뒤로하고, 메마른 단어와 문장 들만 붙잡고 있었던 내 자신을 말이다. 페르시아어만 배우려고 이곳까지 온 것이 아니었는데……《신화와 인생》에는 이런 말이 있다. "여러분이 비틀거리며 넘어지려는 곳, 거기에 여러분의 보물이 묻혀 있다." 회사로부터의 '탈주', 학원으로부터의 '추방'. 두 번을 비틀거리며 넘어지고 나서야 비로소 나는 이란을 제대로 마주할 수 있었다.

그 뒤 나는 탐험가처럼 이란 곳곳을 그야말로 손으로 더듬고 코로 킁킁대며 무작정 돌아다녔다. 카펫 위에서 친구들과 뒹굴다가도 나

그네처럼 홀연히 사라지는 생활을 반복하며 테헤란 거리, 이란의 도시들, 기숙사 아이들의 고향을 순례했다. 그렇게 수많은 풍경과 사람, 이야기와 만났다. 그리고 점차 알 것 같았다. 내가 왜 이란에 오게 되었는지를.

사람들은 이란을 어떻게 생각하고 있을까? 중동 국가 중 하나 혹은 이슬람공화국 정도? 이슬람 근본주의, 차도르, 핵, 테러, 석유, 반미 혹은 한국 축구의 숙적? 텔레비전 뉴스나 신문 등 언론 매체에서 접하는 이란의 이야기는 언제나 '이란답고' '이란 같은' 이야기들뿐이다. 그것이 거짓이라는 말은 아니다. 문제는 그것들이 불완전한 이야기라는 점이다. 마치 이란이 지닌 하고많은 색깔 가운데 검은색 실만 골라 카펫을 짜는 것처럼 말이다.

역사상 가장 거대한 제국 페르시아와 화려했던 페르시아문화와 역사 위에서 자신들만의 이야기를 만들고 있는 나라, 이슬람공화국을 탄생시켜 자신만의 길을 걷고 있는 나라, 당당히 미국을 향해 "NO!"라고 외치는 나라, 영화로 세계 영화계를 재패한 나라. 덧붙여 한국 드라마가 90퍼센트의 시청률을 기록했고, 한국이 네 번째 교역국인 나라 이란. 알고 보면 이란은 우리가 잘 몰랐던 것이 이상하다 싶을 만큼 흥미롭고도 중요한 나라다.

이란에서 지낸 1년 8개월의 짧지 않은 시간 동안 나는 카메라 렌즈보다 거대한 두 눈으로 직접 볼 수 있었다. 그간 보지 못한 이란의 활발발(活潑潑)한 풍경, 즉 지금까지 이란을 만들었고 만들고 있는 그 고유한 이야기들을. 시간이 지나 걷는 걸음이 늘어날수록 새카만 카펫 같던 이란은 점차 오색찬란한 카펫으로 변해갔다. 기숙사에서 만난 친구들, 회사 동료들, 여행 중에 만난 사람들, 디아스포라 이란인 친구, 30년간 이란에서 산 한국인, 내가 살던 테헤란과 이란의 도시들까지. 이 책에서 내가 들려줄 이야기는 이란에서 목격한 바로 그 '나머지'에 관한 것들이다.

독자들이 내 글을 통해 그 나머지 이야기를 알게 된다면 이제까지와는 다른 시각으로 이란을 보게 되지 않을까. 물론 나는 이란 전문가가 아니지만 내 고유한 경험에서 우러나온 이란 이야기를 만나면 그 순간부터 무언가 꿈틀대기 시작할 것이라고 믿는다. 자, 이제부터 조금 다른 색깔들의 실을 쥐고 이란이라는 카펫을 짜보자. 편안하게 그리고 유쾌하게!

**1장**

테헤란에
첫발을
내딛다

# 피스타치오 같은 도시, 테헤란

"언니 여기예요!"

시장통 같은 입국 심사대를 빠져나오느라 지친 내 앞에 마중 나온 후배가 보였다. 흰 코트를 입은 후배는 히잡(이슬람 여성들이 머리와 목 등을 가리기 위해서 쓰는 가리개) 대신 털이 북실북실한 코트 모자를 뒤 집어쓰고 있었다. 옆에는 그녀와 함께 온 이란 남자가 두 눈을 끔벅 이며 '저 여자인가 보다' 하는 표정으로 나를 바라보았다. 후배는 같 은 과 후배이면서 일하게 된 회사의 선임이었고, 이란 남자는 회사 소속 운전기사였다. 후배와 안부를 주고받으며 승용차 뒷자리에 나 란히 타자 차는 곧장 테헤란을 향해 달려갔다. 메마르고 황량한 땅이 창문 가득 펼쳐졌다. 테헤란은 이맘 호메이니 공항에서 북쪽으로 조 금 더 가야 나온다고 했다.

얼마나 지났을까. 테헤란 남부의 어지러운 시내 풍경이 눈에 들어 왔다. 창밖을 내다보는 후배의 눈빛은 무심했지만, 나는 두 손을 꼭 잡은 채 창밖 풍경에서 눈을 떼지 못했다. 테헤란 남쪽은 엉킨 실타 래처럼 무척 복잡했다. 도로를 가득 메운 자동차와 건물, 사람 등은

테헤란은 극심한 대기오염과 교통 체증, 인구 문제로 이란에서 가장 복잡한 도시이면서 동시에 가장 현대적이고 자유로운 곳이다. 가운데 우뚝 서 있는 건물은 테헤란의 상징 밀라드 타워이다.

뽀얀 먼지를 뒤집어쓴 듯했고, 이맘 후세인의 순교를 기념하는 시아 이슬람 최대의 행사인 '아슈라(Ashura)' 준비로 검은 깃발까지 휘날리고 있었다. 대낮이지만 창밖 풍경은 어둡고 음울했다. 북쪽으로 올라갈수록 거리는 말끔해졌고, 조금 더 북쪽으로 올라가 후배가 사는 페레시테 거리의 고급 빌라 앞에서 차가 멈추어 섰다. 나는 일주일 동안 후배의 침대 옆에서 지내다가 새해 첫날 집을 구해 이사를 했다. 본격적인 테헤란 라이프가 시작되는 순간이었다.

테헤란. 먼 이란의 수도 이름이지만 왠지 낯설지 않을 것이다. 서울 강남역 근처에 가면 검은색 글씨로 'خیابان تهران(테헤란로)'라고 새긴 비석을 볼 수 있다. 강남 테헤란로의 테헤란은 이란의 수도 테헤란에서 따온 말이다. 1977년 서울시와 테헤란이 자매결연을 맺으면서 역삼동 강남역 사거리에서 삼성동 삼성교의 구간을 잇는 도로인 삼릉로는 테헤란로라는 이름을 얻었고, 국제금융기관과 IT 벤처기업이 밀집된 '테헤란밸리'로 성장했다. 고려사에 따르면 고려 현종 당시 테헤란 부근의 레이(Rey) 사람들이 상인들을 이끌고 한반도를 다녀갔다고 하는데, 테헤란로가 무역 중심지가 된 것은 우연이 아닐지도 모른다는 생각이 든다.

테헤란은 한국에서 비행기로 약 9시간 거리인 거대한 이란 땅의 북쪽, 동서로 뻗은 알보르즈 산맥의 남쪽 경사면을 따라 들어서 있다. 테헤란이 수도가 된 지는 고작 220년, 그 전에는 별 볼일 없는 작은 마을이었다. 1220년 몽골이 레이 지방을 휩쓸자 그곳에서 탈출한 이주민이 테헤란에 몰려와 살기 시작했으며, 13세기 이전까지는 석류가 풍부한 마을이라는 기록 외에 별다른 기록이 없을 정도다. 그러나 16세기 중반, 사파비 왕조의 왕이 테헤란의 푸르른 나무, 주위를 흐르는 강, 사냥하기 좋은 조건에 반해 머물게 되면서 테헤란에는 푸른 정원, 벽돌집, 대상인 숙소가 우후죽순처럼 들어섰고, 카자르 왕조에 이르러 마침내 이란의 수도로 등극했다. 그 후 몸집을 계속 키워오던 테헤란은 이란의 마지막 왕조인 팔레비의 근대화정책으로 반듯하게 정비되어 오늘날과 같은 도시의 골격을 갖추게 되었다. 테헤란은 현재 남쪽을 제외한 90퍼센트가 바둑판 모양으로 구획되었는데, 이는 석유 자본이 대거 유입되면서 페르시아 건축물들을 부수고 모던한 건물을 세워나간 결과다. 거대한 도로, 도로를 잇는 광장, 공원도 늘어갔다.

"승아야, 집 진짜 좋지 않아?"

"네. 한국 집보다 훨씬 넓은데요?"

이사간 테헤란 북쪽 조르단 거리의 고급 빌라에 처음 들어선 순간 환호성이 터져 나왔다. 집은 무척 넓었다. 이란에서 이렇게 좋은 집에 살게 될 줄 누가 알았을까. 같이 살게 된 선후배 두 명과 월세를 분담하고 거기에 회사 지원금을 보태 돈에 대한 부담은 없었지만, 월세가 한국 돈으로 120만 원이 넘는 그 집은 우리에게 차고 넘치는 수준이었다. 연분홍빛 카펫이 깔린 넓은 거실, 푹신한 소파와 근사한 벽난로, 거대한 창이 나 있고 붉은 카펫이 깔려 있는 방, 운치 있는 나무 책상까지 모든 것이 완벽했다.

"여기 정말 테헤란 맞아?"

어느 날 개인 블로그에 타이 음식점 사진을 올렸는데 누군가 댓글로 물었다. 테헤란 커피숍 사진을 올렸을 때의 반응도 마찬가지였다.

피스타치오 같은
도시,
테헤란

"이란에도 이런 곳이 있군요." 테헤란 북쪽은 "여기가 이란이야?"라는 댓글이 달릴 만큼 화려하고 현대적인 풍경으로 가득했다. 더구나 사람들의 생활 속도도 느긋해 흡사 여유로운 유럽 거리처럼 느껴지기도 했다.

테헤란은 서울과 달리 강이 아닌 광장을 기준으로 남북을 구분한다. 발리 아스르 광장을 기준으로 상대적으로 고도가 높은 북쪽에는 주로 부유층이 모여 산다. 남쪽보다 고도도 높고 사회 계층의 고도도 높은 셈이다. 팔레비 왕조의 궁전이 북쪽에 들어서면서 자연스레 고급 거리가 형성되었다고 한다.

테헤란판 '강남'인 북(北)테헤란에는 라코스테, 베네통, 디젤과 같은 브랜드숍과 종합 백화점, 소규모 고급 옷가게, 커피숍, 서점, 그리고 일본·중국·이탈리아·타이 음식점, 고급 이란 음식점 등 어느 도심에나 있을 법한 상점들이 곳곳에 박혀 있었다.

그렇게 예상외로 지극히 '모던'한 세계가 1년 동안 내가 살던 세계였다. 테헤란 남쪽은 가볼 시간도, 필요도 없는 곳이었다. 1년간 나에게 테헤란은 곧 테헤란 북쪽을 의미했고, 커피와 케이크, 잡곡밥과 초밥, 피자, 팟타이, 중국 음식을 먹으며 시간을 보냈다. 이란의 테헤란이 아닌 강남 테헤란로에 있는 듯하게 살던 셈이다.


언제나처럼 회사에서 가까운 바낙 광장 거리를 걷고 있었다. 갑자기 한 소녀가 내게 다가와 손을 내밀었다. 소녀의 때묻은 손바닥 위에 놓여 있는 것은 껌 세 통. 껌을 좀 사달라는 뜻 같았다. 헐겁게 스카프를 두른 소녀의 동그란 눈에서 다급함과 체념이 느껴졌다. 영화

조르단 거리에 있는 첫 번째 거주지. 잘 지은 서구식 빌라에 머물며 1년 동안 여유롭게 살았다.

회사를 그만두고 옮긴 기숙사에서 철제 신발장에 가지런히 놓인 신발의 주인들과 오랜 시간을 함께했다.

〈천국의 아이들〉에서 본 아이들의 천진하고 해맑은 그런 눈빛이 아니었다. 아마도 소녀는 테헤란 남쪽 빈민가에서 온 것 같았다.

소녀를 만나고 머지않아 나에게도 테헤란 남쪽 세계의 문이 열렸다. 회사생활을 정리하고 테헤란 남부의 작은 기숙사로 거처를 옮긴 것이다. 허름한 골목에 있는 흰 대리석 건물의 기숙사는 마치 낡은 수용소처럼 보였다. 칠이 벗겨진 철문, 마당에 걸려 있는 빨랫줄, 먼지가 뽀얗게 내려앉은 신발들 모두가 빛을 잃은 화석 같았다. 기숙사 건물도, 처음 기숙사를 본 내 낯빛도 모두 창백했다. 전날까지 살던 집과 북쪽 거리는 신기루가 되어 사라졌다.

기숙사에서 첫날을 보낸 다음 날, 택시를 타고 드넓은 발리 아스르 대로를 거쳐 다시 북쪽으로 올라가는 길이었다. 뿌연 하늘 아래 저 멀리 보이는 북쪽 거리와 회사가 마치 다른 세계처럼 낯설었다. 이슬람혁명의 중요한 원인 중 하나는 극심한 빈부 격차 때문이었다고 한다. 처음 남쪽에서 북쪽을 올려다보던 그때, 그 말의 무게를 조금이나마 이해할 수 있었다.

북테헤란에 비해 경제적 수준이 낮은 남테헤란은 20세기 중반까지 명실상부 테헤란의 중심부였다. 오래된 남테헤란 거리는 대학교, 주요 기관, 전통 시장, 수많은 박물관, 근대화의 물결에서 살아남은 옛 페르시아의 건축물 들을 품고 있다. 좀 더 남쪽으로 가면 비좁은 골목들이 미로처럼 펼쳐진다. 이란의 영화감독 마지드 마지디의 말에 따르면 이웃과 자주 부딪치도록 일부러 골목을 좁게 설계했다고 한다. 그의 영화 〈천국의 아이들〉에서 두 남매가 숨을 헐떡이며 달리던 골목도 바로 이곳. 테헤란 남부에 터를 잡고 테헤란 남북을 넘나

들던 7개월의 시간은 천천히 아주 여유롭게 흘러갔다.

　테헤란은 훅 지나쳐 보면 무척 심심한 도시다. 밤에는 밀라드 타워를 중심으로 금빛 은하수가 펼쳐져 화려해 보이지만, 아침이 되면 뿌연 먼지 사이로 희멀건 빌딩과 사람들, 버스와 택시 행렬 등 도시의 민낯이 그대로 드러난다. 건물 외벽에 그린 호메이니의 엄숙한 눈빛, 거리의 검은 차도르 물결은 도시를 더욱 음울하게 만든다. 이웃 도시 이스탄불과 비교하면 테헤란은 마치 흑백사진 같다. 테헤란에서 알게 된 한 지인은 언젠가 이렇게 말했다.

　"두바이에 있다가 오니 테헤란이 평양처럼 보이더라니까."

　반면, 나에게 테헤란은 작고 붉은 열매로 가득한 거대한 피스타치오 나무 같은 곳이었다. 단단한 껍질을 벗겨 피스타치오 너트를 골라 먹듯 발견의 기쁨이 존재하는 도시 말이다. 1년 8개월 동안 거리를 누비며 빛나는 경험을 했던 그곳. 발리 아스르 거리의 연둣빛 플라타너스, 커피숍에 앉아 호로록호로록 마신 커피, 고도가 높아 숨을 헉헉거리며 걷던 조르단 거리, 칠흑 같은 밤 빛나던 밀라드 타워, 수많은 천으로 수놓은 히잡 가게, 주황색 립스틱과 작은 구슬 귀걸이를 샀던 탄디스 백화점, 쪼그리고 앉아 불법복제 CD와 DVD를 고르던 피르다우시 서점……. 손에 잡힐 듯 생생한 북테헤란의 풍경들이다.

　모서리가 해진 여행서 속 테헤란 지도를 펼치면 동시에 테헤란 남부 거리가 눈앞에 펼쳐진다. 골레스탄 궁전의 반짝이는 거울 방, 보석박물관의 182캐럿 핑크 빛 다이아몬드, 카펫박물관의 색색의 카펫, 현대미술관에 진시된 물결 같은 서예 작품…… 페르시아의 찬란한 유산은 회색의 담박한 도시에서 무지갯빛으로 빛났다. 흰 치즈를 얹은 빵, 붉은 홍차, 녹은 버터가 스며든 밥, 구운 생선과 가지, 토마토를 먹으며 친구들과 보낸 7개월의 아름다운 시간들도…….

테헤란의 껍데기는 두껍고 단단하다. 향기가 느껴지지 않는 콘크리트 건물, 험악한 선전 벽화, 검은 차도르 물결, 그리고 테헤란에 대한 백지처럼 빈약한 정보와 편견까지 이 모든 것은 지금도 친절한 테흐라니(테헤란 사람을 뜻하는 말)와 테헤란의 화려한 역사와 명소 들을 단단한 껍데기처럼 감싸고 있다. 처음 내게 그랬듯이 말이다. 그러나 인내심을 가지고 껍데기를 조금씩 벗겨내면 '툭!' 하는 소리와 함께 다채로운 속살이 드러난다. 때로는 달콤하지만 시큼털털하고 쌉쌀하기도 한 속살이. 시간이 흐르고 벗겨낸 껍데기가 하나둘 쌓일수록 테헤란은 다양한 풍미로 가득 찬 도시로 변해갔다.

오랜 세월 동안 피스타치오 나무 밑은 연인들의 밀월 장소였다. 피스타치오 열매가 익으면 껍질이 저절로 벌어지며 쪼개지는 소리가 나는데, 이 소리를 들으면 행운이 찾아온다는 전설 때문이다. 테헤란에서 지낸 1년 8개월 동안 툭툭 껍질 벌어지는 소리가 곳곳에서 들려왔다. 그리고 많은 이야기가 나에게 행운처럼 흘러왔다.

## 이란은 어떤 나라일까?

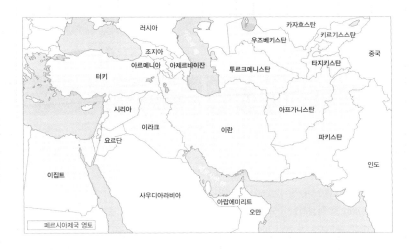

**페르시아제국의 후예 이란**

페르시아제국은 한때 북아프리카의 이집트부터 인도의 인더스 강에 걸쳐 거대한 영토를 차지했으며, 현재 이란의 영토는 역사상 가장 작지만 무려 164만 8,000제곱킬로미터에 달한다. 대한민국 영토의 16배, 한반도의 8배나 되는 땅에 약 8,000만 명이 살고 있다. 국민의 98퍼센트가 무슬림이며 그중 대부분의 종파는 시아파다. 공용어로 페르시아어를 쓴다.

아시아와 유럽을 잇는 이란의 지정학적 위치는 독특한 문화 특성을 만들어냈다. 이란 주위에는 무려 일곱 개의 나라가 인접해 있는데 북쪽에는 아르메니아, 아제르바이잔, 투르크메니스탄이, 서쪽에는 터키와 이라크가, 동쪽으로는 아프가니스탄과 파키스탄이 맞닿아 있다. 페르시아인이 이란 인구의 60퍼센트를 차지하고, 쿠르드족, 루르족과 코카서스계의 아르메니아인, 조지아인, 투르크계의 아제르바이잔족, 셈계에 속하는 아랍인과 유대인 등 다양한 민족이 공존하고 있다. 외세의 침략이 잦기도 했지만 동시에 동서양문화가 만나 풍성한 문화를 꽃피울 수 있었다.

이란은 '열사의 땅'으로 알려져 있지만 국토의 절반이 산악지대이며, 4분의 1이 사막과 황야이고 그 외는 평야지대다. 북쪽에는 카스피 해, 남쪽에는 페르시아 만과 오만해가 있으며 한국처럼 봄, 여름, 가을, 겨울 4계절이 있다. 거대한 영토로 인해 지역마다 기후가 달라 그만큼 풍경도 다양하다. 세계 매장량 4위와 2위에 해당하는 풍부한 석유와 천연가스도 묻혀 있다. 위대한 페르시아문명의 유적과 종교적 상징이 한데 뒤섞인 도시에는 오늘도 활기찬 일상을 살아가는 사람들로 가득하다.

## 이란의 국기

1907~1980년에 사용했던 이란 국기                    현재 이란 국기

이란의 국기는 각각 이슬람·평화·용기(혹은 순교자)를 상징하는 초록·하양·빨강의 삼색기를 바탕으로 중앙에는 튤립 모양의 붉은 문양이 있는데, 이는 아랍어로 쓴 '알라(Allah)'를 형상화한 것으로 '알라 외에 다른 하느님은 없다.'라는 아랍어 문장을 상징한다. 순교자들이 흘린 피를 먹고 자란다는 튤립의 신화를 바탕으로 순교자들의 애국심, 희생을 나타내기도 한다. 흰색의 경계선에는 '신은 무엇보다 위대하다.'라는 뜻의 아랍어 구절이 22번 반복되어 있다. 22라는 숫자는 이슬람혁명이 이란력으로 11번째 달의 22일에 일어난 것에서 유래한다. 카자르 왕조 시기였던 1907년부터 이슬람혁명 뒤 이슬람공화국이 된 1980년까지 사용했던 이란의 옛 국기에는 칼을 든 사자가 태양을 지키고 있는 모습이 그려져 있었다. 태양은 이란 땅을 상징하는 동시에 페르시아 신화에 등장하는 잠시드 왕을 상징하며, 사자는 이란을 적들로부터 지켜주는 이맘 알리 혹은 이란의 왕위를 상징한다. 이는 이란의 신화와 시아 이슬람을 형상화하고 있음에도 팔레비 왕조의 폭압적이고 서구화된 왕정의 상징으로 여겨져서 혁명 때 지금의 국기로 바뀌게 되었다.

# 왜
# 페르시아어를
# 배워요?



"저는 스물일곱 살이고, 한국 사람입니다."

자기소개를 하는 순간 반 친구들의 시선이 집중되었다. 그들의 이목구비와 피부, 머리색, 옷차림은 가지각색이었다. 여자들은 대부분 스카프를 썼지만 검은 차도르를 쓴 사람도 있었다. 금발, 흑발, 갈색 머리카락에 아몬드 모양의 눈과 구슬 같은 푸른 눈이 섞여 있었고 영어와 어설픈 페르시아어가 뒤섞여 들렸다.

고된 회사생활을 마치고 고대하던 어학원에 들어갔다. 내가 속한 반은 중급 II반. 마음속으로 각오를 다졌다. 이곳에서 이란 생활의 전환점을 만들리라. 여기서 페르시아어를 완벽하게 마스터하리라. 머릿속으로는 벌써 고급 과정까지 마치고 회사 동료들과 능숙하게 수다를 떠는 모습, 직원들이 놀라 눈이 동그래지는 모습 등을 떠올리고 있었다. 의욕에 불탄 사람은 나 혼자만이 아니었다.

"아. 여기가 진정 인종 종합전시장이구나."

어학원은 네헤란 북쪽 타지리쉬 광장으로 향하는 발리 아스르 거리에 있다. 현대 페르시아어 사전의 아버지인 어학자 알리 아크바르

데흐코다(Allameh Ali Akbar Dehkhoda, 1879~1956)의 이름을 딴 데흐코다 어학원은 1989년부터 페르시아어에 서툰 재외 이란인 및 외국인에게 언어를 가르쳐왔다. 자연히 테헤란에 거주하는 외국인들 집결소가 된 이곳은 노르웨이, 리투아니아, 슬로바키아, 미국, 캐나다부터 터키, 사우디아라비아, 시리아, 한국, 중국, 일본, 그리고 북한까지 다양한 국적의 학생들로 나름 전 세계의 축소판이었다. 나는 페르시아어가 전공이니 어쩌다가 이란까지 와서 언어를 배운다고 하지만, 이 사람들은 도대체 왜 페르시아어를 배우는 것일까?

셀린 디온을 닮은 미국인 헬렌은 매번 제일 먼저 등교했는데, 그럴 수밖에 없는 것이 그녀는 결혼해서 테헤란에서 시부모와 함께 살고

알리 아크바르 데흐코다는 이란의 저명한 언어학자로, 방대한 페르시아어 사전을 편찬했다.

있었다. 그런데 마음만큼 페르시아어가 잘 늘지 않는지 언젠가 영어 억양이 듬뿍 얹어진 페르시아어로 "휴. 남편이 자꾸 영어를 써요."라고 말하며 걱정하기도 했다. 그녀는 다니던 대학에서 남편과 사랑에 빠졌다고 한다.

중국에서 온 아저씨 유네스는 사업차 이란에 온 경우라 페르시아어는 그에게 학습용이라기보다 생계수단이었다. 소처럼 눈을 끔벅이며 "전 열심히 배워야만 해요."라고 말하던 그는 페르시아어 발음은 가끔 안쓰러울 정도로 우스꽝스러웠지만 누구보다도 성실했다.

노르웨이 친구 오쎈은 배우 나오미 왓츠와 닮아 참 예뻤는데, 가끔 이란인들에 대해 냉소적으로 말할 때는 그녀의 흰 피부가 눈같이 차갑게 느껴지곤 했다. 그래도 종교를 전공한 그녀에게 조로아스터교 탄생지이자 이슬람공화국인 이곳 이란이 여러 모로 흥미로운 모양이었다.

무엇보다 가장 인상 깊었던 것은 북한 친구들이었다. 처음에는 중국인인 줄 알았는데 곧이어 들려오는, 내 귀를 의심케 한 그 소리는 분명 북한 말투였다. 외국인보다 더 외국인 같았다. 한동안 말을 걸고 싶어 입이 근질근질했다. 옆자리에 북한 유학생 미융이 앉았을 때가 기회였다.

"저기요."

"네?"

"안녕하세요."

"네."

"저기 죄송한데 악수 한 번 해도 될까요?"

그는 내 평생 처음으로 본 북한 사람이었다. 또 언제 볼 수 있을지 몰라 대화보다는 그냥 손에 손을 잡고 싶었다. 미용은 당황한 기색이 역력했지만 결국 가느다란 손을 내밀었다.

"북한에서 무슨 공부했어요?"

"경제학……."

미용은 늘 감색 바지, 감색 티셔츠, 감색 점퍼를 입고 한쪽 어깨에 숄더백을 메고 다녔다. 먼 타국으로 유학 온 것을 보면 고위층 자제인 듯했다. 깡말랐지만 말끔한 용모에 단단한 눈빛을 한 그는 우리 반에서 페르시아어를 제일 잘했다. 미용이 페르시아어를 배우는 것은 비즈니스 때문이었는데 하루에 4시간씩 꼬박꼬박 공부를 한다고 했다.

재미있게도 미국이 '악의 축'이라고 규정한 나라 한복판에서 미국인 친구는 이란 남자와 사랑에 빠졌고, 그녀는 또 하나의 악의 축 북한의 여자친구와 줄곧 영어로 수다를 떨었다. 볼이 통통한 그 여자아이는 어찌나 영어를 잘하던지. 국가 간 아무리 대치하는 관계라 할지라도 개인과 개인 사이에 긴장 따위는 연기처럼 사라졌다.

미국이 악의 축으로 규정한 북한과 이란 두 나라는 이슬람혁명 후 외교관계가 활발해졌는데, 군사 교류(이란-이라크 전쟁, 페르시아 만 전쟁 당시 북한의 무기지원 및 거래가 있었다)가 대표적이지만 그 밖에도 과학, 교육, 문화 부문에서 협력을 약속한 것으로 알려져 있다. 미용과 같이 비즈니스 목적으로 체류하거나 유학 중인 학생을 심심찮게 볼 수 있는 이유도 여기에 있다. 아쉽지만 미용과 많은 대화를 나눠보지도 못하고 헤어졌다. 우리 반 인원이 초과되어 분반되면서 나는 이란에서까지 북한 친구들과 또다시 헤어져야 했다.

중국 친구들은 학원 전체를 놓고 보아도 가장 대규모였다. 그야말로 바글바글했다. 이란의 제1대 교역국이라는 것을 증명하듯 중국인만으로 한 반을 만들었을 정도였다. 중국인들은 늘 무리를 지어 다녔는데 그중 여자아이들은 다른 동양계 여자들과 확연히 구분되었다. 호피무늬부터 꽃무늬까지 화려한 히잡을 쓰고 다녔기 때문이다.


가끔 교실에서는 미묘한 기류가 흘렀는데, 바로 이란인 선생님과 시리아 아줌마가 그 주인공이었다. 단어의 어원이 아랍어에 있는가 페르시아어에 있는가를 두고 둘 사이에 아슬아슬한 신경전이 벌어졌기 때문이다. 아랍어와 페르시아어의 대결인 셈. 사실 여부를 떠나 시리아 아줌마는 참 얄미웠다. 수업의 흐름을 툭 끊으면서 트집을 잡는 통에 그녀는 점점 친구들의 따가운 눈총을 받아야 했다.

이란이 속한 중동지역의 지배적인 언어는 아랍어다. 시리아, 사우디아라비아 등의 아랍권에서 사용하는 아랍어와 이란의 페르시아어는 비슷해 보이지만 마치 같은 알파벳을 두고 영어와 프랑스어, 독일어가 서로 다른 발음과 문법을 사용하듯이 서로 다른 언어다. 아랍어와 페르시아어는 몇 글자를 빼곤 문자가 똑같기 때문에 구분하기 힘들 정도이지만, 아랍어는 셈족어, 페르시아어는 인도-유럽어족어에서 유래한 것으로 엄연히 다르다. 그렇다면 두 언어는 왜 이렇게 비슷해 보이는 것일까?

이란인에게 아랍어는 '정복자의 언어'다. 7세기 중반, 사산 왕조 페르시아가 아랍에 침략당해 이슬람제국에 속화되면서 이슬람과 함께 전파된 아랍어는 당시 페르시아에서 쓰던 파흘라비어(사산 왕조 페르시아의 공용어로 3~10세기에 쓰인 중기 페르시아어)를 밀어내고 이란의 행정·문화 언어가 되었다. 이슬람제국이 멸망한 13세기까지 500년이 넘는 세월 동안 페르시아의 공식 문서나 책에 표기된 언어는 아랍어였다. 그러나 이란인들은 일상생활에서 계속 페르시아어를 써왔기 때문에 제국의 힘이 쇠약해진 9세기, 페르시아어는 결국 부활했다. 페르시아의 구술 언어를 아랍어로 표기하면서 많은 아랍어 어휘가 페르시아어화되었다. 마치 중국의 한자어가 일본어와 한국어에 스며든 것과 같은 이치다. 시리아 친구와 선생님이 어원을 두고 사사건건 부딪친 것은 바로 이러한 역사 때문이었다. 어쨌든 페르시아는 아랍 문자를 그대로 받아들이지 않고 자신들의 언어 사용에 맞게 문자 네 개 پ(pe), چ(che), ژ(jhe), گ(gāf)를 더해 오늘날 그들만의 알파벳을 완성했다.

　어학원에서 사용하던 노란색 교재는 군데군데 찢어지고 연필로 쓴 글자들은 자국이 퍼져 종이 위에 회색빛 얼룩으로 남았다. 꼬불꼬불한 문자가 빼곡히 적힌 이 책에 페르시아어로 설명을 듣고 페르시아어로 뜻을 적었다. 볼펜이나 뾰족하게 깎은 연필로 점을 찍으며 필기하면서 모국어의 장에서 벗어나 조금씩 페르시아어의 매트릭스로 들어갈 수 있었다. 다양한 국적의 친구들이 저마다의 억양으로 말하는 서툰 페르시아어는 서로의 문화적 차이를 잇는 다리가 되어주었다. 이란이 예전 페르시아제국처럼 강대국이었다면 어땠을까 하고 상상해본 적도 있다. 종로에는 페르시아어 학원이 줄지어 서 있고 페르시아어 번역가는 차고 넘칠 것이며, 수험생들도 영어 대신 페르시아어 독해집을 풀고 있을지도 모를 일이다.

한 달 만에 학원에서 나온 뒤 페르시아어 학습 공간은 어학원의 좁은 건물에서 수다쟁이 친구들이 가득한 기숙사와 여행지로 대체되었다. 어떤 공간에 있어도 탁월하게 언어를 익히는 사람들이 있지만 나는 더딘 편이어서, 친구들 사이에서 조금씩 늘긴 했어도 내 페르시아어는 우북하게 사나난 잡초 같았다. 정교하게 다듬어지는 대신 비속어만 듬성듬성 자라났으니까. 학원에서 나와 이란의 드넓은 시공간을 누볐지만 능숙한 언어 구사 능력은 얻지 못한 셈이다.

한동안 페르시아어로 말하려면 몸이 뻣뻣해지고 말들은 제멋대로 흩어졌다. 모국어의 문턱을 넘기 위해서는 몸과 마음을 열고 구겨지고 졸아든 말, 툭 끊기고 뭉툭해진 말을 내뱉는 스스로를 가벼운 마음으로 견뎌내야 했다. 이국의 억양을 부끄러움 없이 내뱉을 수 있도록, 그래서 부드럽게 그 언어를 말할 수 있도록 말이다.

어학원에서 쫓겨난 덕분에 살아 있는 페르시아어의 장(場) 안에서 진짜 페르시아어를 배울 수 있었지만, 내가 아는 만큼의 대화를 나누었고 딱 그만큼의 세계를 나누었던 것 같다. 만약 내가 50개의 단어를 더 배웠다면, 아니 100개의 단어를 힘들여 익혔다면 조금은 달라졌을까. 그랬다면 서점에서 구입한 이란의 여류시인 포루그 파로흐자드의 시집 《바람이 우리를 데려다 주리라》나 영화박물관에서 본 영화 〈씨민과 나데르의 별거〉의 대사, 택시에서 들려온 라디오 뉴스도 더 잘 알아듣지 않았을까? 그보다도 친구 터헤레가 데이트하고 돌아와 곧장 치만에게 달려가 조잘대는 대신 나에게 달려왔을지도 모를 일이다. 룸메이트 노빈이 어떤 문제 때문에 방 안에서 혼자 눈물을 흘렸는지, 바허르가 고국의 어떤 점을 걱정하는지 내가 들은 것보다 조금 더 깊이 그리고 더 자세히 알게 되었을지도…….

# 너
# 그 말
# 진짜니?

기숙사 앞 슈퍼 아저씨와 거의 매일 실랑이를 벌였다. 실랑이는 보통 이런 식이었다.

"머스트(플레인 요거트) 얼마예요?"

"거벨리 나더레"

"에이, 얼마예요?"

"거벨리 나더레."

"얼마냐니까요?"

"거벨리 나더레."

"정말이죠?"

"⋯⋯1200토만만 주세요."

'거벨리 나더레'는 직역하자면 '이건 (당신에 비하면) 아무 가치가 없어요'라는 뜻이다. 이란의 화폐 단위는 리알(Rial)인데, 보통 공식 통화인 리알보다 토만(Toman)을 더 많이 사용한다. 1토만이 바로 10리알로, 그러니까 1200토만은 당시 환율로 약 1200원인 셈인데 내가 요구르트보다 훨씬 귀중하니 돈을 받을 수가 없다는 말이다. 물론 아저씨는 돈을 받았다. 그렇다. 슈퍼 아저씨는 말 그대로 빈말의 달인이었다. 그런데 아저씨의 빈말에 다른 사람들이 보인 반응은 의외로 심심했다. 매번 얼마냐고 되묻던 나와 달리 익숙하다는 듯 빈말을 주고받지 않는가.

　이란의 친구들도 마찬가지였다. 빈말을 입에 달고 살았다. 특히 먹을 것을 권할 때 제일 심했다. 터헤레는 나와 음식을 차려놓고 먹는 도중에도 레일러나 미나가 지나가면 고개를 들고 "베파르머이드(이것 좀 먹어봐)"라고 말하곤 했다. 처음에는 인심도 좋다고 생각했지만 시간이 지날수록 그 말이 습관처럼 느껴졌다. 터헤레와 나는 분명 1인분씩 만들어 먹고 있었고 또 기다렸다는 듯 먹으러 오는 친구들도 거의 없었기 때문이다. '베파르머이드'는 그저 진심어린 빈말이었던 것이다.

　빈말은 이란인 특유의 언어 습관이다. '터로프(Taarof)'라고 불리는 이 문화는 자신을 낮추고 상대방을 높여 본인 체면도 지키고 상대방도 존중하는 일종의 언어 에티켓인데, '베파르머이드'는 가장 대표적인 터로프 표현이다. 이 말에 정해진 뜻은 없다. 나보다 상대방을 앞세우는 태도만 같고 상황마다 의미가 변한다. 출입구와 엘리베이터, 계단 앞에서는 "먼저 지나가세요", 은행이나 관공서 직원이 말하면 "무슨 일을 도와드릴까요" 정도가 된다.

　다양한 터로프 표현이 있는데 그중에서 다음 표현들이 대표적이다. 한국어로 직역하면 조금 느끼하게 들리는데 표현 대부분이 시(詩)적인 탓이다.

다스테 쇼머 다르드 나코네(당신의 손이 아프지 않기를)

▷ 감사합니다.

고르버넷 베람(당신을 위해 희생하겠어요)

▷ 매우 감사합니다.

체쉬멧 로샨(당신 눈이 빛나기를)

▷ 당신은 그럴 만한 가치가 있어요.

커헤쉬 미코남(당신에게 간곡히 부탁합니다)

▷ 천만에요.

가다멧 로 체쉬맘(당신의 발자국이 내 눈에 떨어지기를)

▷ 천만에요.

로트프 더리드(당신은 매우 친절하시네요)

▷ 감사합니다.


그러나 최고의 터로프 표현은 단연 "터로프 나콘(터로프 하지 마세요)"이다. 터로프 하지 말라는 뜻인데, 물론 이 말도 터로프다.

회사 관리인 살리미 아저씨는 매일 회사 구석구석을 청소하고, 아침마다 뜨거운 커피를 가져다준 고마운 분이었다. 그러나 매월 돌아오는 월급날마다 돈 계산이 틀릴까 엑셀시트를 뚫어져라 쳐다보고 있는 나에게, 아저씨는 쭈뼛거리며 다가와 이렇게 말하곤 했다.

"승아씨, 여기 영수증이요."

하던 일을 멈추고 돈 가방을 뒤적여 돈을 긴네면 아저씨는 뻔히 손을 내민 채 이렇게 말했다.

"거벨리 나더레."

너
그 말
진짜니?

월급 지급 준비로 1분 1초가 귀한 이때, 터로프라니. 아저씨를 향해 버럭 화를 내고 싶었던 적이 한두 번이 아니었다. 거벨리 나더레, 거벨리 나더레……. 한국의 체면문화에 익숙한 나도 터로프가 답답하게 느껴졌는데, 직설적인 언어권 사람들이야 오죽했으랴.

이를 잘 보여주는 다소 극단적인 농담이 있다. 어느 날 한 미국인 남자가 이란 친구 집에 초대를 받았다. 약속 당일, 친구 집에 도착하니 이란 남자 두 명이 문 앞에서 실랑이를 벌이고 있었다. 대화를 들어보니 내용은 이랬다.

"먼저 들어가세요."

"안 돼요. 불가능한 일이에요."

"이렇게 부탁드릴게요. 먼저 들어가세요."

"허락할 수 없어요. 당신이 먼저예요."

"차라리 죽는 게 나아요. 제발 먼저 들어가세요."

'차라리 죽는 게 낫다고?' 미국인 남자가 황당해하며 곁으로 다가가자 그들의 말. "먼저 들어가세요." 미국인 남자는 일 초도 망설이지 않고 곧장 집 안으로 들어갔다. 순간 그들의 당황한 표정. 그러나 마저 실랑이를 이어갔다. 물론 터로프와 터로프에 대한 외국인의 불편함을 풍자한 우스갯소리다.

어학원에서 터로프를 주제로 토론을 한 적이 있다. 전 세계의 사람들이 모인 탓에 다양한 의견들이 오고갔다. 반응은 크게 두 가지였다. 우선 빈말문화에 익숙한 편인 아시아계 사람들은 덤덤하게 "처음에는 이해가 안 갔지만, 곧 적응이 됐어요."라는 반면, 직언에 익숙한 서양인들은 고개를 흔들며 말했다.

"솔직하지 못한 것 아닌가요?"

익숙한 것이 편하고 낯선 것이 불편한 것이야 당연하다. 그러나 터로프문화는 이란의 역사와 종교의 토양 위에서 자라났음을 명심해야 한다. 페르시아어는 원래 안개처럼 모호한 언어다. 서구에서 통용되는 언어의 80퍼센트가 지시적인 표현이라면, 페르시아어의 80퍼센트는 암시적인 표현이라고 비교될 정도다. 영어권에서 합리적 문화의 영향으로 말하는 이와 정확한 메시지 전달을 중요하게 생각한다면 이란에서는 말이 담기는 상황과 관계에 치중하는 편이다. 이란의 공동체 중심적 문화가 직설적인 표현을 피하는 언어 습관을 형성한 것이다.

여기에 이란의 서러운 역사도 한몫을 한다. 세계지도에서 이란을 찾아 손가락으로 짚어보면 왼쪽에는 유럽이 오른쪽에는 중국이 있다. 동양과 서양을 잇는 이란의 지정학적 위치는 활발한 무역과 동서양이 융합된 풍요로운 문화를 가져다주기도 했지만, 똑같은 이유로 침략도 잦았다. 아랍, 투르크, 몽골의 연이은 침략은 이란 사람들로 하여금 언제 목숨과 재산을 빼앗길지도 모른다는 두려움을 갖게 했고, 자연히 그들은 속마음을 직접적으로 표현하기보다 우회적인 언어 표현을 사용하게 되었다고 한다.

종교적인 이유도 있다. 이란인들 대부분은 시아파 무슬림들이다. 무슬림은 '수니파'가 주류, '시아파'가 비주류다. 오랜 종교 분파의 대립 속에서 비주류가 주류에 맞서다가 피를 보지 않으려면 자신의 종교적 입장을 감춰야 했다. 위험한 상황 속에서 신앙심을 감추는 행동을 이슬람에서는 '타기예(taqiyeh)'라고 하는데 비주류인 시아 무슬림들에게 '타기예'는 생존을 위한 조건이었던 것이다. 외세의 잦은 침략에도 불구하고 페르시아문화가 비교적 온전히 살아남은 것도 어쩌면 터로프 덕분이라는 말도 있다. 이란에는 "페르시아를 침략한 적들은 매번 페르시아인이 되어 돌아갔다."라는 말이 있다. 페르시아의 정체성이 지켜질 수 있었던 것은 문화 자체의 힘 덕분이기도 하지만 우회적인 언술이 침략자들과의 직접적인 대립을 막았기 때문이기도 하다는 것이다. 타지인이 터로프의 역사적 배경을 알기는 어렵기 때문에 터로프는 외국인들, 특히 서구권 외국인들로 하여금 이란인들이 '의외로' 따뜻한 사람들이라며 호들갑을 떨게 만들기에 충분했다. 물론 대부분의 이란인들이 그렇긴 하다. 유명 여행서《론리 플래닛(lonely planet)》도 이란인을 전 세계에서 가장 친절한 사람이라고 평하고 있을 정도인데, 이는 물론 터로프문화 덕이 크다. 친구 니마의 친척집에 저녁식사 초대를 받아 저녁을 잘 먹고 인사를 드리고 가는 길에도 주인 부부는 다정한 눈빛으로 나를 보며 이렇게 말했다.

"이제부터 여기가 승아의 집이에요."

물론 빈말이지만 이방인의 황량한 가슴을 적시기에는 충분했다.


터로프는 친절함으로 감동을 주기는 하지만 반면에 결코 만만한 문화는 아닌 모양이다. 미국 일간지 〈뉴욕타임스〉는 터로프에 관한 기사를 실으며 이렇게 조언했다. "미국은 이란이 외교관계에서 보여주는 복잡한 얼굴을 이해하기 위해서 그들의 소통방식을 알 필요가 있다." 외교전의 주요 무기는 언어다. 말을 전략적으로 벼리고 벼려 상대 국가를 향해 적중시키고 상대의 공격에 적절히 대응하는 것이 외교전의 포인트라면, 제일 중요한 것은 상대 국가의 언어를 적확하게 이해하는 것이다. 그런데 상대적으로 명확한 영어와 모호한 페르시아어의 대결에서 미국은 불리할 수밖에 없다. 왜냐하면 이란 측에서는 미국 측 발언을 있는 그대로 해석하면 되지만, 미국 측은 이란 측 발언을 고심하며 해석해야 하기 때문이다. 그렇기에 외교뿐 아니라 무역, 문화 교류 등 언어를 주요 수단으로 하는 모든 활동에서 터로프문화는 꼭 짚고 넘어가야 할 과제다.

친구 파라허니는 가끔 친하거나 반가운 사람에게 전화가 오면 두툼한 볼을 움씰대고 눈이 초승달이 되도록 웃으며 전화를 받았는데, 수화기를 들자마자 이런 말들을 속사포처럼 쏟아내곤 했다. "쌀람, 헐레 쇼머, 아흐벌레 쇼머, 쿠비? 헐레툰 쿠베? 쌀러마티? 쿱 하스틴?" 놀랍게도 서로 다른 표현이라고 생각했던 저 말들은 '쌀럼(안녕하세요)'을 제외하면 다 똑같은 '잘 지내요?'라는 뜻이다. 고로 잘 지내요라는 말만 여덟 번이나 반복한 셈이다.

이란에서 말(言)이란, 상대방의 말에 정확하게 반응하며 상황을 빈틈없이 효율적으로 돌아가게 하는 도구가 아니다. 짧든 길든 터로프의 숲을 지나쳐야 진짜 대화에 도달할 수 있다. 터로프는 의식하든 하지 않든 그들 나름의 뿌리 깊은 습관이기 때문에 "만 터로프 네미코남(난 터로프 안 해)"이라고 말하던 터헤레조차 터로프에서 자유로울 수 없었다. "이것 좀 먹어봐", "너 먼저 써", "먼저 들어가" 등 외국인의 입장에서 보면 다분히 터로프적인 표현들을 무의식적으로 뱉어내곤 했으니까.

친구들의 요란한 터로프 표현을 들으면서 '내가 저들처럼 터로프

너
그 말
진짜니?

를 한다면 그건 분명 페르시아어를 정복했다는 뜻일 거야.' 하고 생각했다. 그러나 돌이켜보니 터로프가 입에 붙는 건 언어뿐 아니라 이란 땅에 완전히 적응했다는 것을 의미하기도 했다. 짧지 않은 시간 동안 터로프에 싸여 살다 보니 자연스레 터로프가 입에 붙어갔고, 나중에는 터로프 릴레이를 즐기며 그에 대한 융통성도 생겨났다.

페르시아어는 이란뿐만 아니라 타지키스탄, 아프가니스탄, 우즈베키스탄, 바레인, 이라크, 조지아, 아제르바이잔, 아르메니아, 체첸공화국, 인구시공화국, 인도나 파키스탄의 일부에서 사용한다. 유럽인들은 페르시아어를 '동양의 프랑스어' 혹은 '동양의 영어'라고 불러왔는데, 프랑스어처럼 속삭이는 듯한 느낌이 드는데다 과거 널리 사용된 국제어였기 때문이다. 페르시아어는 문자가 비슷한 아랍어와 혼동하기 쉽지만, 셈족 계통의 아랍어와 달리 인도-유럽어족 중 인도-이란어파에 속하며 문법 구조도 완전히 다르다.

**페르시아어의 알파벳**

짧은 설명으로 페르시아어 전부를 알 수는 없겠지만, 이란 혹은 한국에서 페르시아어 문장을 볼 때 그림 같은 언어가 고유한 알파벳과 고유한 규칙으로 구성된 언어임을 볼 수 있게 된다면 그것으로 충분하다.

| 알파벳 이름 | 발음 | 알파벳 구성 | | | |
|---|---|---|---|---|---|
| | | 끝 | 중간 | 시작 | 단독 |
| ʾalef | ā/a/e/o | ـا | | ا / آ | |
| be | b | ـب | ـبـ | بـ | ب |
| pe | p | ـپ | ـپـ | پـ | پ |
| te | t | ـت | ـتـ | تـ | ت |
| se | s | ـث | ـثـ | ثـ | ث |
| jim | j | ـج | ـجـ | جـ | ج |
| che | ch | ـچ | ـچـ | چـ | چ |
| ḥe | h | ـح | ـحـ | حـ | ح |
| khe | kh | ـخ | ـخـ | خـ | خ |
| dāl | d | ـد | | د | |
| zāl | z | ـذ | | ذ | |
| re | r | ـر | | ر | |
| ze | z | ـز | | ز | |
| zhe | zh | ـژ | | ژ | |

| sin | s | ـس | ـسـ | سـ | س |
|---|---|---|---|---|---|
| shin | sh | ـش | ـشـ | شـ | ش |
| sād | s | ـص | ـصـ | صـ | ص |
| zād | z | ـض | ـضـ | ضـ | ض |
| ţā | t | ـط | ـطـ | طـ | ط |
| ҙā | z | ـظ | ـظـ | ظـ | ظ |
| ein | a/ e/ o | ـع | ـعـ | عـ | ع |
| ghein | gh | ـغ | ـغـ | غـ | غ |
| fe | f | ـف | ـفـ | فـ | ف |
| qāf | q | ـق | ـقـ | قـ | ق |
| kāf | k | ـک | ـکـ | کـ | ک |
| gāf | g | ـگ | ـگـ | گـ | گ |
| lām | l | ـل | ـلـ | لـ | ل |
| mim | m | ـم | ـمـ | مـ | م |
| nun | n | ـن | ـنـ | نـ | ن |
| vāv | v / ū /ou | ـو | | و | |
| he | h | ـه | ـهـ | هـ | ه |
| ye | y / ī / ei | ـی | ـیـ | یـ | ی |

## 32개의 자음만으로 이루어진 페르시아 알파벳

페르시아어 알파벳은 아랍어에서 가져온 28개 알파벳에 페르시아어 순수 알파벳 4
자 پ (pe), چ (che), ژ (jhe), گ (gāf)를 더해 위와 같이 총 32개 알파벳으로 구성되어
있다. 재미있는 것은, 이 32개의 글자가 모두 자음의 기능만 한다는 것이다.

## 다양한 '부호'와 '모음 같은 자음'을 사용해 만드는 페르시아어

모음을 표현하기 위해서는 자음의 위아래에 부호(파트헤, 카스레, 잠메)를 붙이거
나 모음 같은 자음(ا 'alef), و (vāv), ی (ye))을 사용한다. 기타 함제(hamze), 소쿤
(sokūn), 타쉬디드(tashdid), 탄빈(tanvin)이라는 부호를 활용해 다양한 발음을 표시
하기도 한다. 그러나 페르시아어는 보통 모음 부호를 생략하고 글자만 표기한다. 페
르시아어가 모국어인 이란인들은 처음 보는 단어라도 대부분 발음을 추측할 수 있지

만 외국인에게는 무리다. 만약 '정치'라는 뜻의 페르시아어 'سیاست'(siyāsat) 를 사전을 통해 알아냈다고 해도, 해당 사전에 발음 'siyāsat'이 표기되어 있지 않으면 단어 'سیاست'를 가지고 발음이 표기되어 있는 특정 사전을 찾아봐야 정확한 발음을 알 수 있다.

**페르시아어 문법의 꽃: 꼭 알아두어야 할 '에저페'**

페르시아어는 수식어를 명사 뒤에 놓는 후치수식 언어다. 페르시아어의 가장 큰 특징이라고 할 수 있는 '에저페 용법'이 있다. 에저페는 수식, 소유격, 종속관계, 재료 등을 표현할 때 사용되며, 연결해주는 단어 사이에 ' ِ'를 표시하고 '에' 또는 '예'로 발음한다.

| | |
|---|---|
| مردِ بزرگ<br>(mard e bozorg) | 큰 남자 |
| باغِ قشنگ<br>(bāgh e ghashang) | 아름다운 정원 |

**간단한 페르시아어 회화**

앞에서 설명한 것을 바탕으로, 간단한 페르시아어 회화를 한번 배워보자.

| | |
|---|---|
| سلام<br>(salām) | 안녕하세요.<br>(Hello, Hi) |
| حالتون چطوره؟<br>(hāletun chetore?) | 안녕하세요.<br>(How are you?) |
| خدا حافظ<br>(khodā hāfez) | 안녕히 가세요. |
| صبح بخیر<br>(sobh bekheir) | 안녕하세요.<br>(Good morning) |
| بعد از ظهر بخیر<br>(bad az zohr bekheir) | 안녕하세요.<br>(Good afternoon) |
| شب بخیر<br>(shab bekheir) | 잘 자요. |

| | |
|---|---|
| بله<br>(bale) | 네. |
| نه<br>(na) | 아니오. |
| ببخشید<br>(bebakshid) | 실례합니다. 죄송합니다. |
| متشکرم<br>(motashakkeram) | 감사합니다. |
| متاسفم<br>(motaasefam) | 미안합니다. |
| خوبم خیلی ممنون شما چطور هستید؟<br>(koobam kheyli mamnoon shomaa chetorin?) | 좋습니다. 당신은 어떠세요?<br>(Fine thanks. And you?) |
| اسمتون چی هست؟<br>(esmetoon chiye?) | 이름이 뭐예요? |
| اسم من ○○○ هست<br>(esme man ○○○ hast) | 내 이름은 ○○○입니다. |
| شما انگلیسی حرف می زنید؟<br>(shomaa ingilisi harf mizanid?) | 당신은 영어를 할 줄 압니까? |
| من نمی فهمم.<br>(man nemifahmam) | 이해가 안 갑니다. |
| می توانم عکس بگیرم؟<br>(mitunam aks begiram?) | 사진을 찍어도 됩니까? |
| ○○○ کجاست؟<br>(○○○ Kojaast?) | 어디에 있습니까? |
| آدرس اش چی هست؟<br>(aadresesh chi hast?) | 그곳 주소가 어떻게 됩니까? |
| اون ○○○ هست<br>(oon ○○○ hast) | 저것은 ○○○입니다. |
| اون (پست / جلوی / کنار) هتل هست<br>(oonposhte / jeloye / kenaare hotel hast) | 저것은 호텔 뒤에/앞에/옆에 있습니다. |

| | |
|---|---|
| غذای مخصوص محلی چی هست؟<br>(ghazaaye makhsoose mahali chiye?) | 이 지역 고유의 음식은<br>무엇입니까? |
| من ٥٥٥ را می خواهم بخورم.<br>(man ٥٥٥ ro mikhaam bokoram) | 저는 ٥٥٥을 먹고 싶습니다. |
| کمک!<br>(komak!) | 도와주세요! |
| من گم شده ام.<br>(man gom shodam) | 저는 길을 잃었습니다. |
| آن چقدر هست؟<br>(oon cheghadre) | 그것은 얼마예요? |
| آن خیلی گران / ارزان هست<br>(oon kheyli geroone / arzoone) | 너무 비싸요/싸요. |
| ساعت چنده؟<br>(saat chande?) | 지금 몇 시예요? |
| ساعت ۲ هست.<br>(saat do hast) | 2시입니다. |
| این اتوبوس/کشتی<br>/ هواپیما/قطار برای تهران هست؟<br>(in otooboos/keshti/havaapeymaa/<br>ghataar baraaye tehrane?) | 이 버스/배/비행기/기차가<br>테헤란행인가요? |
| این راه به میدان انقلاب می رود؟<br>(in raah be meydaane enghelaab mire?) | 이 길로 가면<br>앵겔럽 광장이 나오나요? |

# 테헤란
# 택시,
# 블루스

회사 다니던 시절, 거의 매일 밤 똑같은 이란 남자에게 전화를 걸었다. 애인이면 참 좋았겠지만 콜택시 회사였다.

"턱시 바러예 조르단 미커스탐(조르단 가는 택시 한 대 부탁합니다)."

야근을 끝내고 늦은 밤, 집은 회사에서 가까운 편이었지만 테헤란이든 서울이든 밤에 혼자 다니면 불안한 법. 무조건 콜택시를 불렀다. 출근할 때는 퇴근할 때와 달리 택시를 두 번이나 탔는데, 이유가 있었다. 출근 길 아침, 집 앞 큰 도로에 서 있으면 낡은 차들이 알아서 다가와 스르르 창문을 연다.

"모스타김?" 하고 물었을 때 운전사가 고개를 끄덕이면 즉시 차에 올라탄다. 남쪽으로 쭉 내려가 회사 방향으로 꺾어지는 사거리에서 내린 뒤, 다시 회사 방향인 우측으로 가는 택시를 잡아타고 회사로 향한다. 매일 출근길이 이런 식이었다.

모스타김은 택시의 방향과 나의 방향이 같을 때 동승하는 일종의 합승 택시 개념이다. '모스타김(mostaqim)'은 페르시아어로 '직진'이라는 뜻인데, 택시 종류라기보다 탑승 방식을 일컫는 말이다. 모스타

테헤란의 발리 아스르 거리를 오가는 수많은 자동차 중 택시가 눈에 띈다. 이란에서는 매우 저렴한 비용으로 택시를 이용할 수 있다.

김 택시는 사람을 계속 태우며 가기 때문에 손님들이 끊임없이 타고 내린다. 택시비도 무척 싸다. 웬만한 거리는 한국 돈으로 천 원도 되지 않는다.

이란 택시는 콜택시인 '어전스(agence)', 개인택시인 '다르바스트(darbast), 왕복택시인 '사바리(savari)' 세 종류가 있는데, 이 세 가지 택시는 모스타킴이 힘들고 주로 일반 차량이 가능하다. 일반 차량도 운전자가 내키면 모스타킴을 하는데, 물론 불법이지만 단속도 심하지 않고 택시기사들도 별 불만이 없다. 택시 수에 비해 이용자가 월등히 많기 때문이란다. 처음에는 어떤 게 모스타킴 택시인지 헷갈렸는데, 도로에 멀뚱히 서 있으면 택시가 알아서 다가와주기 때문에 차츰 적응이 되었다. 어쨌든 목적지 방향만 알면 도로에 가득한 모스타킴 택시를 타고 어디든 갈 수 있었다.

천 원 안팎의 부담 없는 택시비 때문에 조금만 걸어가도 될 거리에도 모스타킴 택시를 타다 보니 잘 걷지 않게 된다는 단점도 있다. 이란 사람들의 두툼한 뱃살은 기름진 이란 음식뿐 아니라 천국 같은 택시 라이프의 대가로 보일 정도다. 택시비는 미터기로 매기기도 하지만 미터기가 없는 경우가 많으니 사바리나 모스타킴 택시를 탔을 때는 옆 사람 손가락이나 기사 아저씨의 기준을 따르면 된다. 지극히 아날로그적이지만 택시비는 미터기만큼 정확하고 무엇보다 덜 의심스럽다. 정부 공인 가격을 충실히 따르기 때문이다. 단, 다르바스트 택시의 경우 택시비를 속이는 경우가 간혹 있으니 주의해야 한다.

이란 생활 초기에는 급할 때면 에라 모르겠다며 다르바스트를 타기도 했다. 목적지 코앞까지 한 번에 가려면 어전스나 다르바스트를 타야 한다. 다르바스트는 문이라는 뜻의 '다르'와 닫힌이라는 뜻의 '바스트'를 합쳐 '닫힌 문'이라는 뜻으로, 손님이 타면 더 이상 다른 손님을 태우지 않고 바로 목적지로 향하는 직행 택시다. 당연히 택시비는 모스타김과 왕복택시보다 비싸다.

마지막으로 왕복택시는 같은 구간을 셔틀버스처럼 오가는 택시로, 사람이 많은 광장과 광장, 다리와 광장, 주요 도로 사이를 왔다 갔다 한다. 모스타김 택시처럼 손님을 계속 태워 나르는데, 유동인구가 많은 바낙 광장에는 아예 왕복택시 전용 승강장까지 마련되어 있다. 5인승 노란색·녹색 택시나 11인승 녹색 밴이 이곳에서 끊임없이 사람들을 실어 나른다. 테헤란 사람들이 가장 많이 애용하는 대중교통 수단은 바로 이 택시다. 버스와 지하철이 거대한 테헤란 인구를 수용하지 못하는 대신 택시는 종류도 다양하고 상황에 따라 유동적으로 이용할 수 있어 편리하기 때문이다. 테헤란은 마음 편히 택시를 타고 어디든 갈 수 있는, 그야말로 '택시 파라다이스'다.


그러나 지상 위에 완벽한 천국은 없는 법, 출근할 때의 일이다. 그 날따라 왜 그렇게 모스타김 택시가 안 잡히는지, 초조하게 택시를 기다리고 있었다. 그런데 조금 뒤, 갑자기 흰 푸조 한 대가 내 앞에 서는 게 아닌가. 가만 보니 모스타김을 해준다는 것 같았다. 조금 미심쩍기는 했지만 급한 마음에 얼른 올라탔다.

"철컥."

'응? 금방 내릴 텐데 왜 문을 잠그지?' 하는 생각이 들어 조심스레 차 주인의 얼굴을 보았다. 기름진 장발, 비대한 턱살의 흰 얼굴을 한 남자는 뒷거울로 느끼한 눈빛을 흘리며 내게 묻기 시작했다.

"한국 사람이에요? 몇 살이에요?"

처음에는 질문에 고분고분 대답했지만 갑자기 그가 몸을 돌려 두 툼한 손가락으로 내 바지 밑단을 파고들면서 상황은 달라졌다. 당황해서 소리를 질렀지만 그의 흰 손은 다시 바지를 파고들고 있었다. 얼마나 놀랐던지 그때의 기억은 몇 장면으로만 남아 있다. 특히 내가 앙탈부린다는 듯, 음흉한 미소를 짓던 그의 표정은 아직까지 잊히지 않는다.

지나가다 굳이 모르는 여성을, 그것도 외국인 여성을 태운다는 것은 선의보다는 다른 흑심이 있을 가능성이 더 크다. 이 일이 벌어진 뒤부터 혼자 택시를 타야 할 때는 웬만하면 사람들이 이미 타고 있는 차 혹은 노란색이나 녹색, 주황색 띠를 두른 흰색 택시를 탔다. 모든 이란인이 그런 것은 아니지만 위험한 상황은 최대한 피하는 것이 좋으니까.

파라다이스를 위협하는 것은 이뿐만이 아니다. 택시로 가득한 테헤란은 그야말로 교통지옥이다. 테헤란의 수많은 도로와 그 도로를 잇는 광장들은 연일 크고 작은 자동차들로 가득 차 있다. 도로 수용량의 다섯 배가 넘는 400만 대의 자동차가 테헤란을 활보하고 있는데 이란이 전 세계에서 4위, 중동에서는 사우디아라비아 다음 가는 산유국인지라 기름 값이 싼 탓에 너도 나도 자동차를 몰기 때문이라고 한다. 전 세계 평균 다섯 명당 한 대의 차량을 가지고 있다면, 이란은 세 명당 한 대를 가지고 있는 셈이라고. 테헤란의 악명 높은 대기오염도 바로 이 때문이기도 하다.

고속도로를 제외한 대부분의 테헤란 거리는 그야말로 카오스인데, 그중 테헤란 운전자들의 운전 실력은 기가 막혔다. 앞차와 아슬아슬한 간격을 유지하면서도 용케 충돌하지 않고 끼어드는 기술은 거의 곡예 수준이었다. 중앙선을 침범해 달리는 자동차 때문에 2차로가 순식간에 1차로가 되기도 하고, 갑자기 자동차가 끼어들어 1차로가 금세 2차로가 되기도 했다. 횡단보도를 건너는 보행자는 별 안중에도 없는 듯했다. 터로프와 같은 체면문화도 도로에서만큼은 예외인가보다. 이란에 온 지 9개월 만인 2010년 8월, 잠시 한국에 다녀간 적이 있었다. 공항버스에 올라타 오랜만에 한국의 거리를 내다보는데 '와, 이렇게 거리가 깔끔했었나?' 하는 생각이 문득 들었다. 자동차들 모두 기름을 두른 듯 윤기나 보였고, 운전도 무척 부드럽게 하는 듯 느껴졌다. 이미 교통지옥의 테헤란에 익숙해져버린 것이다.

나중에는 나름의 택시 이용법까지 터득했는데, 기숙사로 이사 온 뒤에는 콜택시와 다르바스트 택시에게는 안녕을 고하고 왕복택시와 모스타김만 주로 이용했다. 이 두 택시의 저렴한 가격을 경험하면 이별은 당연한 수순이었다. 테헤란은 바둑판식 도시라 사실 모스타김과 왕복택시만 이용해도 어디든 갈 수 있다. 목적지 인근 광장까지는 왕복택시를 그 다음에는 목적지 방향의 모스타김 택시를 타면 되니까 말이다.

"메이두네 바낙(바낙 광장이요)."

기숙사가 있는 토히드 광장에는 매일 변함없는 풍경이 펼쳐진다. 광장 근처 도로 가에 서 있는 왕복택시들과 호객꾼이 그 주인공. 호객꾼은 늘 검은 묵주를 만지작거리며 "바낙! 바낙!" 하고 외쳐댔는데, 내가 택시에 타면 양곰(대장금의 페르시아어 발음)이 왔다며 깊은 주름이 더 깊게 패이도록 헤벌쭉 웃곤 했다. 택시에 타더라도 수용인원 네 명이 모두 다 차야 출발하기 때문에 앉아서 조금 기다리면 된다.

반면, 달리는 왕복택시를 잡는 것은 약간의 기술이 필요하다. 주요 광장, 다리, 도로 주위에 서 있으면 택시가 알아서 다가오니 크게 걱정할 필요는 없지만 단, 택시가 오면 창문에 대고 목적지를 크고 분명하게 말해야 한다. 도로가 매우 시끄럽기 때문이다. "바나악!" 이때 운전사가 고개를 끄덕이면 택시 안으로 몸을 던지고, 고개를 살짝 꺾으면 아니라는 표시니 다른 택시를 기다린다. 이 과정은 왕복택시가 잠깐 정차한 사이 벌어지기 때문에 한국에서 택시 잡을 때보다 더 빨리 움직여야 한다.

무슨 택시를 타든 주의해야 할 점이 하나 있는데, 반드시 차문을 살살 닫아야 한다는 것. 주로 택시로 사용되는 1960년대산 페이칸, 푸조와 프라이드는 문 닫을 때마다 아슬아슬할 정도로 차체가 약하기 때문이다. 만약 습관대로 차문을 쾅 닫으면? "문 좀 살살 닫으세요!" 하며 비명을 지르는 기사 아저씨의 굳은 표정을 볼 수 있을 것이다.

또 하나, 택시는 이란에서 자연스럽게 남녀가 함께 앉을 수 있는 교통수단이다. 이란의 버스와 지하철은 각각 분리대와 구분된 객차로 남녀 탑승을 구분하고 있지만 택시 안에는 그런 것이 없다. 버스나 지하철을 비웃듯, 이란의 남녀는 택시 안에서 보란 듯이 어깨를 맞닿고 앉을 수 있다. 그래서 밤중에 택시를 타더라도 사람들과 함께 있기 때문에 조금 더 안전하게 느낀다.

이란의 버스에는 남녀가 서로 신체적인 접촉을 삼가도록 차내에 분리대를 설치해놓았다.

지하철에서는 양 끝 전용칸을 제외하고 분리대 없이 남녀가 합석할 수 있다.

테헤란 택시들은 매일 끊임없이 사람들을 먹고 토해낸다. 마치 관절처럼 도시 곳곳을 이어주는 택시들. 나는 종종 택시에 타서 느긋하게 테헤란 풍경을 감상하거나 생각에 잠기곤 했다. 토히드 광장에서 북쪽 타지리시 광장으로 가는 길. 타지리시행 왕복택시는 뻥 뚫린 참런(chamran) 고속도로를 내달리곤 했다. 부르릉! 택시가 출발하면 나도 얼른 엠피스리(MP3)를 꺼내 좋아하는 노래를 들었다. 창문으로 들어온 엄청난 바람에 히잡이 벗겨지고 또 벗겨졌지만 그래도 행복했다. 복잡하고 정신없지만 무엇보다 포근하고 리드미컬한 블루스 같다고 할까. 가끔 그립다. 그 어디에도 없는, 테헤란판 택시 블루스가.

# 느긋하게
# 사는 것의
# 의미

2010년 12월의 어느 날, 회사를 그만두기 전 후임자에게 업무를 인수인계하고 있었다. 후임으로 들어온 김 과장님이 집에 인터넷을 설치하기로 했다며 점심시간을 쪼개 외출을 했다. 이게 웬걸, 그는 3시간이 지나서야 사무실로 돌아왔다.

"과장님 왜 이렇게 늦으셨어요?"

"휴, 말도 마요."

과장님은 집에 도착해 설치 기사를 기다렸다고 한다. 얼마 뒤 약속시간이 지났는데도 설치 기사는 오지 않았다. 그래도 기다렸다. 조금 늦을 수 있으니까. 30분이 지났다. 계속 자리를 지켰다. 30분은 곧 1시간이 되었고 1시간은 결국 2시간이 되었다. 기다리다 못해 통신사 직원에게 급히 전화로 상황 설명을 하니 그제야 설치 기사가 출발했다고 한다.

이런 적도 있었다. 회사에서 일하고 있는데 크고 날카로운 굉음이 들려왔다. 사무실 안에서 절단기로 파티션을 자르는 소리였다. 파티션 공사는 업무 시간 내내 이어졌고, 결국 그날은 업무를 망치고 말았다. 한 한국인 직원은 "한국 같으면 상상도 하지 못할 일이지. 밤을 새서라도 주말에 공사를 끝냈을 거야." 하며 혀를 찼다.

이란 사람들은 느긋하다. '빨리빨리'를 외치는 우리보다 항상 한 템포씩 느리다. 언젠가 그 이유에 대해 타브리즈에서 알게 된 지인에게 조심스레 물어봤더니 그녀는 "흠. 우리가 좀 게을러. 근데 무기력해진 면도 있어. 전쟁을 많이 겪었거든."이라고 답했다.

잦은 전쟁으로 무기력해졌다고? 틀린 말은 아니지만 무기력함보다는 '초연함'에 가깝지 않을까? 이란은 7세기와 13세기 각각 아랍과 몽골의 침략과 지배를 경험했고, 그 밖에도 아시아와 유럽의 중간에 위치한 탓에 예로부터 외세의 침입이 잦았다. 1980년대에는 9년 가까이 이라크와 전쟁을 치렀다. 큰 사건을 자주 겪다 보면 일상의 작은 일들에 초연하게 되기 마련이다.

종교적인 영향도 있다. 코란에는 "어떤 일이 있어도 '나는 내일 반드시 이것을 한다'고 해서는 안 된다. 단 '신의 뜻이라면'이라고 하면 된다."(18장 23~24절)라는 구절이 있다. 사람의 의지가 아닌 신의 뜻에 따르는 삶. 여기서 '신의 뜻이라면'을 아랍어로 읽으면 그 유명한 '인샬라'가 된다. 이란 사람들과 대화를 하다 보면 이 인샬라를 종종 듣게 된다.

"저기, 우리 내일 만날 수 있을까요?"

"인샬라."

"그럼 모레는요?"

"인샬라."

이런 식이다. 만날 수 있다는 것인지 없다는 것인지 모호하다. 비

이란 사람들에게 시간이란 한국인의 시간과 다른 개념이다. 오후 한때 길거리에 의자를 펴고 앉아서 망중한을 즐기고 있는 아저씨의 모습이 인상 깊다.

(非)무슬림들은 인샬라를 책임회피나 궁색한 변명의 표현이라고 보기도 하지만, 인샬라는 모든 일을 신의 뜻으로 생각하는 무슬림들의 자연스러운 표현이다. 이렇게 모든 일의 중심에서 신의 뜻을 찾고 있다 보면 저절로 느긋해지기 마련이다. 이슬람의 창시자 무함마드 또한 이렇게 당부했다. "조급하게 서두르지 말라." 서두르는 것은 곧 위험을 자초하는 일이라고 본 것이다. 이슬람 이전에 페르시아의 국교였던 조로아스터교 역시 결국 선이 승리한다는 낙천적인 세계관을 바탕으로 했다고 하는데, 이 또한 어느 정도 영향을 주었을 것이다.

회사에 다닐 때는 '칼퇴근'을 하는 직원들을 보면 부럽기만 했다. 퇴근 시간이 다가오면 숄을 고쳐 쓰고 고운 향기를 풍기며 회사 밖으로 사라지던 그녀들. 이란인 동료들이 철저히 자신의 시간을 누리고 있었다면, 나는 늘 시간에 질질 끌려다니고 있었다. 한국이라는 다른 시간의 장 안에서 자란 나는 한국의 시간을 테헤란 한복판까지 끌고 들어온 셈이었다. 좁은 직장 안에서 다른 속도로 돌던 톱니바퀴가 부딪히자 스파크가 일기도 했다. 데드라인이라는 개념이 무색할 만큼 늘 기한을 넘기고 마는 이란 회사들, 업무 시간에 느긋하게 나타나 사무실 공사를 하던 공사업체, 그러나 퇴근 시간만큼은 꼭 지키는 직원들이 이해가 가지 않았다.

기숙사 부엌에서 오후 5시쯤 혼자 이른 저녁을 먹고 있을 때였다. 한 친구가 나에게 눈을 동그랗게 뜨고 "설마 지금 저녁을 먹는 거야?"라고 물었다. 친구의 뜬금없는 질문에 문득 기숙사에서 혼자 저녁을 먹고 있는 내가 보였다. 나는 당황스러운 마음을 감추며 오히려 궁금하다는 듯 너희들은 왜 그렇게 저녁을 늦게 먹냐고 되물었다. 친구들은 대부분 깜깜한 밤이 되어야 저녁을 먹었고 8, 9시는 기본으로 넘겼다. 사실 친구들에게는 이 정도의 속도로 살아야 한다거나 저녁은 반드시 7시에 먹어야 한다는 규칙 따윈 없었다. 시간을 사용하는 방법이 나와는 조금 달랐다.

이란의 시간은 표기상으로도 우리와 완전히 다르다. 회사에서 수없이 매만졌던 영수증에는 이를테면 '2010/9/18'이라는 날짜 대신 '1389/06/27'과 같은 날짜가 찍혀 있다. 무함마드가 메카에서 메디나로 이동한 622년을 원년으로 삼아 햇수를 세기 때문이다. 예수의 탄신을 원년으로 삼은 서양력보다 숫자상으로 621년이나 늦다. 새해 첫날 역시 1월 1일이 아니라 봄의 첫날(춘분)로, 3월 21일 즈음이다. 달(月) 이름도 우리처럼 1월, 2월 식으로 부르지 않고 고유한 이름을 붙인다. 12월 중 여섯 달은 조로아스터교의 천사 이름을 쓰는데, 2월 '오르디베헤쉬트'는 불의 천사, 3월 '코르다드'는 물의 천사, 5월 '모르다드'는 식물과 채소의 천사, 6월 '샤흐리바르'는 금속의 천사, 11월 '바흐만'은 동물의 천사, 12월 '에스판드'는 땅의 천사에서 따왔다. 나머지 달들도 모두 조로아스터교의 수호신과 숭배물의 이름에서 연유했다. 매년 다양한 천사와 수호신들이 이란 땅에 교대로 다녀가는 셈이다.

고대 페르시아 사람들은 거대한 알보르즈 산맥을 올려다보며 이렇게 생각했다고 한다. '알보르즈는 800년 동안이나 계속 자라났다. 200년은 별이 있는 곳까지, 200년은 달이 있는 곳까지, 다음 200년은 태양이 있는 곳까지, 그리고 그 다음은 끝을 알 수 없는 빛이 있는 곳

느긋하게
사는 것의
의미

가장 높은 봉우리가 5670미터에 달하는 거대한 알보르즈 산맥. 이란 사람들은 이 눈 덮인 산을 보며 영원의 시간을 상상했을 것이다.

까지. 그리고 224개에 달하는 그 밖의 산들이 알보르즈에서 생겨났
다.'라고 말이다. 그들의 시간은 달력이나 시계에 있는 것이 아니라
대자연과 신과 함께했던 것이다. 이란의 시간에는 저 먼 옛날 불을
숭배하던 시간, 아랍과 몽골에 의한 아픔의 시간, 이슬람을 받아들이
고 믿어온 시간, 유목생활을 하던 시간 들이 켜켜이 새겨져 있다.

그래서일까, 버스를 타고 도시에서 도시로 이동할 때 버스 창문으
로 거대한 산과 광활한 땅들을 계속 바라보고 있자면 시간이 점점 사
라지는 듯한 기분이 들었다. 시계와 달력이 없던 먼 옛날, 시간은 정
말 지금보다 더 광대한 무엇이었던 게 분명하다.


"숭가(승아), 배고파졌어. 저녁 뭐 먹을까?"
터헤레는 주로 손목시계보다 배꼽시계에 의지해 식사시간을 정했
다. 배고프든 말든 7시에 꼭 밥을 먹어야 하는 나보다 훨씬 자연스러
웠다. 나의 저녁식사 시간은 결국 터헤레의 배꼽시계에 의지하게 되
었다. 기숙사에서 지내기 시작한 뒤 한국에서 끌고 온 시간들은 점
차 사라지고 내 몸에 다른 시간들이 새겨지기 시작했다. 수시로 '차
이(Chai)'를 마시며 느긋하게 보낼수록 차이가 한국의 시간들을 씻어
내고 너른 물길을 내듯, 내 시간들 사이에 틈이 벌어졌다. 느긋하게
보내도 불안하지가 않았다. 테헤란에는 분명 테헤란만의 시간이 새
겨져 있었으니까. 기숙사에서 다른 시간을 끌어안고 산다는 것은 힘
들기도 했겠지만 만약 그렇게 했다면 이마 나는 외톨이가 되있을 것
이다.

느긋하게
사는 것의
의미

# 이란의 인터넷,
# 느리지만 강한
# 항해

"휴."

"(5분 후) 하아."

"(10분 후) 에이 진짜!"

"(20분 후) 안 해! 안 해!"

이란에서 인터넷을 할 때는 보통 이런 단계를 거쳤다. 엄청나게 느린 인터넷 속도 때문이다. 인터넷 강국 대한민국에서 온 나에게 이란의 인터넷 속도는 당황스러울 정도로 느렸다. 심지어 테헤란에서 가장 빠르다는 회사 인터넷을 경험한 한국 출장자들의 반응도 한결같았다.

"왜 이렇게 느려요?"

회사가 이 정도였으니 내가 살던 집 인터넷 속도는 말할 필요도 없다. 처음에는 이란의 통신 인프라 문제 때문인 줄 알았지만 오해였다. 원인은 이란의 정책에 있었다. 이란 정부는 반(反)이슬람적이고 불순한 정보, 주로 서구의 언론, 영화, 음악 등을 차단하기 위해

2006년부터 인터넷 속도를 제한하고 있었다.

회사를 떠나 기숙사에 도착한 첫날, 뒤통수가 뚱뚱한 엘지표 구식 모니터가 눈에 들어왔다. 그 뒤로 나는 매일 최악의 인터넷 속도에 시달렸다. 홈페이지 하나를 열 때마다 속이 뒤집어지는 것만 같았다. 그러나 문제는 속도만이 아니었다.

"어?"

한국에서 알게 된 이란 친구의 연락처를 찾기 위해 잘 들어가지 않던 페이스북에 접속했다. 페이지가 잘 열리나 싶더니, 갑자기 이란어로 가득 찬 요상한 화면으로 넘어가는 것이 아닌가. 페이스북뿐 아니라 〈뉴욕타임스〉도, BBC 페르시안(Persian)도 모두 이런 식이었다. 뭐가 잘못되었나 싶어서 옆에서 버젓이 페이스북을 하고 있던 룸메이트 노빈에게 물었다.

"노빈, 페이스북이 안 열리는데? 도대체 넌 어떻게 들어간 거야?"

그녀는 측은하게 날 바라보며 작은 USB를 건넸다.

"여기 들어 있는 프로그램을 깔면 돼."

USB에 들어 있던 것은 필터링 해제 프로그램이었다. 친구들은 이것을 '필터셔칸(필터 차단기)'이라고 불렀는데 필터셔칸을 먼저 실행시키고 페이스북에 들어가면 접속이 가능해진다. 단, 단점이 있는데, 원래 느리던 속도가 더 느려진다는 점이다.

이란에서 본격적으로 인터넷이 상용화된 것은 1995년 즈음이었다. 이후 인터넷 사용자는 점점 늘어났고 2000년까지 크고 작은 커피넷(Coffeenet, 인터넷 카페), 일명 이란판 피시방이 이란 곳곳에 등장했다.

이란의 인터넷,
느리지만 강한
항해

현재 이란의 인터넷 이용자는 2000만 명이 넘는 수준이라고 하는데, 사용 인구로만 따지면 중동에서 이스라엘에 이어 2위에 해당하는 규모다.

인터넷 검열이 시작된 것은 2000년대 초였다. 정부의 '미디어 검열' 횡포가 심해지자 이란 언론인과 국민들이 인터넷을 대안 매체로 활용하려고 했기 때문이다. 2005년 보수적인 마흐무드 아흐마디네자드 정부 출범 이후 검열이 심해졌고, 2009년 대선을 계기로 검열은 더욱 심화되었다. 당시 아흐마디네자드 대통령은 재선에 성공하기는 했지만 끊임없는 부정선거 의혹에 시달렸는데, 국민들이 인터넷을 통해 부정선거 의혹을 제기하고 반정부 운동을 벌였던 것이다. 네다라는 이란의 한 소녀가 테헤란 거리 시위 현장에서 가슴에 총탄을 맞고 사망한 사건이 있었는데, 한 이란 남성이 이란에서 유튜브와 페이스북 접속이 금지된 점을 고려해 현장을 담은 동영상을 유럽에 있는 온라인 친구 5명에게 보냈고, 이 중 한 명이 영상을 페이스북에 올렸다. 영상은 급속하게 퍼져나갔고 이 사건은 이란 정부의 인터넷 검열을 더 엄격하게 만든 계기가 됐다.

페이스북, 〈뉴욕타임스〉 외에도 검열로 걸러내는 사이트는 다양하다. 서구권의 거의 모든 사이트, 포르노그래피, 동성애 내용을 담은 페이지, 개혁적 정치 성향의 페이지, 필터링 소프트웨어를 제공하는 사이트 등 반이슬람, 반정부, 반도덕적이라고 판단한 사이트들은 거의 모두 금지된다. 그리고 이란의 인터넷 서비스업자는 사전에 정부의 승인을 받아야 하고 반드시 필터링 프로그램을 깔아야 한다. 그러나 기숙사 친구의 말에 의하면 필터링이 강해지면 '해제 기술'도 발전하게 되어 있다고 한다.

　사정이 이러하니 인터넷에 대해 나는 일종의 해탈의 경지에 이르게 되었다. 노트북을 덮고 책을 보기 시작했고, 잠자리에 일찍 들거나 친구랑 간식을 먹으며 수다를 떨기도 했다. 같은 시간 한국에서 친구들이 스마트폰으로 '스마트한' 생활을 하고 있을 때 나는 이란에서 첨단을 역행하고 있었던 셈이다.


　봄바람이 불던 3월, 싸이월드에 접속하는 중이었다. 그런데 이게 뭔가. 분명히 아이디와 비밀번호를 입력하고 엔터키를 눌렀는데 페이지가 넘어가지 않았다. 반복해서 시도해도 마찬가지였다.

　"얘들아, 로그인이 안 돼!"

　친구들에게 급히 사정을 토로하자 그녀들은 의외로 담담하게 말했다.

　"숭가, 이번엔 정말 혁명이 일어날 것 같아."

　2011년 봄, '중동의 봄(아랍의 봄)' 물결이 이란까지 불어닥쳤다. 중동의 봄은 2010년 12월 이래 알제리, 바레인, 이집트, 이란, 조르단, 리비아, 모로코, 튀니지, 예멘 등 중동과 북아프리카 일부 지역에서 동시에 일어난 대규모 반정부 시위를 말한다. 그 밖의 나라에서도 크고 작은 반정부 시위가 계속되었다. 튀니지와 이집트는 실제로 정권 교체를 이루기도 했다. 당시 테헤란에서도 연일 크고 작은 시위가 일어나고 있었다. 로그인이 되지 않은 것은 이란의 내부 사정이 인터넷을 통해 이란 전체 그리고 전 세계로 생중계되는 것을 염려한 정부의 발빠른 대처 때문이었다. 아무튼 인터넷 문제는 그녀들에게 새삼스

2009년 대통령 부정선거 의혹에 대한 반정부 시위(그린웨이브) 당시 거리는 온통 초록색 물결로 물들었다. 아흐마디네자드 대통령의 극심한 언론통제도 시위의 도화선을 당기는 데 한몫했다. 그린웨이브는 SNS를 통해 전파되며 자신들의 정치적 활동에 대한 세계인의 동의와 지지를 이끌어냈다.

러울 것도 심각한 문제도 아니었다. 예고 없이 느려지는 인터넷 속도야 이미 익숙한 일이었고, 그보다는 고국의 혁명이 임박했다는 생각에 들떠 있었으니까.

친구들은 2009년 그린웨이브(Green Wave)라고 불린 반정부 시위의 열기를 떠올리며 흥분했다. 그린웨이브 운동은 2009년 이란 대선 당시 아흐마디네자드 대통령의 부정선거 운동과 언론통제에 대한 이란의 대규모 반정부 시위다. 한국에 돌아온 지 얼마 안 되어 다큐멘터리 〈그린웨이브〉(2010)를 보았는데 이란 블로거들의 글을 재구성한 애니메이션, 휴대전화 촬영 영상, 인터뷰, SNS가 교차 편집되어 내가 이란에 가게 된 그해 여름 벌어졌던 일들을 실감나게 보여주었다. 다큐멘터리에서 보인 SNS와 인터넷의 파급력은 대단했다. 이란의 정치적 격동기도 그렇지만 이란 누리꾼들의 저력을 확인하고 나니 친구들이 왜 그때 그렇게 들뜬 표정이었는지 이해가 갔다.

물론 이란의 누리꾼들에게는 이런 투사적인 면모만 있는 것은 아니다. 잔잔하게 물결치는 듯한 친구들의 일상도 있었다. 친구들은 기숙사에 돌아오면 서둘러 씻고 곧장 침대로 향했다. 그리고는 침대에 앉거나 눕는 동시에 바로 노트북을 열고 파란 바탕의 페이스북으로 들어갔다. 페이스북에 올린 친구들의 게시물은 주로 이런 식이었다.

"드디어 테헤란에 도착했다. 피곤하다."

"이 그림의 주제는 침묵인 것 같아."

"여러분은 어떤 타흐디그(이란에서 쌀밥이나 마카로니를 만들 때 냄비에 생기는 누룽지)를 제일 좋아하세요?"

"생일 축하해."

"이란 영화 〈씨민과 나데르의 별거〉가 베를린 영화제 황금곰상을 수상했어!"

노트북도 페이스북도 갖고 있지 않던 터헤레는 가끔 기숙사 컴퓨터를 켜고 모니터를 뚫어져라 바라보며 메일 확인을 하곤 했다. 나에게 메일 하나를 보여준 적이 있었는데, 메일 화면의 스크롤이 끝없이 내려갈 정도로 많은 분량의 이란 사람들 사진이 이어졌다. 단체 메일인 듯했는데, 나사(NASA) 연구원, 아이비리그 교수 등 전 세계에서 활약하고 있는 이란인들을 대거 소개한 메일이었다.

"이것 좀 봐. 대단하지?"

터헤레는 그렇게 한참 내게 수많은 사진들을 보여주었다.

바허르는 기숙사 총무일은 제쳐두고 인터넷으로 생중계되는 영국 윌리엄 왕자의 결혼식을 보고 있었고, 예술에 관심이 많은 노빈은 페이스북에 셔츠를 입고 무릎을 괴고 앉아 있는 젊은 시절의 밥 딜런 사진이나 미국의 사진 주간지 〈라이프〉의 다큐 사진들을 즐겨 올렸다. 사하르는 지하 공부방에서 공부하다 말고 책은 옆으로 밀쳐놓은 채 노트북을 들여다보며 킬킬대고 있었다. 인터넷이 표현의 장이자 놀이터인 것은 그들이나 나에게 별반 다르지 않았다.

한국에 돌아가면 개인 블로그에 '메슬레 바르그(전기처럼)' 재빨리 사진을 게시하겠다고 친구들에게 몇 번을 장담했는지 모른다. 사이트를 클릭하면 완성된 화면이 뜨는 것이 아니라 배너, 사진, 글이 하나하나 만들어지는 듯 천천히 나타나는 이란의 인터넷 환경에서 살다 보니, 내가 한국에서 얼마나 쉽고 빠르게 정보에 접근할 수 있었는지를 새삼 깨달을 수 있었다. 막상 한국에 돌아오니 친구들은 이미 저마다 스마트폰을 손에 들고 있었고, 나는 2년 전과 완전히 다른 세계를 느꼈다. 친구들은 함께 있어도 고개 숙여 스마트폰 액정을 문질러댔다. 이를 보면서 나 또한 내 휴대전화를 꺼내 들여다볼 수밖에 없었다. 이란에서 그렇게 간절히 원했던 메슬레 바르그, 전기처럼 빠른 인터넷 속도가 원망스러워지는 순간이었다.

페르시아 신화에는 '잠시드 술잔'에 관한 이야기가 나온다. 700년 간 이란을 다스린 전설적인 잠시드 왕에게 자메잠(Jame-jam, 잠시드의 술잔)이라고 불리는 신비한 반구형 유리 술잔이 있었는데, 그가 이 술잔을 손에 들면 세상에서 일어나는 모든 일이 술잔에 비쳤다. 잠시드 왕이 700년 동안 이란을 다스릴 수 있었던 것은 이 자메잠 덕분이었다. 기숙사 침대나 카펫 위에 무릎을 세우고 앉아 네모난 창을 들여다보던 이란 친구들에게 인터넷이란 21세기에 그들의 손에 쥐어진 자메잠이었다. 인터넷은 종교와 정부의 통제 속에 국영방송과 불법 위성 텔레비전으로만 세상을 볼 수 있는 그들에게 드넓은 세계를 보여주고 있다. 이란의 단단한 벽에 균열을 내고 물길을 튼 것이다. 무려 인구의 55퍼센트 이상이 10~30대인 이란은 세계에서 가장 젊은 나라에 속한다. 속도는 느리고 비상구는 좁지만 그 때문에 친구들은 인터넷 바다에서 더 분명한 좌표를 향해 더 공들여 노를 젓고 있는 듯했다. 때로는 우리보다 더 깊게 혹은 더 넓게 말이다.

**2장**

이란의 청춘,
카펫 위의
수다

# 밟을수록
# 피어나는
# 카펫

발수건이 필요가 없었다. 바닥에서 자도 등이 따뜻했다. 물을 흘려도 닦을 필요가 없었다. 가끔 바퀴벌레도 압사된 채 발견되기도 했다. 이것은 다 카펫, 카펫 덕분이다. 이란의 모든 집 바닥에는 카펫이 깔려 있다. 이란에 처음 와서 살던 집 방에도 붉은 카펫이 깔려 있었는데 늘 장판 바닥만 밟고 살아온 내게 카펫의 푹신한 감촉은 이국 그 자체였다.

카펫을 가을 겨울에 보온용으로 사용하는 한국과 달리 이란의 모든 가정집에는 사시사철 카펫이 깔려 있다. 여행을 다니면서 수많은 이란 가정집을 다녔는데, 아무리 거실이 넓어도 여러 장의 카펫을 거실 전체에 깔아놓았다. 우리처럼 거실 한복판에 달랑 한 장만 깔아 모양을 내는 것이 아니다. 카펫은 이란에서는 장식품이 아닌 바닥재이다.

"헉헉."

어느 무더운 날이었다. 기숙사 아이들 몇 명이 분주히 움직이며 카펫을 세탁하고 있었다. 거대한 카펫을 마당 가득 펼쳐놓고 카펫이 흥

건히 젖도록 호스로 물을 뿌렸다. 가루 세제를 뿌리고 솔로 흰 거품이 나도록 카펫을 벅벅 문질렀다. 오랫동안 솔질을 한 뒤 깨끗이 헹구어 난간에 널고 나서야 겨우 카펫 세탁이 끝이 났다.

카펫 세탁은 보통 일이 아니지만 가끔씩은 이렇게 할 필요가 있었다. 하루 세끼를 대부분 카펫 위에 앉아서 먹기 때문이다. 아무리 소프레(식사할 때 바닥에 까는 테이블보)를 깔고 먹어도 차이의 붉은 물이나 음식 등을 조금씩 흘리기 마련이었다. 비록 티는 나지 않지만 밖에서 들어온 먼지며 각종 부스러기도 카펫 속에서 퇴적층을 이루고 있을 터였다.

카펫 생활을 위해 나도 자연스레 구입한 것이 하나 있었는데 바로 노란 벌레 모양의 카펫 청소기였다. 벌레 배 안에 흰 솔이 들어 있어 카펫 위 먼지와 머리카락을 잡아내는 수동 청소기인데, 노란 벌레가 카펫 위를 쓱쓱 오가면 아무리 더러운 카펫도 금세 말끔해졌다.

페르시아 카펫은 페르시아문화에 대해 잘 모르는 사람도 알 만큼 유명하다. 페르시아 하면 사람들이 떠올리는 것이 고양이와 이 카펫이 아닐까. 카펫은 한국과 같은 수입국에서는 값비싼 고급품이지만 이란에서는 오랜 역사 속 일상용품으로 쓰였다. 유목민들은 카펫을 텐트의 문이나 바닥 장판, 말의 안장에 이용했다. 두껍고 질긴 카펫은 사막의 거친 모래바람을 막아주고 낮에는 덥고 밤에는 추운 사막의 기후를 이겨낼 수 있도록 해주었다.

카펫을 누가 언제 처음 만들었는지는 모르지만 현존하는 가장 오래된 카펫은 남시베리아에서 발견된 파지리크카펫(Pazyryk carpet)이라고 한다. 놀라운 것은 이 카펫이 이란산일 가능성이 높다는 것인데, 카펫 문양이 페르시아 아케메네스 왕조의 문양과 유사하기 때문이다. 이란을 카펫의 본국이라 해도 과언이 아닌 것이다.

　이란에서는 카펫을 '펼치다'라는 뜻의 페르시아어 '파르쉬(farsh)'라고 부르는데, 이란은 정말 이 파르쉬 덕을 톡톡히 보고 있다. 우선 이란은 전 세계에서 카펫을 가장 많이 만들고 가장 많이 파는 나라로, 그 규모가 전 세계 카펫 시장의 41퍼센트라고 한다. 고용 효과도 크다. 카펫산업에만 500만 명이 종사하고 카펫 직공은 120만 명에 달한다. 카펫 하나가 수백만 명 이상의 밥그릇을 책임지고 있는 셈이다. 카펫은 비(非)석유 제품 중 이란 최대의 수출품이다. 그래서 카펫으로 인한 이미지 개선 효과도 있다고 하는데, 예컨대 재미(在美) 이란인들은 "어느 나라 사람이에요?"라는 질문에 때로는 "페르시안입니다."라고 대답한다고 한다. '이란'이 테러, 핵, 이슬람을 연상시키는 반면, '페르시아'는 온순한 페르시아 고양이와 함께 화려한 페르시아 카펫을 연상시키기 때문이다. 덧붙여 이란인들은 카펫 덕분에 페르시아문화에 대한 자긍심까지 느낀다고 하니, 이란 사람들뿐 아니라 이란이라는 거대한 나라 자체도 푹신한 카펫 위에 앉아 있는 셈이다.

　카펫문화의 절정을 보여준 페르시아의 카펫을 한눈에 볼 수 있는 곳이 테헤란 한복판에 있다. 바로 카펫박물관이다. 1976년 지어진 박물관은 수직으로 세운 거대한 베틀을 닮았다. 이란의 마지막 왕비 파라가 건축 디자인을 했다. 거대한 크기의 카펫을 걸어놓으려니 건물

테헤란의 카펫박물관에는 여러 도시에서 생산된 카펫 100여 장이 전시되어 있다.

카펫박물관의 외관은 팔레비 왕조의 파라 왕비가 직접 디자인한 것으로 거대한 카펫 베틀을 닮았다.

규모도 굉장히 크다. 주로 17세기 이후 이란의 주요 카펫 생산지인 케르만, 카샨, 이스파한, 타브리즈, 콤에서 생산된 카펫들이 전시되어 있는데 각 지방마다 디자인과 색깔이 조금씩 다르다. 케르만산 카펫이 가장 질이 좋고 우수한 카펫으로 알려져 있다고 한다.

기원전 5세기, 페르시아에서 카펫은 그냥 바닥 깔개에 불과했고 아무도 카펫을 예술품으로 보지 않았다. 카펫을 실용품에서 예술품으로 도약시킨 주인공은 아케메네스(기원전 550년~기원전 330년)의 키루스 왕이었다. 그는 기원전 539년 바빌론을 정복한 뒤 영광스런 승리를 자랑하기 위해 카펫을 공들여 만들어서 만천하에 공개했다. 이는 카펫이 질기고 튼튼한 바닥재에서 예술품이나 역사의 판본으로 변모한 계기가 되었다.

17세기 이전 카펫에 대한 기록은 거의 찾아볼 수 없고 그나마 사산 왕조 페르시아의 카펫에 대한 기록만 남아 있다. 그중 가장 유명한 카펫은 531년부터 579년까지 사산 왕조 페르시아제국의 전성기를 이룩한 왕 호스로우 1세의 '봄의 카펫'으로, 그야말로 화려함의 절정을 자랑한다. 페르시아의 정원 풍경을 묘사한 이 카펫은 흐르는 물줄기를 투명한 보석들로, 잔디밭을 에메랄드로, 꽃과 꽃봉오리, 열매를 각각 루비, 에메랄드, 진주, 터키석으로 표현했다. 아랍 지배 당시 군인들에 의해 조각조각 나뉘어서 세상에 흩어졌다고 하니 지금은 볼 수 없어 아쉬울 뿐이다.

이슬람 도입 후에는 아라베스크 문양이 등장했다. 투르크족 왕조인 셀주크조부터는 터키의 매듭 방식으로 카펫을 만들었다. 16세기 사파비 왕조 때 드디어 카펫은 황금기에 이르렀는데, 이때 카펫이 본

역사화에서부터 자연물, 기하학까지 카펫 문양은 각각 예술성이 뛰어난 한 폭의 그림이다.

격적으로 예술 장르인 서적 장식, 즉 서예, 제본, 채식, 세밀화 등과 합쳐졌다. 이전까지 카펫은 주로 일반인이, 책 디자인은 화가가 담당했는데 사파비 왕조부터는 화가들이 카펫 디자인까지 맡으면서 자신들의 예술성을 카펫에 모두 쏟아붓게 된 것이다. 아바스 1세는 왕실 직속 카펫 공장까지 만들어 카펫 장인, 화가, 시인들을 모아놓고 시와 예술을 수놓은 카펫을 만들게 하기도 했다. 그러나 아프간 침공(1722)으로 황금시대는 막을 내리고, 카펫산업이 다시 부활하는 19세기 후반 이전까지 카펫 기술은 유목민과 마을 직공들에 의해서만 전승되었다.

카펫박물관의 카펫은 바닥보다 주로 벽에 걸려 있는데 수직으로 걸어놓으니 거대한 카펫들이 바다를 이룬 듯 아름다웠다. 카펫에 코를 박을 정도로 가까이 다가가 실 한 올 한 올, 무늬 하나하나를 들여다보려니 마치 멸치 꼬리를 잡고 거대한 대양을 헤엄치는 기분이 들었다.


카펫 짜는 법은 어찌 보면 간단하다. 베틀에 팽팽하게 걸려 있는 날실에 씨실을 한 올씩 휘감아 매듭을 지으면 끝이다. 문제는 이 과정을 수천 혹은 수만 번 반복해야 된다는 것. 반복해서 매듭만 지으면 끝일까? 그렇지 않다. 몇 줄의 매듭을 완성하면, 매듭이 단단해지도록 철빗으로 날실 사이사이를 두드리고 들쑥날쑥한 매듭 묶음을 커다란 가위로 잘라 다듬어주어야 한다. 이런 과정을 거쳐야 하기 때문에 카펫 한 장이 완성되는 데 최소 몇 개월 최대 몇 년의 시간이 걸린다고 한다. 어떤 이는 카펫을 보면 오랫동안 카펫을 들여다보았을

'눈'과 통증을 참아냈을 '어깨'가 보인다고 했다. 카펫을 짜는 과정만 그런가. 색색의 실들도 모두 사람 손을 거쳐 만들어진 것들이다.

〈가베〉(1996)라는 영화가 있다. 이란의 모흐센 마흐말바프 감독의 영화로 가베라는 이름의 한 여인이 가베(페르시아 카펫의 한 종류)에 얽힌 가족과 사랑 이야기를 들려주는데, 이 영화에 실 만드는 과정이 자세히 나온다. 먼저 한 남자가 양을 힘주어 붙들고는 가위로 양의 풍성한 흰털을 깎는다. 여인들은 이렇게 모은 양털을 일일이 꼬아 실로 만든 뒤 꽃잎을 끓여 만든 노랑, 파랑, 빨강 염료로 물들여 바람과 햇볕에 말린다. 그야말로 손에서 시작해 손에서 끝나는 고된 작업이다.

카펫 직공들은 대부분 자신이 짠 카펫을 살 돈이 없을 정도로 가난한 여인들이다. 그들은 보통 어렸을 때부터 카펫 짜는 법을 배우는데, 워낙 고된 일이라 보통 무리를 지어 노동요를 부르며 카펫을 짠다. 어찌 카펫 짜는 일만 있겠는가. 새벽같이 일어나 산더미 같은 집안일을 서둘러 마무리하고 와서 아침부터 저녁까지 카펫을 짜는 식이다. 아기가 있으면 아기를 등에 업거나 무릎에 눕힌 채로 일을 한다. 매일 피곤한 몸을 이끌고 앉아 실을 당기고 매듭을 두드리면 카펫 속에는 실과 함께 여인들의 기쁨, 슬픔, 푸념, 상상, 노래가 촘촘히 박혀간다.

〈가베〉속 카슈카이(Qashqai) 유목민들은 직접 눈으로 보고 경험한 것들을 카펫에 새겨 넣는다. 이를테면 산과 태양, 들판과 냇가, 짐승과 사람들의 삶의 모습 등이 모두 실로 짓는 이야기의 소재가 된다. 지금도 도안이 아닌 기억과 구술을 통해 부족의 고유한 패턴을 전수하고 있는 유목민들의 카펫처럼, 아주 먼 옛날 카펫도 그렇게 만들어

밟을수록
피어나는
카펫

졌을 것이다. 엄마와 딸이 옛날이야기하듯 말을 주고받으며 그렇게 카펫을 짰을 것이다.

유목민족의 카펫에 새겨진 수많은 이야기처럼 페르시아 카펫 속 메달리온, 미흐랍(모스크 안에서 메카 방향을 표시하는 구조물), 꽃병, 정원, 생명의 나무 등 다양한 무늬 또한 페르시아의 신화, 종교, 예술에서 건져 올린 것들이다. 이란 각지의 수많은 카펫은 오랜 세월을 거슬러 지금도 우리에게 풍부한 페르시아의 이야기들을 들려주고 있다.

기숙사 방에는 누런 콘크리트 바닥 위에 두툼한 카펫을 깔아놓았다. 외출했다 돌아오면 바깥 신발장에서 슬리퍼로 갈아 신은 뒤 다시 방문 앞에서 슬리퍼를 벗고 맨발로 카펫을 밟았다. 발꿈치에 느껴지는 푹신하고 까슬까슬한 감촉이 참 좋았다. 발을 씻은 아이들의 젖은 발자국이 툭툭 찍혀 있기도 하고 어떤 부분은 털이 엉킨 채 굳어 있었으며 자주 빨지 못해 흰털 부분은 새까맣게 때가 타 있었지만, 카펫 한 장은 기숙사 바닥을 딱딱한 콘크리트 바닥에서 삶의 공간으로 탈바꿈시키기에 충분했다. 푹신한 카펫 위에서는 늘 밥과 차와 이야기가 오가고 수많은 맨발들이 뒤엉켜 신나게 춤을 추었다.

그래서일까? 지금도 공들여 촘촘히 짠 직물을 보면 뭔가 든든한 기분이 든다. 손가락 끝으로 촘촘히 붙어 있는 실을 만지고 털 사이사이를 뒤적거리고 있으면 카펫 위의 그 소중한 일상들이 떠오른다. 한 올 한 올 카펫을 짜듯 우리도 하루하루를 살아간다. 이 둘의 원리가 이토록 닮은 까닭에 이란에서는 카펫에 삶을 빗대어 표현하기도 한다. 나이든 여인을 칭송할 때 "당신은 마치 케르만 카펫 같아요."

카펫 위에서 곤히 낮잠을 자고 있는 아이는 카펫에서 걸음마를 시작했을 것이고 앞으로도 카펫에서 자라 청년이 되고 또 카펫에서 가족을 꾸릴 것이다.

라는 말을 한다. 더 많이 밟힐수록 더 아름다워지는 케르만 카펫처럼 사람도 세월이 흐르고 삶의 고비를 겪을수록 더욱 아름다워진다는 뜻이다. 실제로 이란의 카펫 시장에서는 갓 짠 카펫을 거리에 깔아놓고 사람들이 밟고 지나가게 한다. 밟을수록 카펫 색깔이 더 선명해지기 때문이다.

묵묵히 그림을 짜나가면 어떤 그림이든 결국 만들어진다. 그 무늬와 빛깔이 어떻게 될지는 실을 걸어 짜지 않으면 알 수 없는 법. 오랜 시간이 지나 돌이켜보면 비로소 완성된 그림이 보일 것이다. 흠집이 생기든 밟히든, 붉든 푸르든, 하루를 무던히 보내는 게 실 한 올을 감는 것이라 생각하면, 거대한 베틀 위에 걸린 실타래처럼 긴 인생을 어떻게 살면 될지 답을 찾은 듯한 느낌도 든다. 하루하루 먼 훗날의 큰 그림을 생각하며 계속 짜나가는 것, 이란의 카펫이 주는 소소한 가르침일지도 모르겠다.

# 히잡,
# 벗기거나
# 씌우거나

내 생애 첫 히잡은 검은 졸업 가운이었다. 이란에 갈 준비를 하면서 '내가 정말 이란에 가는구나!'를 실감하게 해준 절차가 바로 히잡을 쓰고 증명사진을 찍는 일이었다. 경험 있는 선후배들에게 물어보니 알록달록한 스카프보다 검은색 스카프를 쓰는 것이 좋고 머리카락은 나오지 않아야 한다는 대답이 돌아왔는데, 하나같이 무조건 얌전하게 보이는 게 좋다고 했다. 후배의 소개로 학교 사진관에 찾아갔더니 아저씨는 놀라운 제안을 했다.

"졸업 가운으로 찍으면 되겠네!"

차도르만큼 얌전해 보이는 히잡도 없었기에 결국 검은 졸업 가운을 뒤집어썼다. 흘러내리지 않게 가운 자락을 턱 쪽으로 당겨 한 손으로 꼭 잡았다.

"그럴듯한데? 여기 카메라 봐요. 앞머리가 보이네! 조금 더 밑으로 내려 써봐. 어, 이제 됐네. 그대로 가만 있어. 이제 찍는다."

그렇게 졸업 가운으로 시작된 내 히잡 인생은 이란에서의 1년 8개월 동안 계속되었다. 이란에서 히잡을 쓰는 것은 의무이기 때문에 히잡은 이란 생활의 최고 필수품이다. 외국인도 예외는 없다. 이를테면 2007년 이란을 방문한 프랑스 여배우 줄리엣 비노쉬도 회색 스카프를 두르고 이맘 호메이니 공항을 나왔고, 푸른 스카프를 쓰고 아바스 키아로스타미 감독과 만났다. 만약 독일의 여성 총리 앙겔라 메르켈이 이란을 방문한다면? 그녀도 별수없이 스카프를 두르고 이란 대통령을 만나야 한다. 한마디로 배우건 최고직 외교사절이건 예외가 없다는 것이다.

나 같은 경우 예외의 장소가 몇 군데 있기는 했는데 재이란 한국 대사관과 한국계 회사 사무실이 그곳이었다. 회사에서는 출근하자마자 숄을 벗어 의자에 걸어두곤 했는데, 역대 한국 여성 근무자들이 모두 그래왔던 터라 상관하지 않는 분위기였다. 이란인 세무사, 회계사 등 외부 손님이 오면 눈치 빠른 파라허니의 귀띔으로 서둘러 히잡을 쓰고는 했다.

이란 여인들은 어떤 히잡을 두르고 살까? 무슬림 여성들이 몸을 가리는 베일을 히잡이라고 통칭하는데, 히잡의 명칭과 모양은 지역, 직업, 상황, 문화, 환경과 기후, 국가와 민족에 따라 매우 다양하다.

이란 여인들은 주로 차도르, 숄, 루싸리, 마그나에 이 네 가지의 히잡을 쓴다. 간단히 살펴보자면 우선 '차도르'는 얼굴만 쏙 빼고 전신을 다 가리는 히잡이다. 차도르라는 말도 페르시아어로 '차양' 혹은 '천막'이라는 뜻이다. 텐트도 차도르라고 부른다는 사실! 보통 대도시보다 소도시나 마을 여성들이 많이 쓰는 편이다. 딱 한 번 써봤는데 편하지만 좀 무거웠다. 신비스러워 보이는 대신 행동에 다소 제약이 있다. 차도르를 쓰면 볼이 부각되어 얼굴이 퉁퉁하고 못나 보이기

다양한 무늬와 색깔의 히잡이 시장의 한 가게 천장에 주렁주렁 매달려 있다.

때문에 차도르를 쓰고도 예뻐 보인다면 그 여성은 정말 예쁜 것이다. 지금은 검은색 차도르를 많이 착용하지만 20세기 초반까지 화려한 꽃무늬 차도르까지 사용했을 정도로 색상과 소재가 다양했다.

'숄'은 목도리처럼 생긴 기다란 스카프로, 주로 내가 애용한 히잡 종류다. 쓰기도 편하지만 머리 안 감았을 때 이것만큼 편한 것이 없다. '루싸리'는 페르시아어로 '머리에 쓰는 스카프'란 뜻인데 실크 소재의 사각형 스카프를 반으로 접어 머리에 두른 뒤 턱 아래에서 매듭을 짓는 식이다. 왠지 루싸리는 너무 정숙해 보여 한 번도 쓰지 않았다. 마지막으로 '마그나에'는 두건 같은 머리 가리개인데 면사포를 쓰는 것처럼 뒤집어쓴다. 주로 여대생들과 사무직 여성들이 많이 쓰는데 좀 답답해 보이지만 써보면 의외로 편하다고 한다. 세찬 바람에도 절대 벗겨지지 않는다는 독보적인 장점을 가지고 있다.

히잡 착용은 이란에서 이슬람혁명 이듬해인 1980년에 의무가 되었다. 어기면 어떻게 되느냐? 대가를 치러보면 안다. 친구 터헤레의 고향 탈레쉬(Talesh)에서 일어난 일이다. 탈레쉬 거리에서 터헤레와 노루즈(이란력의 새해 첫날, 3월 21일) 장을 보고 있었다. 불쑥 차도르 차림의 여인이 나타나 우리를 막아서며 이렇게 말했다.

"저기, 여권 좀 보여주세요."

본능적으로 머리에 손이 갔다. 머리카락이 만져졌다. 아뿔싸! 히잡이 벗겨진 것이다. 당시 내가 쓰고 있던 것은 한국에서 가져간 모자가 달린 니트 목도리였는데 헐거워서 흘러내렸던 것이다. 옆에 있던 터헤레가 재빨리 나를 대변하고 나섰다.

"얘는 제 친구예요. 한국에서 왔고요. 노루즈라 여기 놀러온 거예요."

그러나 차도리(차도르를 입은 여자를 가리키는 말)는 단호했다. 화장기 없는 민낯이 어찌나 단단해 보이던지.

"내일 오후 2시까지 여권 가지고 여기로 오세요."

히잡을 처음부터 안 쓴 것도 아니고 잠시 흘러내렸을 때 딱 걸린 것이니 너무 억울했다. 돌아오는 길에 터헤레는 의외로 담담했다.

"아직도 작은 도시에선 이렇게 히잡 단속을 엄격하게 한다니까."

그러다 내가 걱정이 되었는지 이렇게 속삭였다.

"걱정 마. 아무 일 없을 거야."

다행히 터헤레 형부 인맥으로 별일은 없었지만 이란 거리에서 히잡을 불량하게 쓴 경우, 즉 헐렁하게 쓰거나 그 사이에 보이는 머리카락 색깔이 과도하게 밝을 경우 단속의 대상이 되기 십상이다. 이란에는 녹색 제복을 입은 남성 경찰과 차도르를 입은 여성 경찰 두 부류의 종교경찰이 눈에 띄는데, 나의 경우처럼 여성 종교경찰에게 훈계를 듣거나 경찰차를 타고 교육시설로 옮겨져 '재활 교육'을 받기도 한다. 만약 히잡을 쓰지 않는다면? 그렇게 간 큰 사람도 별로 없지만, 당장에 잡혀 들어간다.

이슬람의 율법에 따라 히잡을 의무로 착용하는 이란. 그래서 보통 이슬람이 여자들 머리에 베일을 씌운 최초의 종교라고 알고 있지만 사실은 다르다. 베일은 고대부터 내려오는 중동지방의 전통이었다. 남성 중심의 고대 중동국가에서는 베일로 여성의 몸을 가리고 통제함으로써 남성들 간의 분란을 막고 가부장적인 질서를 유지하고자 했다. 기독교, 유대교, 이슬람교 등 중동에서 탄생한 종교들은 모두 베일문화의 영향을 받게 되었는데 세 종교 중 이슬람교가 처음으로 베일을 의무화한 것이다.

이슬람 초기에는 무함마드의 부인들만 엄격하게 히잡을 썼으나, 무함마드 부인을 신봉하는 상류층 여인들과 피지배층 여인들 사이에 히잡이 유행하면서 전국적으로 퍼지게 되었다. 무함마드의 둘째 부인인 아이샤는 히잡을 쓰지 않았는데 그녀가 일으킨 성 스캔들 때문에 히잡이 의무가 되었다는 설도 있고, 잦은 전쟁으로 이민족의 습격 대상이 되었던 여성들을 보호하려는 차원에서 히잡이 의무가 되었다는 설도 있다.

히잡이 역사적으로 여성을 억압하는 역할을 해온 탓에 베일이라는 천자락에 수많은 담론을 품게 되었다. 특히 근대에 들어와서는 서구사회에 의해 미개와 후진성의 척도로 묘사되기도 하고 이슬람권에서는 이슬람 건재를 상징하기도 했다. 히잡에 대한 서로 다른 입장의 대립은 이란의 역사가 고스란히 보여준다. 지난 20세기 이슬람권 국가 중 히잡에 대해 이란만큼 이랬다저랬다 한 곳도 없다.

1935년, 팔레비 왕조의 레자 샤는 돌연 히잡 금지령을 내린다. 서구문명에 도취된 그의 눈에 히잡은 전근대적이고 식민지적인 상징으로 보였다. 그는 닥치는 대로 히잡을 벗기고 또 벗겼다. 강력한 히잡 금지령으로 1935년부터 1941년까지 히잡을 쓴 이란 여성들은 대중교통을 이용할 수도, 상점에서 물건을 살 수도 없었다. 더구나 군인들에게 적발되면 히잡은 그 자리에서 갈가리 찢기고 말았다.

그 뒤 얼마간 히잡은 다시 선택의 영역으로 돌아왔지만 1979년 이

히잡은 이란 여성의 개성을 표현하는 수단이 되기도 한다.

골레싸르를 머리에 꽂고 히잡을 두르면 히잡이 잘 미끄러지지
않을 뿐 아니라 뒤통수가 봉긋해 보인다.

슬람혁명 이후 상황은 1935년과 정반대가 되었다. 히잡은 다시 이슬람의 상징이 되었고, 온갖 종류의 히잡이 이란 여성들 머리 위에 씌어졌다. 45년 만에 이렇게 상황이 뒤바뀐 것이다. 아쉬운 점은 이 변화가 히잡을 쓰는 여인들의 의지나 선택과는 무관하게 국가의 정책과 정치적 상황에 따른 '강제'였다는 점이다.

외출하기 위해 거울 앞에서 검은 숄을 머리에 두르고 있는데 터헤레가 내게 바짝 얼굴을 들이밀더니 이렇게 말했다.

"승아, 옆머리 좀 빼. 히잡으로 다 가리지 말고!"

"왜? 난 이렇게 쓰는 게 좋아."

터헤레는 들은 체도 하지 않고 양쪽 귀 뒤 머리카락을 손가락으로 집어 숄 바깥으로 빼냈다.

"이것 봐. 훨씬 예쁘잖아."

친구들은 보통 긴 머리일 경우 '골레싸르'로 머리를 감아올려 고정시킨 후 숄을 썼다. 골레싸르는 '머리 위의 꽃'이라는 뜻으로 풍성한 꽃술이 달린 헤어클립인데 머리 위에서 숄이 미끄러지지 않도록 하면서 뒤통수도 볼륨감 있게 해주는 효과가 있다. 이 골레싸르를 하고 머리의 3분의 1이 보이도록 숄을 쓰면 숄을 썼다기보다는 봉긋해진 머리에 숄을 걸치는 셈이 된다. 그녀들은 히잡을 최대한 뒤로 젖혀 써서 자신을 드러내고 싶어하는 것 같았다. 힘들여 곱게 염색하고 풍성하게 파마한 머리를 드러내지 못한다면 얼마나 답답할까. 최대한 히잡을 뒤로 젖혀 쓰는 것은 그녀들의 존재 표현이었다. 히잡 매무새로 신실함을 판단할 수 있는 것도 아니었다. 누구보다 히잡을 얌

이맘 레자 성묘에서 차도르를 입은 미나(왼쪽)와 스카프를 뒤로 한껏 젖혀 쓰고 머리색을 드러낸 친구들(오른쪽)의 모습이다.

전히 쓰던 터헤레는 코란 방송을 보며 꾸벅꾸벅 졸기 일쑤였고 예배는 단 한 번도 드리지 않았다. 반면, 히잡을 있는 대로 뒤로 젖혀 쓰던 거세미는 꼬박꼬박 예배를 드릴 정도로 신실한 아이였다. 이름이 기억나지 않는 노란 파마머리 친구는 차도르를 입고는 "난 가끔씩 차도르 입는 게 좋더라."라고 말하며 웃기도 했다.

　1년 8개월 동안 외출 준비의 마지막은 늘 히잡이었다. 기숙사에서는 침대 옆 기다란 옷걸이에 숄 대여섯 개를 걸쳐놓고는 기분에 따라 숄을 골라 둘러쓰고 나갔는데, 친구들은 보관이야 어떻게 하든 아침마다 분주한 와중에도 다리미 대 위에 숄을 길게 펼쳐놓고 곱게 다려서 사용하곤 했다. '어차피 머리에 두르면 구겨질걸 사서 고생이네.' 하며 대충 손에 잡히는 것을 골랐던 나는 히잡이 친구들에게 단순한 머리쓰개가 아니라 자신을 표현하는 옷이었다는 사실을 몰랐다. 시간이 지나 히잡은 별 불편함 없는 일상용품이 되었고, 나아가 숄 쇼핑이 큰 기쁨이었을 정도로 패션 아이템으로 등극했다. 그보다 더 시간이 지나자 히잡은 더 이상 내 시선을 끌지는 못했다. 거리에서 마주친 이란 여성의 히잡보다는 히잡 속 얼굴이 눈에 들어오기 시작했다. 히잡 종류에 상관없이 웃고, 졸고, 과식하고, 시끄럽게 떠들 것이 분명한 다채로운 그녀들의 얼굴이 말이다. 태어날 때부터 히잡을 두르고 태어난 것처럼 그녀들을 다 똑같이 생긴 '무슬림 여성'으로만 보았던 나는 직접 히잡을 두른 뒤에야 히잡 안의 진짜 얼굴을 볼 수 있었다.
　이란을 떠나기 전, 회사 동료 한 명은 나에게 이런 작별 인사를 건넸다.

"3년 후쯤 이란에 오면 아마 히잡 안 써도 될 걸? 그 전에 분명 혁명이 일어날거야."

"정말?"

나는 기쁜 듯이 답했지만, 솔직히 "난 히잡이 싫지 않은데? 혁명이 일어나더라도 쓰고 싶으면 쓸 거야!"라고 말하고 싶었다.

혁명 전처럼 히잡을 선택에 맡기더라도 쓸 사람은 쓰지 않을까. 나부터도 그럴 것만 같다. 이란 역사도 그러함을 보여주고 있고. 선택에 맡긴다 하더라도 이란 여성들이 히잡을 쓴다면 어쩌면 그것이 이슬람의 힘을 더 확실히 보여주는 것인지도 모른다.

친구들은 털을 뽑고, 천연팩을 하고, 때로는 코 수술을 하며 외모를 가꾼다. 이란은 남녀를 막론하고 코 수술을 많이 한다. 이란의 거리에서는 코에 흰 붕대를 붙이고 다니는 여인들을 어렵지 않게 볼 수 있다. 단, 이 친구들은 낮은 코를 높이는 게 아니라 큰 코를 깎아 모양을 다듬는 식이다. 친구들은 그렇게 관리한 자신의 얼굴에 공들여 화장을 한 뒤 히잡을 두르고 기숙사 문을 나섰다. 외출 준비를 마친 터헤레가 내게 인사를 하고 곁을 스쳐 지나가면, 고운 분 냄새와 달콤한 향수 냄새가 바람에 실려왔다. 매끄러운 실크 루싸리를 쓰고 웃으며 인사를 하는 터헤레는 당당하고 기분이 좋아 보였다.

어쨌든 지금은 히잡을 무조건 써야 하는 시대. 먼 훗날 이때를 우울한 시절로만 추억하는 것은 억울하다. 친구들이 가장 예쁜 지금 이왕 쓸 거 히잡 담론을 압도할 정도로 치열하게 예쁘게 히잡을 썼으면 좋겠다. 그렇게 즐겁게 쓰다 보면 언젠가 히잡의 무거운 무게가 어깨 위에서 스르륵 흘러 사라지게 될지도 모른다.

히잡,
벗기거나
씌우거나

# 기도,
# 그들만의
# 위대한 침묵

기숙사는 그야말로 오욕칠정의 공간이었다. 15개가 넘는 이층 침대, 수십 명이 먹고 자고 춤추는 여섯 개의 방, 음식을 굽고 튀기고 볶고 끓이는 부엌, 변기가 단 한 칸 밖에 없어 두세 명이 늘 두루마리 휴지를 든 채 대기 중인 화장실, 밤이 되면 삼삼오오 모여 텔레비전이 뚫어져라 연속극을 보는 응접실까지……. 그런 곳에서 이슬람의 성스러운 향기를 느끼기란 어려웠다.

"똑똑."

방문을 두드린 사람은 기숙사 총무 거세미였다. 진한 메이크업에 긴 머리의 거세미가 얼굴을 내밀고 물었다.

"승아, 들어가도 돼?"

거세미는 마땅한 곳이 없는지 내 방에서 예배를 드려도 되냐고 물었다.

"응. 물론이지."

그녀는 흰 천과 직사각형 예배용 깔개를 가지고 들어왔다. 카펫 위에 깔개를 펼쳐놓고 얼굴을 제외한 온몸에 흰 천을 둘러쓴 뒤, 조용히 코란 구절을 낭송하더니 곧이어 몸을 일으켰다가 다시 절하기를 반복했다. 바스락대는 옷자락 소리, 속삭이는 아랍어 구절 소리가 가슴을 간질이는 듯이 느낌이 좋아서 잠시 멈추어 그녀를 바라보았다. 조금 뒤 그녀는 고맙다는 말을 하고 조용히 방문을 닫고 나갔다.

거세미의 예배는 무함마드가 이슬람을 설파한 순간부터 지금까지 무슬림들이 해오고 있는 행위다. 이슬람의 지배가 확장됨에 따라 이슬람 공동체는 언어·문화적으로 매우 다양해졌다. 이에 과거 이슬람 학자들은 신앙을 표현하는 특별한 의식, 다른 말로 무슬림과 비무슬림을 구별할 엄격한 지침을 만들고 싶어했다. 그들은 실천이 믿음을 말해주는 것이라고 생각했다. 이슬람의 5주(5개의 기둥)인 신앙 고백, 예배, 메카 성지 순례, 단식, 기부 행위는 그렇게 만들어졌다.

무슬림의 5주는 굉장히 실천적인 지침이다. '알라 외에 다른 신은 없고 무함마드는 알라의 사도이다'라고 선언하는 신앙 고백을 제외하면 절을 하고, 힘들여 메카에 가고, 굶고, 돈을 기부하는 이 네 가지 구체적이고 활동적인 지침은 습관을 통해 신앙심을 유지하는 데 효과적이다. 그중 예배, 즉 중개자 없이 신을 일대일로 만나는 예배는 무함마드가 가장 먼저 만든 의무다.

친구들은 별도의 예배당이 없는 기숙사에서 나름의 방법으로 예배를 드렸다. 바허르는 시간이 되면 흰 천을 뒤집어쓰고 서둘러 방으로 들어가 옷장 바로 앞에서 절을 했고, 한 친구는 꽃무늬 천을 사용해서 응접실 소파와 책상 사이 비좁은 공간을 활용해 절을 했다. 그녀는 텔레비전 소리에도 꿈쩍도 하지 않고 코란 구절을 읊조렸다. 치만은 방에서 조용히 절을 했는데 물론 모두가 그런 것은 아니었다.

기도,
그들만의
위대한 침묵

수백의 인파가 이스파한의 이맘 모스크에서 예배를 드리고 있다.(위) 예배를 드릴 때 사용하는 작은 깔개와 이마를 대고 절을 하는 진흙돌 모흐르, 탄비흐라고 부르는 묵주가 보인다.(아래)

터헤레는 치만과 달리 예배드리는 모습을 단 한 번도 보이지 않았다. 기숙사의 모든 곳은 제 한 몸 엎드릴 수 있는 공간만 있으면 금세 1인용 성소로 변했다. 그리고 어떤 공간에서 몸을 숙이든 친구들이 향한 곳은 저 멀리 사우디아라비아의 메카였다.

이란에 가기 전에는 무슬림의 예배 하면 흰 천이나 검은 차도르를 두른 여인들이 떠올랐다. 남녀노소 할 것 없이 모두 차도르 같은 흰 천을 두르고 예배를 드리는 메카 성지순례 장면이 머릿속에 각인되었기 때문이다. 그러나 이란에서 내가 본 가장 성스러운 예배는 그런 화려한 풍경이 아니었다. 예배 장소 또한 휘황찬란한 모스크도, 무슬림 하면 떠오르는 사막 위도 아니었다. 그곳은 바로 평범한 집 거실이었다.

해가 지고 하늘이 푸르스름해지자 일을 마치고 한 남자가 집으로 돌아왔다. 그는 늘 쓰고 다니는 납작한 원통형 모자를 벗고 손발을 씻은 뒤 거실 창문 쪽을 향해 가만히 섰다.

"알라후 아크바르……."

그는 조용히 코란을 읊조린 뒤 몸을 서서히 아래로 굽히기 시작했다. 곧이어 양손을 바닥에 대고 얼굴을 손등에 파묻었다. 그리고 주먹 쥔 손으로 몸을 지탱해 단단하고 살집 있는 거대한 몸을 일으켰다. 이 동작을 세 번 반복했다. 숨을 죽이고 그의 행위를 유심히 살펴보니 바닥에 엎드린 두꺼운 몸, 몸을 지탱하느라 일그러진 발가락과 발바닥이 눈에 들어왔다. '저 거대한 존재가 저렇게 바짝 엎드릴 수 있다니!' 그의 넓은 등과 붉은 맨발에서 성스러움마저 느껴졌다. 그 남자는 바로 예배를 단 한 번도 드리지 않던 친구 터헤레의 아버지였다.

메카에서의 단체 예배 풍경이 압도적이라면 한 사람의 조용한 예배는 깊은 감동을 주었다. 터헤레 아버지는 유년 시절부터 아홉 명의 자녀를 낳아 성인으로 키울 때까지 그 몇십 년 동안 거의 매일 비슷한 시간에 예배를 드렸을 것이다. 해지기 전 하루 일을 마치고 돌아와 시끌벅적한 집 안을 침묵으로 가라앉히며 매일 신을 모셨을 것이다. 자신이 돌보고 있는 들판과 자신이 기르는 양과 닭 그리고 아이들과 아내를 바라보며 이 모든 것을 선사한 신에게 감사를 표했을 것이다. 그리고 오랜 시간, 그의 몸 곳곳에 감사함과 경건함을 담은 침묵이 차곡차곡 쌓였을 것이다.

매일 해뜨기 전 4~5시, 정오, 오후 3~4시, 해 지기 전, 밤 8~9시에는 전 세계의 무슬림들이 단 하나의 신을 상징하는 검고 네모난 카바신전을 향해 몸을 숙인다. 신의 존재를 느끼는 방법은 사실 이렇게 간단한데, 때로는 신에게 가는 길이 굉장히 복잡해 보인다. 신을 믿는 길에도 무수히 많은 갈래가 있기 때문이다.

터헤레 아버지는 이슬람의 한 분파인 수니파의 신자였다. 공교롭게도 가장 친한 친구 터헤레와 치만은 이란 무슬림의 대부분인 시아 무슬림이 아닌 수니 무슬림이었다. 이슬람의 두 줄기라고 할 수 있는 수니파와 시아파의 차이는 간단하다. '능력'과 '혈통'의 차이다. 무함마드 사후 이슬람 세계에서는 무함마드의 뒤를 잇는 후계자를 정해야 했다. 선출 방법에 관한 의견은 두 가지로 갈렸다. 무함마드 사촌인 알리의 추종자들은 혈통이, 무함마드와 피 한 방울 섞이지 않은 사람들은 능력이 중요하다고 주장했다. 그러나 초반부터 후계자가

능력으로 선출되자 알리 추종자들이 불만을 품고 떨어져나가 분파를 만들었다. 이 무리가 바로 시아파다. 언행과 관행을 의미하는 수나(Sunnah)를 추구하던 사람들은 남아 수니파를 형성했다. 물론 이렇게 갈라진 분파 속에서도 분열은 계속 되었다.

어느 쓸쓸한 밤 좀처럼 잠이 오지 않아서 영화를 보고 있었다. 영화를 보려고 누운 곳은 침대 위가 아닌 카펫이 깔린 방바닥.

"승아. 삐그덕 거리는 소리가 너무 심해. 좀 거슬려."

예민한 룸메이트 어테페 때문에 소리가 나는 낡은 침대에서 내려와 바닥에서 자기 시작한 터였다. 해발 1300미터 알프스 깊은 계곡에 자리한 카르투지오 수도원의 일상을 담은 〈위대한 침묵〉을 보고 있었는데, 깜깜한 어둠 속 조그만 MP3에서 흘러나오는 영화가 그날 밤 침묵을 더 깊게 만들고 있었다. 영화는 몇 장면을 제외하고는 시종일관 침묵 또 침묵이었다. 눈 덮인 수도원은 아름다웠고 수도사들이 내는 소리는 잔잔히 듣기가 좋았다.

그런데 '스르륵' 하는 소리가 들리며 갑자기 벽 쪽에 검은 그림자가 나타났다. 옆방에 사는 자흐러가 예배를 드리려고 들어온 모양이었다. 차도르를 써서 한층 거대해진 그림자가 흘러내렸다 솟아오르기를 반복했다. 그때 영화에서도 흰 사제복을 입은 성직자들이 조용히 입을 다물고 기도를 드리고 있었다. 영화 〈위대한 침묵〉과 갑자기 나타난 자흐러의 침묵, 이 두 풍경이 묘하게 겹쳐 보였다.

수도사들이 믿는 신과 자흐러가 믿는 신은 사실 같은 존재다. 그들은 세상을 다스리는 유일신이 인간에게 올바른 지침을 내려주기 위해 자신의 목소리를 인간의 언어로 들려줄 대변인을 세상에 내려보

기도,
그들만의
위대한 침묵

냈다고 믿었다. 시대가 흐르고 그 말씀이 인간에 의해 삭제, 첨가, 왜곡되는 등 변질되어 갔는데 그럴 때마다 신은 이를 바로잡기 위해 새로운 대변인을 보내주었다. 모세, 다윗, 예수가 대표적인 대변인들이고 토라, 시편, 복음서는 바로 이 대변인들이 신을 대신해 전달한 말씀들이다. 무함마드는 예수 이후 제일 나중에 등장한 대변인이었다. 그가 받든 말씀은 코란으로 만들어져 무슬림들에게 전파되었다. 이슬람 초기, 무슬림들은 자신의 종교를 신이 보내준 마지막이자 최고의 대변인인 무함마드가 만든 가장 완벽한 말씀이라고 여겼다. 유대교와 기독교, 이슬람교는 같은 존재를 믿지만 서로 다른 대변인과 말씀으로 이루어진 형제 종교인 셈이다. 그러나 이들 형제 종교 간의 작은 틈은 시간이 지날수록 계속 벌어졌고, 특히 기독교와 이슬람은 마치 태초부터 대립한 종교처럼 수많은 싸움과 피를 불렀다. 그러나 그날 밤 벽을 가르며 고요히 이어지던 두 침묵은 내게 두 종교 혹은 두 기도가 실로 다르지 않음을, 같은 존재를 향한 행위임을 느끼게 해주었다.


　페르시아 시인 루미의 우화 중에는 이런 이야기가 있다. 먼 옛날 중국과 그리스 예술가들이 그림 실력을 겨루었다. 술탄은 두 편을 서로 마주보는 사원에 각각 모아 그림 솜씨를 보이라고 명했고 화가들은 즉시 작업을 시작했다. 그런데 중국 화가들은 매일 왕을 찾아가 많은 양의 물감을 받아갔지만, 그리스인 화가들은 이상하게도 물감을 조금도 요구하지 않았다. 사원 벽에 그림을 그리기는커녕 깊은 침묵을 지키며 이미 칠해놓은 색깔마저 지우려고 하지 않는가. 시간이 흘러 왕이 신하들을 거느리고 사원으로 찾아왔다. 왕과 일행은 사원에 그려진 중국 화가들의 화려한 그림을 보고 경탄했다. 드디어 그리스의 차례가 돌아왔고, 조용히 사원에 쳐놓은 장막을 걷어냈다. 그러자 놀라운 일이 일어났다. 한낮의 햇빛 아래 중국 화가들이 그린 그림의 화려한 색채가 그리스 화가 쪽의 사원에 반사되어 더 섬세하고 아름다운 빛을 발하고 있었던 것이다. 그리스 화가들은 그렇게 오랜 침묵 끝에 더욱 아름다운 빛을 그려냈다. 신을 믿는 방식이 요란하고 화려할 수도 있지만, 그들은 침묵하고 비우는 방법을 선택한 것이다.

　무함마드는 메카 주변 동굴 속 고요한 침묵에서 처음 신을 만났다. 그가 예배를 무슬림의 의무로 만든 것은 그 침묵만이 신을 만나는 길임을 알았기 때문이었을 것이다. 그래서일까, 매일 예배를 드리던 거세미와 치만, 바허르를 보면 아이들의 발랄한 성격과는 달리 말로 표현할 수 없는 깊이가 느껴졌다. 대화를 하다가 혹은 나를 볼 때의 그 눈빛, 그 찰나의 고요한 바람 같은 것 말이다. 그들의 두 눈동자가 깊고 조그만 우물처럼 보였다.

기도,
그들만의
위대한 침묵

# 친구들의
# 옷장

"저기, 소매 길고 엉덩이 덮는 옷 있나요?"

"네?"

"아, 제 딸이 이란에 있는데요."

엄마는 고맙게도 두 번이나 '이란식' 옷을 구입해 나에게 보내주셨다. 내가 가지고 있는 옷들은 모두 소매가 길고 옷의 총장도 엉덩이는 물론 허벅지를 다 덮을 정도로 길었다. 이란에 가기 전 구입한 검은 셔츠, 갈색·녹색 니트도 이런 식이었다. 내 옷들이 좋아보였는지 이란 여직원들의 반응은 매번 폭발적이었다.

"가잘(페르시아어로 서정시라는 뜻으로 내 이름이다), 이 옷 무척 예뻐요."

나는 겸손한 척했지만 솔직히 내 생각에도 내 옷이 제일 나아보였다. 푸른색 롱 블라우스, 분홍색 꽃무늬 원피스 등 한국에서 온 옷은 색깔도 화려하고 디자인도 섬세했다. 한국에서 새옷이 오면 은근한 우월감을 느끼며 사무실을 활보했던 기억이 난다. 이란 생활에 적응한 뒤에는 테헤란에서도 옷을 사 입었다. 조르단 거리에는 스페인 브랜드 망고와 이탈리아 브랜드 베네통이 입점해 있었는데 주로 이 두

곳에서 쇼핑을 했다. 가격 자체도 한국보다 저렴했고 무엇보다 그곳의 옷들이 그나마 제일 나았기 때문이다.

그렇게 1년을 이란식 한국 옷과 한국식 이란 옷만 입다가 기숙사에 가니 완전히 다른 세상이 펼쳐졌다. 열 명이 함께 사는 터헤레의 방에는 변변한 옷장 하나 없이 문 옆에 기다란 옷걸이 하나가 놓여 있었는데 그곳에는 항상 비슷한 옷만 죽 걸려 있었다. 친구들은 그 옷들을 '멍토'라고 불렀다. 프랑스의 망토(manteau)에서 유래된 말인 듯하다. 생김새는 망토보다 트렌치코트에 가까운데, 소매도 길고 총장도 보통 무릎 아래로 내려올 정도로 길다. 디자인은 좀 투박하지만 몸에 붙는 스타일이라는 게 특이했다. 속옷이나 티셔츠 위에 바로 입으므로 외투가 아닌 일상복으로 보아야 한다.

이란 여성들은 차도르와 함께 이 멍토를 가장 많이 입는다. 친구들은 보통 멍토를 입고 그 아래 면바지나 청바지를 입었다. 운동화, 플랫슈즈 혹은 구두를 신고 자외선 방지를 위해 필수품인 검은 선글라스와 히잡을 쓴다. 겨울을 제외하면 대부분 이런 식으로 옷을 입었다.

옷차림은 그 사람이 어떤 사람인지를 보여준다더니 가지각색의 멍토는 아이들을 꼭 닮아 있었다. 세련된 스타일의 미나는 단순하면서도 소매와 옷깃에 아기자기한 주름이 잡힌 검은색 멍토를 즐겨 입었고, 레일러는 냉정한 성격과 꼭 닮은 예리한 옷깃이 달린 황토색 멍토를 좋아했다. 터헤레는 가장 유난스러웠는데, 그녀의 광택이 나는 소재의 보라색 멍토에는 소매 끝에 끈이 잔뜩 달려 있어서 입을 때마다 끈을 묶어주어야 했다. 그래도 그녀는 늘 싱글벙글이었다.

"숭가, 나 어때?"

친구들의
옷장

터헤레는 입을 때마다 이렇게 묻고는 했다. 나는 늘 감탄한 것처럼 "너무 예쁘다." 하고 답했는데, 솔직히 말하면 화려하지만 불편한 보라색 멍토는 매사에 좀 비효율적인 터헤레를 닮았다.

사실 멍토는 40년 전만 해도 자주 볼 수 있는 옷은 아니었다. 친구들이 40년 전 이란에 살았다면, 그녀들의 옷장은 지금과는 전혀 다른 모습이었을 것이다. 우연히 이란에서 사는 한 한국인 선생님을 알게 되어 부셰르 시의 자택을 방문한 적이 있었다. 함께 가족 사진첩을 보다가 사모님의 처녀적 사진을 보게 되었다.

"사모님, 정말 이렇게 입고 다니셨어요?"

"응. 그땐 그렇게 입고 살았어."

선생님의 부인은 이란인인데, 사진 속 20대 초반의 그녀는 어깨 부분이 풍성한 흰 블라우스와 검은색과 붉은색이 섞인 체크무늬 스커트 차림이었다. 살결이 보이는 반투명의 검정 스타킹을 신고 다소곳이 다리를 모으고 앉아 있었다. 지금은 이란에서 볼 수 없는 파격적인 옷차림이다.

이란에 서구 의복문화가 유입된 것은 19세기 말부터다. 20세기 초, 팔레비 왕조하의 근대화 바람 속에서 전통 페르시안 의복은 모던한 서양식 의복으로 변해갔다. 베일은 '미개한 문화'라는 이유로 금지되었고 여성들은 현대식 의복을 입어야 했다. 혁명 직전인 1970년대, 절정에 달한 서구화 물결로 당시 이란 거리는 유럽의 거리와 흡사했다고 한다. 여성들은 반팔 블라우스, 민소매 원피스, 미니스커트를 입고 거리를 활보했다. 1979년 이슬람혁명 뒤 상황은 정반대가 되었

혁명 전 반팔 블라우스와 다리를 드러낸 스커트 같은 서구식 의상을 입었던 이란 여인들의 모습은 이제 추억이 되어버렸다.

다. 베일은 의무가 되었고, 서구식 복장은 금지되었다. 여성들은 소매가 짧거나 엉덩이를 가리지 않는 짧은 상의를 입다가 걸리면 벌금을 내거나 최악의 경우 감옥까지도 갈 수 있다. 반면, 남자들은 서구화의 상징인 넥타이와 반바지를 착용하지 못한다는 것 빼고는 별다른 제약이 없다.

옷으로 팔을 덮고 엉덩이만 가려준다면 별 문제는 없지만, 재미있는 것은 어디를 가나 반항하는 사람들은 꼭 있다는 것이다. 테헤란 거리를 걷다 보면 애매한 길이의 멍토가 자주 눈에 띄는데 주로 '노는 언니들'이 입는 멍토다. 종교경찰 입장에서 가장 골치 아픈 것이 바로 이런 여성들이다. 그런데 테헤란의 백화점에 가보면 민소매나 브라탑 형식의 파티용 드레스를 파는 숍이 의외로 많다. 대체로 풍만한 이란 여자들이 입으면 가슴골이 훤히 보일 게 뻔하다. 거리에서는 입지 못하지만 실내에서는 입어도 된다는 뜻일까. 실내 파티조차 금지하면서 파티용 드레스를 팔게 하는 것은 무슨 의미인지 모르겠다.

어쨌든 한국에 돌아올 때까지 멍토는 단 한 벌도 사지 않았다. 멍토는 내 눈에 디자인도 어색했고 색깔도 좀 칙칙했다. 몸에 붙는 어설픈 트렌치코트 같아 잘 손이 가질 않았다. 차도르처럼 정체성을 보여주기도 하고 노는 언니들 멍토처럼 저항의 표현이 되기도 하지만, 그 전에 한국인인 나에게 옷은 '취향'의 문제였다. 페르시아 여인들이 아무리 아름다워도 옷에 대한 취향은 한국인을 따라가지 못할 것이라고 자만했다. 이렇게 거만하게 생각하던 나에게 어느 날 '페르시아의 딸들'이 나타났다. 자주 가던 영화박물관 카페에서 한참을 느긋하게 책을 보다가 문득 고개를 들었는데, 페르시안풍 드레스와 바

테헤란 거리에서는 이렇게 화려한 페르시아 풍 옷차림을 한 여인들을 종종 볼 수 있다. 사진은 테헤란의 패션 경향을 다룬 블로그인 '테헤란타임스'에서 제공했다.

지를 입은 이란 여성들이 내 앞을 빠르게 스쳐갔다. 얇은 옷자락에서 달콤한 향기가 훅 풍겨왔고, 부드럽게 머리를 휘감은 스카프, 작은 귀걸이, 은빛 반지와 시계, 갈색 샌들이 무척 우아했다.《천일야화》의 세헤라자드도 이런 모습이었을까.

이란 전통 여성 의상은 단조로운 차도르와 달리 화려함의 극치다. 거대한 영토와 다양한 민족만큼 종류만 해도 열 가지가 넘는데 보통 한 세트인 풍성한 상의, 긴 치마, 베일이 모두 알록달록하다. 베일에도 술, 보석, 동전 등이 촘촘하게 달려 있다. 고대 페르시아(기원전 6세기~기원전 4세기) 여성들은 주로 넉넉한 상의와 긴 스커트를 입었다. 상의는 등에서부터 주름을 만들어 어깨와 팔을 덮고, 부드럽게 상체를 감싸며 떨어진다. 옷의 재료와 색깔은 페르시아제국이 부유해지는 만큼 점점 화려해졌는데, 색깔로는 흰색, 하늘색, 올리브색, 청록색이 많이 쓰였고, 부드러운 면과 울, 매끌매끌한 중국산 실크, 빛나는 금실, 은실로도 옷을 짜 입었다. 16세기 사파비 왕조 때 세밀화를 보아도 당시의 옷들은 존재하는 색깔을 다 끌어다 쓴 것처럼 화려했다. 중동지방의 척박한 환경과는 완전히 대비된다.

영화 〈페르시아의 왕자〉(2010)를 보면 타미나 공주가 허벅지를 덮는 긴 상의와 펄럭이는 흰 통바지를 입고 나오는데, 북테헤란 거리나 대학가에 있으면 이렇게 화려한 전통의상의 여인들을 종종 볼 수 있다. 한쪽 어깨로 넘긴 숄이 풍성한 블라우스 위로 떨어지고, 샬와르(중동지방에서 여자가 입는 파자마 바지로 1890년대까지 일상복으로 착용했다) 옷자락에 가느다란 다리 실루엣이 비치는 모습이 눈을 뗄 수 없을 만큼 아름답다. 자주 가던 한 브랜드숍에 이런 여인들이 나타나면 옷을 고르는 모습을 몰래 훔쳐보곤 했다. 그 옷차림에 비하면 한국과 이란식 옷을 오가는 내 어설픈 옷차림이 어찌나 보잘것없어 보이던지.

이란 정부는 2006년에는 이슬람 패션쇼, 2012년에는 이슬람 패션 축제까지 개최하며 이슬람식 의복 착용을 권장하고 있다. 정부가 자국민 패션에 발벗고 나선 것이다. 차도리들은 이에 열심히 힘을 보태고 있는 반면, 젊은 여성들의 반응은 시원찮다. 디자인이 촌스럽다는 이유에서다. 대부분 머리카락이 한 가닥도 보이지 않게 뒤집어쓴 히잡과 칙칙한 색깔의 차도르에 발끝까지 오는 밋밋한 이슬람식 드레스들이었다. 예전 페르시아 문양과 빛깔을 사용해 모던하면서도 우아한 옷을 많이 만든다면 옷 길이에 상관없이 이란 여성들이 좋아할 것 같은데 말이다. 규제가 더 엄격할 때는 어둡고 긴 명토만 걸려 있고 좀 완화되면 아슬아슬한 명토로 가득한 친구들의 옷장 풍경을 떠올려본다. 친구들의 옷장이 내 옷장과 비슷해지는 날이 과연 올까? 어떻게 될지는 모르겠지만 친구들의 옷장 풍경이 조금 더 섬세하고 알록달록해졌으면 좋겠다. 그렇게만 된다면 명토보다 몸을 더 가리는 긴 옷을 입어야 할지라도 충분히 우아하고 아름다울 테니까.

친구들의
옷장

# 전 국민적인
# 스모커들

회사 여직원들의 흡연 현장을 목격했다. 그녀들은 색색의 스카프를 두른 채 사무실 밖 혹은 비상구 계단에서 담배를 뻐끔뻐끔 피우고 있었다.

'오, 이란 여자들도 담배를 피우는구나!'

많이 달라지기는 했지만 한국에서도 종종 여성 흡연자에 대한 곱지 않은 시선을 보내는데, 보수적인 이란 사회에서 히잡을 쓴 이란 여성이 담배를 피우다니 무척 생경했다. 그런데 두고 보니 남성들은 말할 필요도 없고 담배 피우는 여성이 심심찮게 눈에 띄었다. 히잡을 쓴 여인들은 노천카페에서 우아하게 담배를 물고 자연스럽게 대화를 나누고 있었다. 이란 곳곳을 두루 다녀보니 시골보다는 도시 여성의 흡연율이 높은 듯했다. 술도 마시지 못하게 하고 히잡 착용을 강요하면서 왜 담배는 피우도록 허용하는 것일까?

무슬림 흡연자들은 운이 좋다. 이슬람 율법은 흡연을 직접적으로 반대하지 않기 때문이다. 코란에는 담배에 관한 언급이 아예 없다고 한다. 무함마드가 살아 있던 당시 중동지역에 담배가 아직 전해지지 않았기 때문일 수도 있다. 미국 원주민들이 피우던 담배가 콜럼버스를 필두로 에스파냐 선원들에게 전해진 이래로 전 세계로 퍼지게 된 것은 16세기 이후의 일이었고 그 시기는 무함마드가 이미 세상을 떠난 이후였다.

    궐련이 처음 이란에 유입된 시기는 1860년대로 추정된다. 러시아와 터키로부터 유입된 담배를 유럽 신문화를 좇던 부유층이 향유하면서 이후 하층민들까지 흡연의 마력에 빠지게 되었고 흡연율은 천정부지로 치솟았다고 한다. 2010년 기준 이란인들이 한 해 동안 피우는 담배는 약 600억 개피에 이른다. 돈으로 환산하면 약 18억 달러에 달하는 수준. 한국인은 한 해 약 900억 개피 정도를 피운다고 하는데, 한국은 약 5000만 명, 이란은 약 8000만 명 수준의 인구 비율을 고려하면 이란인이 한국인보다 상대적으로 적게 피우는 편이나 이란인들도 적지 않게 담배를 피워대는 셈이다. 이란도 우리나라처럼 여성의 흡연율이 남성보다 훨씬 높게 증가하고 있는데, 이란 여성 흡연자들은 하루 평균 여섯 개피의 담배를 피운다고 한다.

    밀수를 방지하는 차원에서 담뱃값이 점점 싸지기도 했고, 여성의 사회 진출 확대, 혁명 후 경제 위기 등 흡연율 증가를 설명할 수 있는 이유는 많다. 전 세계 어디나 그렇듯이 담배에 관한 미디어의 이미지 폭격도 한몫을 하고 있다. 그러나 더욱 흥미로운 점은 아이와 청소년을 제외한 이란인들 모두가 과거부터 전 국민적인 스모커였다는 사실이다. 일반 담배 이전부터 흡연은 이미 이란에서는 만연한 문화였다.

"물담배 피우러 갈래요?"

5월 따뜻한 봄날, 테헤란 국제도서전에 갔다가 우연히 이란 친구 사라와 후리를 만났다. 그녀들은 헤어지기 아쉬웠는지 느닷없이 물담배를 피우러 가자고 했다. 그들을 따라 차를 타고 한참을 올라갔다. 담배 하나 피우러 이렇게 멀리까지 간다는 데 의아해하고 있는데 곧이어 도착한 곳은 이름 모를 산 중턱의 낡은 식당이었다. 그곳에는 음식과 물담배를 만드는 작은 방이 있었고 건물 바깥에는 카펫이 깔린 평상이 여러 개 놓여 있었다.

흐르는 물가에 자리를 잡은 뒤 두 여인은 각각 민트향과 사과향 물담배를 주문했다. 조금 뒤 종업원이 거대한 호리병 두 개와 차, 대추야자를 평상 위로 가져왔다. 처음 본 물담배는 마치 목을 길게 늘인 호리병 같았다. 물이 담긴 병 중간쯤에 긴 호스가 달려 있고 병 꼭대기에는 벌겋게 달구어진 숯이 놓여 있었다. 끝에 구멍이 뚫린 기다란 플라스틱 꼭지도 나눠주었는데, 한 호스로 돌아가며 피워야 하니 각자 이 꼭지를 호스에 끼우고 피우라는 것이었다.

사라와 후리가 자연스럽게 물담배 호스를 입에 물자 나도 질세라 호스를 물고 힘껏 흡입했다. 꼭 멋지게 연기를 내뿜으리라 긴장하며 훅 내뿜자 두 여자의 눈이 동그래졌다.

"와, 승아 잘하는데요?"

같이 간 한국 지인은 "너 마치 한 마리의 용 같다"며 웃었다. 처음 피우는 물담배였는데 생각보다 어색하거나 괴롭지 않았다.

보통 한국에서 '시샤(Shisha)' 혹은 '후카(Hookah)'로 알려져 있는 물담배는 페르시아어로 '갤리언(Qalyān)'이라고 부르는데 갤리언을

고혹적인 외모의 이란 여성들이 물담배 갤리언을 피우고 있으면 마치 페르시아의 궁전에 와 있는 듯한 착각이 든다.

피우는 방법은 참으로 간단하다. 긴 호스 끝을 물고 병 속 물이 보글보글 거품을 낼 때까지 쭉 들이마신 뒤 뽀얀 연기를 뱉으면 된다. 호스를 흡입하면 밖에서 빨려 들어온 공기가 숯을 통과하면서 뜨거워지고, 뜨거워진 공기가 숯 아래 은박지로 감싼 담배를 덥히면서 연기를 만든다. 이 연기는 물거품을 만들며 급격히 차가워진 뒤 흡연자의 입으로 들어가게 되는 것이다. 물담배의 연기를 잘 나게 하려면 초기에 물담배를 힘차게 빨아서 시원하게 물거품을 내주어야 하기 때문에 보통 힘 좋은 남자가 먼저 연기 제조에 들어간다. 여자들이 우아하게 담배를 피우다가 중간에 연기가 잘 나지 않으면 다시 힘 있는 남자들이 출동하면 된다.

사과와 민트향 연기가 카펫 위에 자욱한 안개를 자아냈다. 흐르는 물소리, 머리카락과 옷자락을 흔드는 바람, 향긋한 차와 함께 물담배를 피우는 것은 그야말로 신선놀음이었다. 네 명 모두 콧구멍과 입술 사이로 뽀얀 연기를 계속 뿜어냈다. 사라와 후리는 수줍어하면서도 물담배를 곧잘 피웠는데 둘 다 예쁘장해서인지 자욱한 연기 속 그녀들이 마치 하렘의 신비로운 페르시아 여인들처럼 보였다.

"후리, 일반 담배 피워본 적 있어요?"

그녀는 일반 담배보다 몇 배나 많은 연기를 뿜으며 말했다.

"아니요. 전혀요."

영국의 선교사이자 중국학자 존 프라이어는 페르시아의 흡연실을 보고 이렇게 말했다.

"그들은 수정으로 만든 병에 고정시킨 긴 말라바 담뱃대에서 최상

품의 담배를 빨아들인다. 물이 있는 병의 바닥까지 대통을 집어넣는다. 그들은 이렇게 해서 극도의 쾌감을 얻는다. 또한 아름답고 향기로운 꽃들을 물에 띄우고 연기를 빨아들이면 거품이 일고 꽃들이 다양한 모양으로 춤을 춘다. 물을 이용하여 담배 연기의 온도를 낮추고 아름다운 광경도 구경하는 것이다."

500년 전 유럽에서 전해진 담배는 페르시아에서 물담배라는 독특한 방식으로 발전해나갔다. 물로 뜨거운 연기를 식혀서 피우기 때문에 뜨거운 중동의 기후에 꼭 맞았던 것 같다. 중동지역에서 물담배를 경험하고 한국에 기구를 사오는 사람들도 종종 있는데 한두 번 피우다가 잘 안 피우게 된다고 한다. 물담배와 궁합이 맞는 환경은 따로 있는 모양이다. 담뱃잎 외에도 허브, 향신료, 백단을 혼합해 피우기도 했는데 현재 물담배 향이 다양한 것은 바로 이 때문이다.

물담배는 16~17세기 사파비 왕조 때 널리 퍼졌다. 당시에는 학교에서 수업 중에 선생님과 학생들이 함께 물담배를 피웠다고 한다. 뻐끔뻐끔 담배를 물고 책을 읽는 학생들과 연기로 자욱한 수업 풍경을 생각하면 웃음이 절로 난다. 물담배가 유행하면서 물담배 병 또한 화려해졌다. 유리나 도자기로 병을 만들어 글자나 그림을 새기기도 하고, 은으로 만든 체인을 걸기도 했다. 부유층은 금과 은으로 만든 물담배 병을 썼을 정도다. 17세기 후반에는 나라 전체가 물담배에 중독되기에 이르렀는데, 당시 왕은 물담배를 관리하는 하인까지 둘 정도였다고 한다. 18세기의 술탄 후세인이라는 사람은 해외 방문 중 마차에서까지 물담배를 입에서 떼지 않았다는 재미난 기록도 있다.

현재 이란에서는 물담배를 주로 식당이나 찻집에서 피우는 편이

전 국민적인
스모커들

사람들이 차이쿠네에 줄지어 앉아 물담배와 차이를 즐기고 있다. 실내 흡연이 법으로 금지된 지금도 차이쿠네 내의 흡연은 예외다.

다. 테헤란 남부 거리에 있는 낡고 좁은 찻집에서 발견한 물담배의 향연은 참으로 기묘한 풍경이었다. 사람들이 테이블 양쪽에 앉아 빽빽하게 놓인 물담배 병에 연결된 넝쿨 같은 호스를 물고 있는 모습은 마치 기다란 호스로 영양분을 공급받는 SF영화의 한 장면 같았다.

이란은 현재 담배와 전쟁 중이다. 담배로 인한 피해가 큰 모양인데 매년 6만여 명이 직간접 흡연으로 사망하고 있다고 한다. 정부는 특단의 조치를 내렸다. 2007년판 담배조정법은 호텔, 식당, 찻집, 공공건물에서의 흡연을 금지하고 있다. 이란 젊은이들 60퍼센트가 이런 곳에서 담배를 처음 접하기 때문인데 물론 잘 지켜지고 있지는 않다. 금연 구역을 늘리고 담뱃값을 인상하는 한국과 비슷한 상황이다.

그러나 문제는 이러한 규제가 일반 담배에 집중되어 있다는 것. 물담배가 피우기 좋고 향긋하기는 하지만 사실은 일반 담배보다 더 건강에 해롭다. 그 이유는 바로 흡연 시간과 횟수 때문이다. 물담배를 피우면 보통 30분 이상은 기본으로 피운다. 돈을 주고 산 물담배를 한 모금 피운 다음 바로 돌려줄 사람이 어디 있겠는가. 오랜 시간 반복적으로 연기를 흡입하는 탓에 일반 담배를 피울 때보다 최소 100배 최대 200배의 연기를 흡입하게 되는 것은 물론이다. 테헤란은 자동차 매연뿐 아니라 물담배 연기로도 고통받고 있는 셈이다.

이란을 떠난 지 3개월 후인 2011년 11월, 이란에서 담배와 관련된 작은 소동이 일어났다. 이란 법원이 전통 음식점과 찻집 등의 실내에서 물담배 흡연을 전면 금지했는데, 2주 만에 당시 아흐마디네자드 대통령이 '찻집만큼은 예외로 하자'는 법안의 손을 들어준 것이다.

전 국민적인
스모커들

집권 초기인 2005년부터 담배를 퇴폐적인 활동으로 본 보수층에게 담배 금지 법안에 대한 압력을 받아온 그는 2007년판 금지법 이후에도 물담배만큼은 관대한 정책을 유지해온 터였다. 여러 이유가 있겠지만 당시 표심을 고려한 노림수라는 분석이 많았다. 물담배는 여론을 뒤흔들 만큼 중요한 사회적 안건이었던 것이다.

혹자는 연기란 "거룩하면서도 실재하고 현실이면서도 환상적이며 현존하면서도 초월적인 존재"라고 말했다. 좀 과한 표현인 듯하지만 담배가 단 수십 년 만에 전 세계로 퍼진 것도 연기를 마시고 내뿜는 행위, 즉 흡연의 매력 때문이었을 것이다. 사람들은 몸속 깊숙이 연기를 들이마시고 다시 내뿜을 때 머릿속 복잡한 감정들까지 함께 뱉어내 흩어지는 것을 본다. 창조의 고통으로 몸부림치는 예술가들이 종종 담배를 예찬하는 것도 연기 속의 환영을 통해 기쁨과 위안을 얻는 것이 아닐까? 아흐마디네자드 대통령은 오랜 세월 동안 연기를 뿜어온 이란 사람들의 손에서, 특히 이란 인구의 반 이상을 차지하는 젊은이들의 손에서 물담배마저 뺏는 것이 본인에게 얼마나 불리하게 작용할지 본능적으로 알았던 것 같다.

# 차이는
# 힘이
# 세다

나는 붉은색을 병적으로 좋아한다. 엄마가 사주를 보고 와서 내 사주에는 불(火)이 없으므로 붉은색을 많이 지니고 다니는 것이 좋다고 이야기해준 뒤로 쭉 그랬다. 그때부터 나는 속옷부터 상의, 필통, 휴대전화 케이스, 지갑 등 거의 모든 생활용품을 붉은색 계열로 사들이기 시작했다. 그러다 결국 이란에서는 몸속까지 붉은색으로 채우기까지에 이르렀다. 바로 이란의 국민 음료, '차이(chai, 홍차)'로 말이다. 처음부터 이 붉은 물을 좋아했던 것은 아니다. 차이를 좋아하기까지는 무려 1년이 넘는 시간이 걸렸다. 첫 단추를 잘못 끼웠기 때문이다.

2010년 엄청난 업무에 시달리던 어느 날이었다. 동료 파라허니가 나에게 느닷없이 차이를 권했다.

"승아. 너도 차이를 마셔봐. 소화가 잘 돼."

안 그래도 업무 스트레스에 힘없는 트림을 반복하던 차, 귀가 번쩍 뜨였다. 파라허니는 통통한 손으로 굵은 목부터 가슴팍을 거쳐 배 아래까지 일직선을 그리며 말했다.

"차이가 이렇게 흘러가면서 몸속을 정화해주기 때문이야."

차이를 즐겨 마시는 사람은 파라허니뿐이 아니었다. 이란인 동료 대부분은 커피 대신 차이를 마셨다. 특히 파라허니는 불룩한 배를 내밀고는 연신 꿀꺽꿀꺽 차이를 마셔댔다. 그는 아침마다 맥주잔 같은 컵에 차이를 한가득 따라와 옆에 놓고 십여 개의 엑셀 창을 슬픈 눈으로 바라보곤 했는데, 일이 잘 풀리지 않을 때면 왼손으로 턱을 괴고 줄곧 차이를 마셨다. 그의 말대로라면 그가 차이로 정화해야 할 곳은 불룩한 배보다는 머리, 원형탈모가 진행 중이던 복잡한 머리 같아 보였다.

커피가 다 떨어졌을 때 나는 파라허니의 조언을 떠올리며 차이를 한 번 마셔보기로 했다. 회사 탕비실에는 늘 차이 원액을 끓여놓은 주전자와 뜨거운 물이 가득 담긴 전기주전자가 나란히 놓여 있었다. 본래 차이는 원액에 뜨거운 물을 부어 마시는 것인데 꽤 오랫동안 동료들이 차이 마시는 것을 봤으면서도 그것을 몰랐다. 엄청나게 쓴 차이 원액을 맛본 나는 이날 이후 다시는 차이에 손을 대지 않았고 그렇게 차이와 멀어져 갔다.

차이는 앞에서 말했듯이 이란의 국민 음료다. 우유와 설탕을 첨가한 밀크티인 인도식 차이와는 달리 홍차 그대로를 마시거나 정향, 계피, 사프란, 라임즙, 카다몬 등의 향신료를 첨가해 마신다. 이란인들은 일어나서 한 잔, 식후 한 잔, 자기 전에 한 잔, 손님 오면 한 잔…….하루 종일 차이를 마신다. 무더운 여름에도 한결같이 뜨거운 차를 마실 정도이니 말 다했다.

차이의 기원은 15세기 무렵으로 거슬러 올라간다. 차이는 실크로드를 통해 중국에서 처음 수입되었다. 차이가 대중화된 19세기에는 이란에서도 직접 차 묘목을 심기 시작했다. 현재 이란 최대의 차 생산지 또한 처음 차이 묘목을 심었던 카스피 해 인근의 라히잔이라는 곳이다. 이란에는 현재 약 107개의 차 공장과 3만 2000헥타르에 달하는 차나무 농장이 있다고 하니 그 규모만도 어마어마하다.

차이는 이란에서 남녀노소, 장소를 불문하고 즐기는 문화이지만 분위기 좋게 차이쿠네(찻집)에서 마시기도 한다. 차이쿠네는 카펫 깔린 평상에 앉아서 차를 마시는 전통 차이쿠네와 커피숍처럼 테이블에 앉아 마시는 현대식 차이쿠네가 있는데 시장, 도로변 휴게소, 경치 좋은 강가의 다리 밑, 마을 입구, 공원 등 어디에서나 쉽게 찾을 수 있다. 술이 금지되어 있는 이란에서 차이쿠네는 우리나라의 술집만큼 도처에 널려 있다. 마시는 음료로 세계지도를 그린다면 이란은 온통 붉은색으로 물들 정도로 단연 홍차 강국이다.


회사를 떠나 기숙사에서 새 삶을 꾸린 뒤 온종일 차이를 마셔대는 친구들 때문에 나는 이 차이를 마시지 않으려야 마시지 않을 수가 없었다.

"승아, 차이 마실래?"

그런데 처음에는 차이 마시자는 말이 얼마나 두렵던지. 사실 차이의 쓴맛보다는 친구들과의 대화에 끼어드는 것이 더 두려웠다. 기숙사 생활 초기, 나는 아이들과 어울리는 것보다 혼자 방에 있는 것을 더 좋아했다. 친구들이 조금 귀찮았기 때문이다. 그녀들의 관심은 때로는 심각하게 부담스러웠고 '똑똑' 문 두드리는 소리가 들리면 흠칫 놀라기까지 했다. 혼자가 편해서 말도 잘 하지 않았던 내 머릿속

이란 사람들은 차를 마실 때 디저트 쉬리니(위)와 대추야자 호르머(아래)를 함께 즐긴다.

은 역설적이게도 '어떻게 하면 페르시아어를 완벽히 배우고 한국에 돌아갈 수 있을까?'라는 생각으로 꽉 차 있었다. 단기간에 목표를 이루려다 보니 욕심과 스트레스는 쌓여만 갔고 마음처럼 몸도 고장이 났는지 좀처럼 소화도 잘 되지 않았다. 내 몸과 마음은 그렇게 점점 굳어져 가고 있었다.

그러다가 결국 제풀에 지쳐 지하 공부방에서 붙잡고 있던 책을 그만 놓아버렸다. 그러고는 아무 생각 없이 친구들 방으로 달려가 카펫 한구석을 차지하고 앉아 있었다. 아이들이 무슨 말을 하는지 잘 들리지 않아도 무작정 앉아 차이만 홀짝이고 있었다. "풋!" 그런데 이게 웬일? 친구들의 웃는 모습을 보니 신기하게 웃음이 나왔다. 무슨 말인지 도통 이해할 수 없었는데도 말이다. 그리고 얼마 뒤 조용히 앉아 있기가 민망해 농담을 던져보았는데 아이들의 반응은 민망할 정도로 열렬했다.

자발적으로 참여한 최초의 티타임과 친구들과의 대화. 생각보다 그리 나쁘지 않은 경험이었다. 아니, 재미있었다. 그 뒤로 별다른 일이 없는 한 친구들이 부르면 곧장 옆방으로 달려갔고, 나는 더 이상 방에 혼자 있지 않게 되었다.

매일 적어도 하루에 세 번 그리고 기숙사에 머문 시간이 도합 7개월이니 도대체 나는 차이를 얼마나 마신 것일까? 여행 중에도 쉬지 않고 마셨으니 족히 630잔 정도는 되지 않을까. 정들면 무섭다더니 점점 나는 커피를 멀리하고 심지어 커피숍에서도 차이를 시킬 정도로 즐기게 되었다. 차이 맛이 변한 것은 아닐 테니 변한 것은 내 입맛, 아니 변한 것은 바로 나였다.

차이는
힘이
세다

나의 차이쿠네, 기숙사 옆방에서의 티타임은 보통 이런 식으로 진행되었다. 터헤레가 법전을 베고 누워 치만을 부른다.

"치만, 우리 차이 마실까?"

그러면 착한 치만은 안타까울 정도로 남의 청을 거절하는 법이 없었다. 치만은 꽃무늬 잠옷 바지 차림으로 부엌으로 가서 뜨거운 물을 담은 검게 그을린 철제 주전자와 찻물을 담은 조그만 도기 주전자를 들고 방으로 돌아온다. 보통 이때까지 터헤레는 손 하나 까딱하지 않는다. 치만이 돌아오면 터헤레는 그제야 몸을 일으키며 말한다.

"수고했어, 치만."

돌아가면서 차이를 만들었지만 치만의 기술은 단연 최고였다. 그녀가 투명한 컵에 찻물을 따르고 뜨거운 물을 붓는 모습은 춤을 추는 듯 자연스러웠다. 기숙사에서는 큰 철제 주전자로 물을 끓였는데, 대부분의 이란 가정집에서는 사모바르라는 거대한 꽃병 모양의 주전자를 사용한다. 사모바르는 전기·기름·천연가스식 등 종류가 다양하다. 차이 만드는 법은 간단하다. 우선 사모바르로 물을 팔팔 끓인 뒤 찻잎이 담긴 찻주전자에 끓인 물을 붓는다. 그 다음 찻주전자를 사모바르 위에 올려놓고 찻물을 우려낸다. 사모바르 안에서 물이 끓어 발생하는 증기가 찻물을 우리는 역할을 하는데, 이 과정을 거쳐야 차가 맛있고 차의 열기도 오래간다고 한다. 찻물이 잘 우러나면 투명한 컵에 찻물을 붓고, 사모바르 안의 뜨거운 물을 부어 농도를 맞춘 뒤 마신다. 보통 투명한 컵에 차이를 따라 마시는데 차이 만드는 사람이 차이의 남은 양과 맛을 결정하는 차이의 색깔, 즉 농도를 확인할 수 있기 때문이다. 차이는 달달한 디저트를 칭하는 쉬리니와 대추

타브리즈 시장 찻잎 가게에 각종 차가 진열되어 있다. 이란은 한 해에 약 12만 톤의 차를 소비한다.

전통 차이쿠네는 야외에 평상을 깔아놓아 탁 트인 전경을 즐기며 차를 마실 수 있다.

야자 호르머 등과 함께 먹기도 한다.

치만, 나, 터헤레 이렇게 셋이서 시작한 티타임은 아이들이 빈 컵을 들고 몰려오는 통에 금세 판이 커지곤 했다. 차이를 먹을 때는 먼저 흰 각설탕을 앞니로 살포시 끼워 물고 찰랑이는 붉은 물을 한 모금 들이키면 된다. 설탕이 찻물에 녹으면 달콤하고 향긋한 차이가 입안을 맴돈 뒤 목구멍을 따라 흘러 내려간다. 가슴팍까지 찻물의 따뜻함이 느껴진다. 이제 남은 것은 푸짐한 수다 한판이다. 차이의 붉은 물이 찰랑이면 달콤한 수다와 함께 우리의 시공간도 찰랑였다.

"너 섹스 해봤어?"

수위 낮은(?) 음담패설부터 쇼핑, 연애, 그리고 고국의 현실과 나름의 고담준론까지 대화의 주제는 시공간과 각 분야를 종횡무진했다. 뒷이야기와 욕설은 기본이었다. 여담이지만 이때 배운 비속어 중 하나가 "미커 멧 사기", 직역하면 "개처럼 널 원해." 의역하면 당신이 너무 좋다는 뜻인데, 훗날 이란인에게 이 말을 하니 고국의 동포를 만난 듯 감동을 받았다고 한다. 차이와 함께 나눈 수다 덕분에 원어민급의 비속어를 구사할 수 있었던 것이다.

서당 개 3년이면 풍월을 읊는다더니 차이를 마신 지 어언 3개월이 지나자 나도 차이를 제조하는 경지에 이르렀다. 친구들이 매일 마시는 차를 만든다는 것은 물을 끓이고 붓는 단순한 차원의 노동이 아니었다. 그것은 내가 만든 차이 맛이 그렇게 나쁘지 않고 무엇보다도 나를 차이 커뮤니티의 구성원으로 인정한다는 것이었다. 물론 귀찮아서 나를 시킨 적도 많았지만. 어쨌든 소화가 잘 되고 몸을 정화해준다는 파라허니의 말은 사실이었다. 차이와 수다에 맛들이게 되자 혼자 방에 있는 시간은 점차 줄었고 즐겁게 먹고 마시다 보니 소화도 잘 되었다. 건강해진 몸과 함께 마음도 조금씩 열렸다. 차이의 효능보다는 차이에 티푸드처럼 따라붙는 사람과 이야기와 웃음의 힘 덕분이었다. 각설탕보다 더 달콤하고 견과류보다 더 고소한 그것 말이다.

'통즉불통 통즉불통(通卽不痛 痛卽不通)'이라는 말이 있다. 통하면 아프지 않고 아프면 통하지 않는다는 뜻이다. 이란에서는 '차즉불통 통즉불차(茶卽不痛 痛卽不茶)'라고 해야 어울린다. 이란에서 차이를 마시면 아프지 않고 아프면 차이를 마시지 않은 것이다. 매년 12만 톤의 차를 소비하는 이란 사람들은 매일 차이를 마시며 일하고 이야기하며 살아간다. 이란의 경제, 산업, 예술의 기저에는 매일 오고가는 수천만 잔의 차이가 숨어 있는 것이다. 어찌 보면 이란을 움직이는 것은 이란 곳곳에 모세혈관처럼 퍼져 흐르는 붉은 차이일지도 모른다. 이국적으로 보이던 차이는 그냥 평범한 액체가 아니었다. 그렇다. 홍차, 아니 차이는 힘이 셌다.

차이는
힘이
세다

# 나를 살찌운
# 페르시아의
# 부엌

　회사 사람들과 가끔 먹어본 이란 음식은 항상 먹음직스러웠다. 가끔 외식하러 가던 레스토랑 '샨디즈'는 질 좋은 양고기로 유명한 곳이었다. 양고기를 떡갈비처럼 노릇노릇 구워 접시에 담아내는 '쿠비데', 날카롭고 얇은 철 꼬챙이에 끼워져 나오는 '쉬실릭'이 그곳의 대표 메뉴. 지인들은 "어떻게 비린내가 안 나면서 이렇게 맛있지?" 하며 감탄하곤 했는데, 당시에 나는 채식을 고수했던 터라 고기 종류는 먹지 못하고 밥과 야채 종류만 먹었다. 접시에 수북이 쌓여 있는 기다란 쌀알의 밥은 먹을수록 중독적이어서 노란 버터와 으깬 토마토를 섞어 먹다 보면 어느새 접시의 흰 바닥이 보이곤 했다. 가끔 테헤란 북쪽에 자리한 '다라케'의 근사한 분위기 속에서 이란 음식을 먹기도 했다. 야외의 카펫 깔린 평상 위에 앉아 물담배를 훅훅 피우다 보면 금세 배가 고파졌다. 케밥 등 음식이 하나둘씩 나오면 양반다리를 하고 앉아 흔들거리는 나뭇잎을 바라보며 느긋하게 음식을 먹었다.

　그러나 내가 살던 집의 부엌은 이란 쌀을 제외하면 한국 음식 천지였다. 직장 상사, 지인들에게 받은 음식들과 동거인 두 명이 한국에서 공수해온 라면, 즉석국, 즉석카레, 고추장, 된장이 부엌 찬장 안에 그득했다. 야근할 때는 사무실에서 파스타와 피자, 타이 음식을 시켜 먹곤 했으니 그 시절 이란 음식은 먹으면 맛있기는 하지만, 분명한 이국의 맛이었던 셈이다.

"이번엔 내 차례지? '타프툰' 여덟 개 사오면 돼?"

1년 뒤 나는 식당에서 받아먹기만 하던 빵을 사러 샌들을 신고 기숙사 문을 나서고 있었다. 직장생활 시절 큰 변화 없이 49킬로그램을 유지했던 몸무게는 8킬로그램이 불었고, 내 얼굴은 노릇하게 잘 구운 빵처럼 둥글어지고 작은 눈은 빵에 낸 얇은 칼집처럼 더 작아졌다.

이란에서는 별다른 첨가물을 넣지 않고 밀가루로 납작하게 빚어 화덕에 구운 빵을 '넌(nun)'이라고 부르는데, 무거운 몸을 이끌고 '넌 버이(빵가게)'에 가면 일찌감치 도착한 아저씨와 아주머니들이 웅성거리며 넌을 기다리고 있었다. 이란의 넌 가게는 한국식 베이커리처럼 주방이 내부에 숨겨진 형태가 아니라 넌 굽는 화덕이 밖에서도 훤히 보이도록 개방되어 있다. 흰옷을 입은 이란 청년이 무심한 표정으로 갓 구운 넌을 한쪽에 차곡차곡 쌓는 동안 넌은 화덕에서 계속 구워졌다.

넌의 종류에는 바르바리, 타프툰, 산가크, 라바쉬가 있다. 타원형의 바르바리, 속이 비어 있는 원형의 타프툰, 돌화덕에 굽는 산가크, 아주 얇고 납작한 라바쉬가 그것이다. 청년은 장대 끝에 달린 네모난 받침에 밀가루를 뿌리고 뽀얀 반죽을 평평하게 편 뒤 양손의 손톱으로 아래에서 위로 콕콕 찍어 구멍을 내고는 화덕 깊숙이 집어넣는다.

나를 살찌운
페르시아의
부엌

갓 구운 넌을 걸어놓은 넌버이.(위) 뜨거운 넌을 식혀 가져가는 사람들(아래)의 손길
이 분주하다.

창가에 선 또 다른 남자는 손님들에게 원하는 넌의 개수를 물어본 뒤 빠른 속도로 커다란 비닐봉지와 함께 넌을 나눠준다. 한참을 기다리다가 넌을 받으면 사람들은 가게 앞에 있는 벌집무늬의 철제 탁자에 재빨리 올려놓고 넌을 식히면서 원형의 넌을 반으로 혹은 반의 반 크기로 접어 봉지 두 개에 눌러 담았다. 양손에 빵 봉지를 들고 돌아가는 길에는 고소한 빵 냄새가 모락모락 올라와 마음이 든든했다.

이란 음식의 기본은 넌, 밥, 그리고 고기와 야채다. 네 종류의 넌 라바쉬, 타프툰, 산가크, 바르바리는 아침에 주로 누노파니르(치즈)와 꿀, 잼과 함께 먹고, 점심과 저녁에는 주로 밥과 숯불고기 요리인 케밥을 먹거나 고기와 채소를 이용한 다양한 요리를 곁들여 먹는다. 주로 무슬림에게 금지된 돼지고기를 제외한 양, 소, 닭고기를 먹는데 바닷가 지역에서는 생선 요리를 먹기도 한다. 생선은 절대 날것으로 먹는 법이 없다. 기름기 많은 이란 음식의 느끼함을 없애주는 허브, 야채, 과일, 샐러드, 요구르트는 필수품이다. 우리가 조그만 공기에 다양한 반찬을 조금씩 곁들여 먹는 것과 달리 이란에서는 접시에 수북이 쌓은 밥을 한두 가지 요리와 함께 먹는데, 노릇하게 구운 고기, 붉은 매자열매와 사프란으로 노랗게 물들인 밥, 붉고 푸른 채소로 소프레(식탁보) 위는 마치 음식으로 만든 카펫처럼 알록달록하다.

치만, 나, 터헤레 셋은 매일 아침 냉장고에 넣어둔 빵을 꺼내어 터헤레가 집에서 공수해온 쫄깃한 치즈와 차를 곁들여 먹었다. 평평한 원형의 타프툰을 먹기 좋은 크기로 뜯어 손바닥 위에 올려놓고 치즈 한 조각을 얹은 뒤 잘 접어 먹는데, 쫄깃쫄깃한 빵은 끝도 없이 입속으로 들어갔다. 농업학자 바빌로프는 전설적인 페르시아 밀 종자를 찾으러 먼 여정을 떠났다고 하는데, 페르시아 밀로 만든 빵은 그럴 만한 가치가 충분히 있을 만큼 맛도 고소하고 소화도 잘 된다.

점심과 저녁에는 흰 쌀밥에 튀긴 생선, 토마토 오믈렛, 가지 요리를 곁들여 먹었다. 가끔 입이 심심할 때면 아쉬라는 야채 수프와 파스타와 고기를 번갈아 쌓아서 익힌 이란식 마카로니가 소프레 위에 올랐다.

기숙사 부엌은 바닥에는 갈색 타일이 깔려 있고 에메랄드빛 찬장으로 둘러싸여 있었다. 한쪽에는 낡고 검은 식탁이 있고 세 개의 가스레인지가 창가와 벽을 따라 나란히 놓여 있었다. 아침이건 밤이건 가스레인지에는 찻물이 담긴 자기 주전자가 큰 스테인리스 주전자 위에 늘 삐뚜름하게 얹어 있었다. 식사시간이 다가오면 대여섯 쌍의 고무 슬리퍼가 바빠졌다. 방과 부엌을 오가며 요리하는 친구들, 방에 누워 있다가 음식이 잘 익었는지 확인하러 오는 이들, 오늘은 무얼 만드나 보러 오는 아이들 통에 좁은 기숙사 부엌은 늘 북적거렸다.

그 무렵 내가 먹은 대부분의 음식은 이곳 기숙사 부엌에서 치만과 터헤레의 손을 거쳐 탄생했다. 음식을 만드는 친구들의 모습은 놀라움 그 자체였다.

아침부터 터헤레와 레일러가 카펫에 앉아서 시장에서 사온 한 무더기의 채소를 다듬고 있는 모습을 보는가 하면, 노루즈 명절 때에는 터헤레가 생선을 다듬는 모습을 보기도 했다. 터헤레는 입을 꾹 다문 채 은빛 생선을 나무도마에 올려놓고 칼로 배를 쭉 갈랐다. 그리고는 핏물이 묻는 것도 아랑곳하지 않고 손을 생선 배에 푹 집어넣어 내

이란 사람들은 대체로 손님을 초대해 음식을 대접하기 좋아한다. 소프레 위에 차려놓은 밥, 생선, 스튜, 각종 야채가 마치 카펫 무늬처럼 알록달록하다.

장을 꺼낸 뒤 잔여물을 물에 씻어냈다. 부엌칼로 생선을 턱턱 자르는 모습을 나는 마치 제자가 스승의 집도 과정을 지켜보는 듯 바라보았는데, 나에게 생선 손질이란 결혼 후에야 배우게 되는 전문 영역(?)의 일이었기 때문이다.

터헤레는 매일 점심과 저녁, 기숙사 부엌에서 일찌감치 요리를 시작했다. 밥에 넣을 올리브색 콩을 물에 불리고, 고기를 못 먹는 나를 위해 생선 토막과 가지를 소금에 절였다. 흰 쌀도 깨끗이 씻어 솥에 안쳤다.

이란 사람들은 손님을 집에 초대해 대접하기를 좋아하는데, 그래서인지 식당 문화가 크게 발달하지 않았다. 밖의 음식에 대해 잘 믿지 않는 눈치였는데, 한국에서 만난 이란 교수님은 "어떤 재료를 어떻게 보관하고 어떤 식으로 요리하는지 모르니까요."라고 말하기도 했다.

탈레쉬에서 터헤레의 가족과 함께 기나긴 노루즈 휴가를 보내고 테헤란으로 돌아가는 날이었다.

"터헤레, 이걸 다 들고 갈 거야?"

"당연하지. 이리 와서 이것 좀 도와줘."

짐이라곤 캐리어 하나와 가벼운 배낭이 전부인 나와 달리 그녀는 짐이 한가득이었다. 다 떨어진 청록색 가죽 배낭을 포함해 두 개의 배낭과 작은 가방 한 개, 그리고 엄청난 양의 음식을 켜켜이 넣은 큼지막한 원통형 가방까지 있었다. 터헤레가 떠나는 날 가족들은 총동원되어 그녀에게 줄 음식을 쌌다. 얼린 생선, 집에서 직접 만든 버터와 치즈, 야채, 그리고 쌀! 쌀이 그득 담긴 주머니에는 심지어 달걀까지 섞여 있었다. 하나하나 늘어나는 짐을 보니 마음이 절로 답답해졌다. 그냥 돈을 받고 테헤란 가서 사먹으면 되지 싶은 마음에 그녀에게 불평을 했더니 터헤레는 "무슨 소리야. 이거 가지고 가면 되지. 그리고 밖의 음식은 지저분하고 좋지 않아."라며 단호하게 말했다.

길거리에 널린 식당과 대형마트, 편리한 택배 시스템에 젖어 있던 나는 대학생 때 환경단체 활동을 했음에도 불구하고 이란 친구들의 지극히 생태적인 요리 스타일을 견디지 못했다. 그러나 속으로 툴툴대며 가져온 쌀, 달걀, 생선, 야채, 치즈와 버터는 결국 고스란히 터헤레의 손을 거쳐 내 입으로 들어왔다. 터헤레 아버지의 건강한 손과 다리가 길러낸 음식들의 맛은 기가 막혔다.

웬만한 음식은 5분 만에 뚝딱 준비해 느긋하게 먹던 내 식사 방식은 터헤레를 만난 뒤 2시간을 기다려 허겁지겁 먹어치우는 방식으로 점차 변해갔다. 30분이면 될 줄 알았던 터헤레의 조리 시간은 차츰 1시간, 1시간 30분, 2시간으로 늘어났다. 초코쿠키나 비스킷, 토마토를 먹으며 기나긴 조리시간을 버티던 나는 결국 부엌에서 내가 할 수 있는 일을 찾기 시작했다. 쉬운 이란 요리, 이를테면 잘게 썬 양파, 오이, 토마토에 라임즙과 올리브 오일을 넣어 만든 살라데쉬라지, 토마토 오믈렛, 가지 구이 등을 어깨 너머로 조금씩 익혀나갔다.

부엌에서 요리하던 터헤레의 모습은 선명한 그림으로 기억에 남았다. 물기 젖은 손, 튼실한 팔뚝, 입을 꾹 다문 얼굴, 생선 비늘에 굵은 소금을 문지르고 한 손으로 솥을 들어 뜨거운 밥물을 쏟아내는 모습, 칼로 무른 토마토를 으깨짐 없이 자르고 불 위에서 덜컹거리는 냄비에 손 한 번 대지 않고 균형을 잡으며 음식을 볶는 모습…… 그

138  139    나를 살찌운
페르시아의
부엌

다진 양고기를 꼬치에 끼워 화로에 구운 '쿠비데'는 그 맛이 일품이다. 터헤레 언니가 매운 연기를 참으며 고기를 굽고 있다.

런 터헤레를 나는 감탄스럽게 바라보곤 했는데, 생동하는 삶의 에너지가 느껴졌기 때문인 것 같다. 그녀의 팔과 손은 펄떡이며 살아 있는 것처럼 보였고, 그에 비하면 요리를 하지 못하는 내 팔과 손은 곧 퇴화해버릴 거대한 지느러미처럼 느껴졌다.

숟가락으로 한 술 뜨면 몇 알은 후드득 떨어지던 이란 쌀밥은 소화가 잘 되어 끝도 없이 입으로 들어갔다. 매일 아침 먹던 빵과 맛있지만 기름이 그득한 밥반찬에, 당도와 칼로리로 치면 악마의 음식이라 할 수 있는 달콤한 쉬리니까지. 내가 7개월 만에 8킬로그램이나 찐 것은 당연히 매끼 푸짐하게 먹은 이 음식들 때문이었다. 그렇다고 이란 음식이 한국 음식에 비해 맛이 뛰어난가? 꼭 그렇지만은 않다. "만 바러툰 가저 도르스트 미코남(내가 맛있는 음식 만들어줄게요)" 여행을 다니다 보면 이란 여성들에게 이 말을 꼭 들었다. 그녀들은 나를 집으로 초대해 오랜 시간 삶고 굽고 튀긴 요리들을 내왔다. 지난한 요리 과정을 거쳐 손님에게 극진히 요리를 대접하고 또 자연스럽게 그 마음에 보답하는 일, 이란의 그 넉넉한 음식문화 속에 내 몸과 마음도 함께 넉넉해져갔다.

나를 살찌운
페르시아의
부엌

이란의 음식은 이란의 거대한 땅과 다양한 풍경을 축소해놓은 듯 알록달록한 색과 푸짐한 양, 다양한 재료를 사용하는 것이 특징이다. 카스피 해 인근의 비옥한 길란(Gilan) 지방이나 마잔다란(Māzandāran) 지방은 다양한 채소 요리가, 사막지역에서는 낙타 고기 케밥이, 바닷가에서는 생선 요리가 발달했다.

이란 사람들은 대부분 집에서 끼니를 해결하지만, 가끔 분위기 좋은 전통식당이나 차이쿠네에서 차와 물담배를 즐기며 외식을 한다. 그러나 가장 값싸며 훌륭한 식당은 바로 가정집이다. 이란 사람들은 손님을 초대해 음식을 대접하기를 좋아하기 때문에 이란에 체류하다 보면 가정식을 먹어볼 기회가 자주 있다.

이란의 가정집에서 나를 초대해준 사람들과 함께 이야기를 나누며 소프레를 깔고 음식들을 가지런히 놓고 둘러앉아 먹는 음식의 맛은 더욱 특별하다. 꼭 먹어봐야 할 이란 음식 일곱 가지를 소개한다.

### 코레시트 에 바뎀잔Khoresht-e Baademjān

코레시트 에 바뎀잔은 양고기나 쇠고기를 가지와 함께 넣고 끓인 스튜다. 세로로 길게 썬 가지를 소금에 절여서 구운 뒤 볶은 양파와 고기에 토마토 페이스트와 갖은 양념을 넣어 끓여서 만든다. 새콤한 맛이 나는 걸쭉한 스튜와 쫄깃한 고기, 부드럽게 찢어지는 가지를 흰 밥에 얹어 먹으면 별 반찬이 없어도 밥 한 그릇이 뚝딱이다.

### 압구시트Ābgoosht

고깃국과 같은 음식으로 '디지(Dizi)'라고 부르기도 한다. 압구시트는 가난한 사람들의 음식이라고 여겨지기도 하지만, 꼭 맛보아야 할 이란 음식이라고 할 만큼 맛이 있다. 물컵처럼 생긴 도기에 양고기(혹은 쇠고기)와 감자, 토마토, 콩, 양파를 넣고 간을 하여 익힌다. 압구시트와 같이 나오는 빵을 먹기 좋은 크기로 찢어 고깃국에 찍어 먹은 뒤, 국물이 어느 정도 줄어들면 금속 막자로 남은 재료들을 으깨어 스푼으로 떠먹거나 빵과 함께 먹는다.

### 쿠쿠 에 사브지Kookoo-e Sabzi

오믈렛처럼 생겼는데 계란에 으깬 호두를 섞고 미리 볶은 허브(고수, 상추, 파슬리, 딜 등)를 넣어 구운 음식이다. 두툼한 빈대떡 같은 쿠쿠를 먹기 좋게 잘라 밥과 함께 먹으면 호두의 고소함과 계란 부침의 맛이 잘 어울린다.

### 페센잔Fesenjān

페센잔은 석류즙과 호두가 주재료인 시큼하고 걸쭉한 스튜로, 보통 닭고기를 넣어 만든다. 뜨거운 물에 간 호두와 석류즙을 넣고 천천히 끓여 볶은 양파와 닭고기를 넣고 호두에 있는 기름이 나와 재료들이 걸쭉하게 될 때까지 오래 끓인다. 초콜릿색 스튜는 시큼하고도 고소한 맛이 일품이다.

### 쿠비데 케밥Kebab kubideh

이란의 대표적인 케밥으로 값이 가장 싸고 가장 많이 먹는 케밥이다. '쿠비데'는 '(고기를) 간'이라는 뜻으로, 양고기나 쇠고기를 갈아 잘게 썬 양파, 계란을 잘 버무려 고기 반죽을 만든 뒤 얇고 긴 금속 꼬챙이 앞뒤에 꾹꾹 눌러 불에 굽는다. 쿠비데 케밥은 보통 꼬치에 끼워 구운 토마토와 함께 내고 뜨거운 밥이나 빵과 함께 먹는다.

### 돌메Dolme

연잎밥이나 호박잎밥처럼 생긴 돌메는 살짝 데친 포도잎으로 고기, 쌀, 파슬리, 쪼개서 말린 완두콩 등을 감싼 뒤 찐 음식이다. 채우는 내용물은 지역에 따라 레시피가 다양하다. 포도잎 대신 가지 속을 파서 만들기도 한다. 부드러운 포도잎에 쌓인 영양밥은 달콤하고 고소한 맛이 난다.

### 산각 빵Nān-e sangak

'산각'은 페르시아어로 '작은 돌'이라는 뜻으로, 작은 돌들을 가열해 그 위에서 빵 반죽을 구워 만든다. 빵에 돌 모양으로 검게 탄 자국이 촘촘히 박혀 있다. 산각 빵은 전통적으로 페르시아 군인들의 빵이었는데, 전쟁 중 조약돌을 모아 오븐 대용으로 빵을 만들어 먹은 데서 유래했다. 보통 양고기 케밥과 함께 먹는다. 따뜻해진 빵에 버터나 꿀을 발라 먹으면 입 안 가득 울퉁불퉁한 산각 빵 특유의 질감과 고소한 풍미가 퍼져 이란 빵 중 최고라는 말이 절로 나온다.

우리
술 한잔하자
언젠가는!

"저것 봐. 옛날에는 다 마셨다니까."

이스파한의 유명 관광지 체헬소툰 궁전 안, 선배는 손가락으로 벽화를 가리키며 말했다. 선배는 직장 문제 때문에 10년 가까이 이스파한에 살고 있었다. 그는 새삼스럽게 이 그림을 근거로 현 이란의 금주정책은 전통에 위배되는 행위임을 설파했다. 거대한 아치형 벽화에는 녹색 치마를 입은 여인이 허리를 숙여 콧수염 난 남자에게 붉은 술이 담긴 술잔을 건네고 있었다.

이란에 오기 일주일 전까지만 해도 나는 술집이 즐비한 대학가에서 살았다. 집 주변은 밤만 되면 노란등이 켜지고 발그레한 얼굴들과 와자지껄한 소리로 무척 소란스러웠다. 술집으로 가득한 주림(酒林) 한가운데 살았던 나는, 일주일 뒤 이란에서 정반대의 상황과 마주하게 되었다. 이란 거리 어디에도 술은 없었다. 술맛을 비슷하게 흉내낸 무알콜 맥주는 있어서 주로 네덜란드산 바바리아(Bavaria) 맥주를 즐겨 마셨는데 그래 봤자 무알콜, 또 하나의 탄산 음료일 뿐이었다.

생애 첫 직장생활을 이란에서 시작하다 보니 회식을 하거나 스트레스를 해소하기 위해서 자연스럽게 '건강한' 방식을 즐기게 되었다. 맛있는 것을 먹거나 친구와 수다를 떨기도 하고 술 마실 시간에 충분한 수면을 취했다. 그러나 이런 식으로 몇 개월이 흐르자 슬슬 금단 증상이 나타났다. 가끔 한국 교민에게 술을 얻게 되면 한 방울씩 아껴가며 마시고, 한국 드라마를 볼 때는 유독 포장마차 장면에서 눈을 떼지 못했다. 서로를 마주보며 투명한 술잔을 부딪치고 '캬!' 소리와 함께 술을 꿀꺽 넘기는, 한국에서 흔하디흔한 이 행위가 나에게는 절대적인 금기였던 것이다.

술에 대한 갈증이 깊어가던 늦은 봄날, 드디어 와인 한 병이 내 손에 들어왔다.

"와, 이게 얼마 만에 보는 술이야?"

기쁨도 잠시, 문득 우리에게 와인 따개가 없다는 것을 깨달았다. 함께 있던 두 친구와 나는 와인병을 안고 간절하게 쓰다듬으며 머리를 굴렸다.

"주인아저씨께 따개를 빌리는 건 어때?"

그러나 결국 1층 주인집 문 앞까지는 가지도 못했다. 아무리 그래도 명색이 술이 금지된 이슬람 국가인데 한밤중에 와인 따개를 찾으며 주인집 초인종을 누른다? 말이 되지 않았다. 별다른 묘책이 없지만 와인을 맛보고 싶은 욕구는 잘 익은 포도알처럼 터질 듯 부풀어올랐다. 낙담하던 순간 우리는 눈에 보이는 것이 없었다. 나는 벽난로에 술병 주둥이를 내리쳤다. "쨍그랑!" 조용한 밤, 유리병 깨지는 소리가 조르단 거리의 조용한 밤공기를 갈랐다. 바닥에 떨어진 와인병 목에서 붉은 술이 뚝뚝 흘렀다. 그러나 아랑곳하지 않고 절반이 날아

체헬소툰 궁전에는 여인이 남자에게 술을 따라주는 장면이 벽화로 남아 있는데, 이는 지금 이란에서는 볼 수 없는 장면이다.

간 술병에서 붉은 와인을 콸콸 따라 주전자에 담았다. 그날 밤, 우리는 유리조각이 씹힐지도 모를 붉은 와인을 아주 달콤하게 마셨다. 세상에서 가장 위험하고도 달콤한 와인이었다.

음주는 이슬람혁명 이후 이란에서 금지되었다. 이란의 거리에서 술이 사라진 지 채 40년이 되지 않은 셈이다. 금요 벼룩시장에서 구한 1970년대 잡지 〈여성세계〉에는 원색으로 된 보드카 광고가 실려 있었는데 그 모습이 무척 과감하고 섹시했다. 하늘 끝까지 올린 풍성한 속눈썹, 빨간 립스틱을 짙게 바른 뇌쇄적인 이란 여성이 병에서 흘러나오는 투명한 보드카를 향해 입을 벌리고 있었다. 당시 분위기가 짐작이 갔다.

언젠가 회사의 관리원 아저씨에게 술 이야기를 물은 적이 있다.

"아저씨, 아저씨도 술 마시죠?"

"아니요. 저는 안 마셔요."

그는 잠시 머뭇거리다가 수북한 콧수염이 내 볼에 닿을 듯 얼굴을 가까이 들이대고는 속삭이며 말했다.

"사실 집에서는 가끔 마셔요. 있잖아요, 옛날에는 구멍가게에서도 다 술을 팔았어요."

이슬람에서 음주가 '하람', 즉 금지된 행위인 이유는 간단하다. 사람을 취하게 만들기 때문이다. 이슬람에서는 술에 관한 인간의 무절제함을 지적한다. 인간들은 설사 치료 목적으로 술을 마신다 하더라도 결코 한두 잔에서 그치지 못하고 취할 때까지 술을 마시고 만다는 것이다. 무함마드는 "한 통의 술이 취하게 한다면 그것의 한 모금도 하람입니다."라고 말했다.

"믿는 자들아, 음주와 도박과 우상숭배와 점술은 사탄이 행하는 더러운 일이니 그것들을 삼가라(코란 5장 90절)."

코란의 말씀이다. 신의 말씀이 이와 같이 쩌렁쩌렁 울려 퍼지는 가운데 이란 사람들은 또 한 권의 책을 코란과 함께 곁에 두고 경전처럼 여긴다. 바로 하페즈의(1325~1389?) 시집이다. 그런데 하페즈의 시집을 보면 술에 대한 구절이 자주 눈에 띈다. 예컨대 이런 식이다. "술과 술잔에 대한 생각보다 더 즐거운 게 있을까?" 피식 웃음이 나오는 구절도 있다. "아침이 피어오르고 구름이 장막을 치나니, 친구여! 아침 술, 해장술 가져오려무나." 종교에 관한 과감한 발언도 있다. "난 술집에서 신을 보며, 술집에 머리를 숙이네. 성직자들이 이 말을 이해하지 못한다면 스스로 머리를 벽에 박는 격이로다." 코란과 하페즈의 시집, 이란 가정집이라면 응당 가지고 있을 이 두 책의 관계는 술에 관한 한 경전과 불온서적의 관계인 셈이다.

하페즈의 시에도 드러나듯이 페르시아는 원래 포도주가 흘러넘치는 땅이었다. 페르시아 신화에는 와인에 관한 이런 이야기가 전해진다. 페르시아의 잠시드 왕은 포도를 너무 좋아한 나머지 항아리에 보관해두고 조금씩 꺼내 먹곤 했다. 어느 날 그는 포도가 상한 것을 발견하고 먹으면 탈이 날 것을 염려해 항아리에 독약이라고 써서 붙여두었다. 얼마 뒤 두통에 시달리던 하렘의 한 여인이 이 항아리를 발견했는데, 그녀는 이런 고통 속에서 사느니 차라리 죽는 게 낫겠다 싶어 항아리 속 상한 포도물을 들이켰다. 그러나 그녀는 죽기는커녕 잔뜩 취해 쓰러져 잠들고 말았다. 잠에서 깨어보니 두통은 씻은 듯이 나았고, 여인은 썩은 포도물의 효험을 잠시드 왕에게 고했다. 이를 계기로 페르시아에서 와인이 탄생했다는 이야기다.

구약성서의 창세기에는 "노아가 농업을 시작해 포도나무를 심었더니 와인을 마시고 취해 그 장막 안에서 벌거벗은지라."라는 구절이 나온다. 기원전 2800년경, 고대 메소포타미아 지방에는 수메르 남부에 '우르크'라는 나라가 있었는데 그곳의 왕 길가메시에 대한 이야기가 《길가메시 서사시》로 전해진다. 《길가메시 서사시》는 우트나피쉬팀이 길가메시 왕에게 노아의 방주 이야기를 들려주며 일꾼들에게 와인을 강물처럼 마시게 했다고 서술하고 있다. 노아와 길가메시 그리고 앞에서 이야기한 잠시드 왕이 머물던 지역은 놀랍게도 이란 일대, 구체적으로는 이란 서부 자그로스 산맥 주변으로 추측된다. 하페즈가 포도주를 마시며 시를 썼던 시라즈도 바로 자그로스 산맥 가까이에 있다. 참고로 시라즈종으로 만든 와인은 이란의 시라즈와 관련은 없다. 덧붙여 에탄올, 즉 술의 주성분인 에틸알코올을 처음 발견한 사람도 바로 페르시아 화학자 알 라지(Al Razi)라고 한다. 알코올과 와인을 발견하고 이를 전 세계에 퍼뜨린 땅에서 오히려 술을 금지하고 있는 참으로 아이러니한 상황이다.

페르시아 때부터 이어져온 술의 역사에 비하면 이란에서 술이 금지된 고작 40년의 시간은 보잘것없이 짧은 기간이다. 국가정책이 단번에 뒤집힌다 한들 오랜 역사로 이어져온 문화와 관습은 단번에 바뀔 수 없을 것이다. 더불어 금기의 유혹도 무시할 수 없다.

탈레쉬에서 터헤레 가족들과 노루즈를 보냈을 때의 일이다. 둘째

우리
술 한잔하자
언젠가는!

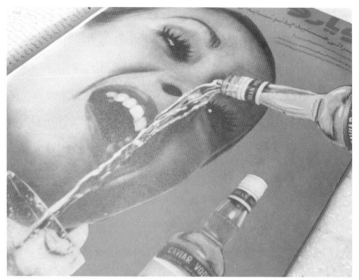

혁명 전 서구화된 이란 사회의 단면을 보여주는 이 보드카 광고는 조금은 선정적으로 보인다. 이란에서 술은 불법이지만 밀수한 술이나 집에서 만든 밀주를 몰래 마시기도 한다.

언니 마흐텁의 집이었는데, 마흐텁의 남편인 코스로 씨가 부엌에서 갑자기 나를 불렀다.

"승아, 이리 좀 와봐요."

쌍꺼풀 짙은 그의 커다란 두 눈이 들떠 보였다.

"와, 술이네요!"

그가 손가락으로 가리킨 것은 냉장고 속 양주병. 분명 병은 양주병인데 코스로 씨는 한사코 와인이라고 강조했다. 마흐텁은 이해할 수 없다는 표정을 지었지만 코스로 씨와 나는 들떠 있었다. 사실 제일 들뜬 건 코스로 씨였다. 좁고 긴 양주잔에 따라 마셔보니 달콤한 포도향이 나는 것으로 보아 와인임에 틀림없었다. 한 잔 마시고 고개를 드니 터헤레는 흐뭇한 눈빛으로 나를 바라보고 있었고, 혈기왕성한 두 조카들은 더 마시라며 호들갑을 떨었다. 코스로 씨는 내가 소믈리에라도 되는 것처럼 긴장된다는 듯 입술을 매만지며 물었다.

"어때요? 맛있어요?"

나는 코스로 씨가 애써 구해준 술을 단 세 잔밖에 마시지 못했다. 그의 커다란 눈에 실망감이 가득했지만 혼자 술을 마실 수는 없었다.

이란 사람들이 술을 마시는 방법은 두 가지다. 몰래 사서 먹거나 아니면 몰래 만들어서 먹거나. 이란의 서쪽 쿠르디스탄 지역을 통해 이라크에서 밀수입된 맥주, 보드카, 와인 등의 술은 지금도 이란 거리 곳곳에서 은밀하게 흐르며 목마른 이란 사람들의 목을 적셔주고 있다. 술을 마시다가 적발되면 무거운 벌금, 매질 등의 큰 대가를 치러야 하지만 탄탄한 소비자층이 형성되어 있고 수입도 짭짤해서 밀수 행위는 끊이지 않고 있다. 이란에서 내가 가끔 사다가 마셨던 앱

솔루트(Absolute) 보드카나 투버그(Turborg) 맥주도 다 이런 어둠의 경로를 통해 수입된 것들이었다.

밀수한 술은 가격이 비싸기 때문에 집에서 술을 주조해 마시기도 한다. 밀주는 '아락(술)'이란 말에 '사기(개)'를 붙여 '아락 사기(개 같은 술)'라고 하는데, 이름만 보아도 알 수 있듯이 그다지 품질이 좋지 않다. 집에서 정성껏 만들면 괜찮지만 재료를 따지지 않고 함부로 만들어 마셨다가는 하렘 여인이 마시고자 했던 독약이 되는 것은 당연지사. 2013년 6월, 이란에서 이십 대 젊은이들이 공업용 알코올과 에너지 음료를 섞어 만든 술을 마시고 죽거나 실명했다는 기사를 보았다. 순수함과 정결함을 위해 거리에서 사라진 술이 음지에서 오히려 더 고약한 냄새를 풍기며 사람들을 위협하고 있는 것이다.


한국 드라마에 자주 등장하는 음주 장면 중 유독 포장마차 장면이 눈에 들어온 것은 술의 맛보다 술자리의 맛이 그리웠기 때문이다. 술잔이 오갈수록 발그레해지는 얼굴, 촉촉해지는 눈빛, 코르크처럼 단단한 마음이 부드러워지고 이야기가 술처럼 흘러넘치는 시간들……. 페르시아의 시인 오마르 하이얌은 내가 술을 왜 좋아하는지 그의 시에서 이렇게 멋지게 표현해주었다. "포도주는 최고의 연금술사, 잠깐 사이 납덩이 인생을 황금으로 바꾸누나."

가끔씩 친구들을 보면서 친구들과 카펫 깔린 넓은 방 안에 모여 앉아 함께 술을 마시는 상상을 하곤 했다. 와인, 보드카, 맥주 등 다채로운 술들이 카펫 위를 오가고, 곧 친구들은 하나 둘씩 취하겠지. 술 한 방울 먹어본 적 없다던 착한 치만은 발그레한 얼굴로 터헤레에게 그간의 불만을 속사포처럼 쏟아낼지도 모른다. 맥주를 마시고 밤새도록 춤을 춘 적이 있다는 터헤레는 아마 목소리는 두 배로 커지고, 나를 두 배로 세게 껴안지 않을까. 정치에 대한 신념이 투철한 바하르는 거품을 물고 조국의 현실에 대해 일장 연설을 늘어놓을 것이다. 눈물 많은 미나는 지나간 사랑 이야기를 하며 꺼이꺼이 울지도 모른다. 베일 벗은 친구들의 모습은 실컷 보았지만, 베일 벗은 마음들은 많이 만나지 못했다. 마음의 베일을 벗기는 데는 사실 술만 한 것이 없는데, 그것을 못 해봐서 아쉽다. 친구들과 술 한 잔 하는 날이 올까? 어렵지만 아주 불가능한 것은 아니다. 그래. 얘들아, 술 한 잔 하자! 언젠가는!

우리
술 한잔하자
언젠가는!

**3장**

# 우리
# 집으로
# 오세요!

# 나의 조르바,
# 나의 터헤레

이란을 떠난 지 정확히 1년 뒤 치만에게서 전화가 왔다.

"승아, 터헤레 어머니가 오늘 돌아가셨대."

전화를 끊자마자 터헤레에게 전화를 했다. 괜찮다고 말하는 터헤레의 목소리를 듣자 가슴에 돌덩이가 박혀 밑으로 점점 가라앉는 듯했다. 탈레쉬에서 만난 터헤레 가족이 떠올랐다. 카펫 위에 모로 누운 채 엄마 품에 파고들어 엄마의 늘어진 가슴을 만지며 킥킥대던 터헤레가, 엄마를 잃고 혼자 웅크리고 있을 것이라 생각하니 가슴이 아팠다.

터헤레를 처음 만난 것은 기숙사에 온 지 며칠 되지 않았을 때였다. 지금도 터헤레와의 첫 만남을 떠올리면 '풋' 하고 웃음부터 터진다. 외출하고 기숙사에 돌아오니 옆방이 떠들썩했다. 말괄량이 여자 아이들은 결혼식 풍경을 연극처럼 재연하는 결혼 파티를 하고 있었다.

"우와, 신부 섹시하다!"

"와~!"

아이들은 좁은 방에서 휘파람을 불고 소리를 지르며, 양팔과 손가락을 휘지으며 춤을 추었다. 그런데 이게 웬일? 여자 기숙사 한가운데 남자 한 명이 서 있었다. 짧은 머리에 검은 수염, 검은 옷, 분명 남자였다.

'뭐야. 남자를 불러들인 거야?'

가만히 들여다보니 남장을 한 여자였다. 통통하고 흰 얼굴에 검은 수염을 그린 그녀는 터헤레였다. 신랑 역할을 맡은 그녀는 신부 역할을 맡은 친구 앞에서 한쪽 눈썹을 구기고 눈을 찡그리며 춤을 추고 있었다. 짓궂은 표정을 지은 그녀의 모습이 꽤 자연스러워 보였다. 파티가 끝난 뒤 나도 덩달아 자리에 앉아 함께 차를 마셨다. 차를 홀짝홀짝 마시며 친구들의 대화를 좇던 차, 터헤레가 돌연 진지한 표정으로 내게 말했다.

"숭가. 나 사실 레즈비언이야."

"응? 아……."

'어쩐지. 심상치 않았어' 하며 고개를 끄덕이니 옆에서 웃음소리가 '큭큭' 새어나왔다. 그녀는 "장난이야. 이란에는 레즈비언 같은 건 없어." 하고 대답했는데, 물론 이 말이 사실이 아니라는 것은 알고 있었다. 대화는 30분 가량 더 이어졌다. 나는 그녀가 하는 말의 단 30퍼센트만 이해할 수 있었는데도 계속 웃음이 터졌다. 이상하게 무슨 말인지 알 수 없어도 그녀의 말투와 추임새만으로도 기분이 좋았다. 그때 처음으로 '저 친구가 좋다'는 생각이 들었다.

아침이면 잠이 덜 깬 그녀의 얼굴을 보고 웃고, 떡진 머리로 거세미와 수다 떠는 모습을 보고 웃고, 나를 보며 "왜 웃어?" 하고 되묻는 목소리를 듣고 또 웃었다. 마냥 그녀가 웃겼다. 다른 친구들의 친절

나의 조르바,
나의 터헤레

함보다도 그녀가 주는 웃음이 더 편안하고 좋았다.

얼마 뒤 2주간의 노루즈 명절을 앞두고 기숙사는 친구들 귀향 준비로 어수선했다. 갈 곳이 없는 나는 혼자 무엇을 하며 보낼까 고민하고 있었는데 때마침 터헤레가 반가운 제안을 했다.

"노루즈 때 우리 집에 올래?"

나도 모르게 입이 환하게 벌어졌다.

"정말? 그래도 돼?

그렇게 노루즈 13일 동안 온전히 터헤레와 시간을 보내게 되었다. 그녀를 쫓아다니며 그녀의 집 카펫과 마당을 쓸고 어설픈 페르시아어로 매일 이야기를 나누었다. 밤하늘에 함께 불꽃을 쏘아 올리고 산에서 양고기와 생선을 구워 먹었다. 끌려다니다시피 여덟 남매의 집을 순례하며 그녀의 가족과 그녀의 과거를 만났다. 그렇게 함께 3개월의 시간을 보내자 그녀와 나 사이에는 같이 먹은 밥도 이야기도 수북이 쌓여 있었다. 물론 불만도 함께 쌓였다. 친해지고 보니 거슬리는 구석이 한 두 가지가 아니었다.

"빨리 지하 공부방으로 내려가. 나한테 공부한다고 약속했던 것 같은데? 그렇게 자고도 낮잠을 자니?"

우선 공부를 참 안 했다. 변호사 시험 준비를 하고 있었는데 두꺼운 책을 침대에 곱게 쌓아놓기는 잘했지만 정작 잘 펴보지는 않았다. 아무래도 그녀는 법을 공부하는 데 목표를 두기보다는 법을 공부한다는 사실 자체를 즐기는 듯했다. 그런 줄도 모르고 터헤레 아버지는 기숙사 방값부터 책값, 용돈을 모두 지원해주고 있었다. 어쩌다가 침대 방에서 공부를 하려고 하면 그 얇은 입술은 수다를 떠느라 좀처럼 가만히 있지를 못했다. 외출 준비를 하려면 씻는 데만 30분, 준비하는 데 족히 2시간이 넘게 걸렸다. 빨간 파우치에서 화장품을 뒤적거리며 떠들고, 크림을 바르다가 떠들고, 립스틱을 바르며 떠들었다. 밥을 먹고도 곧장 설거지하는 법이 없어서, 그녀가 설거지를 맡은 날에는 밥풀 묻은 그릇과 냄비가 온종일 사물함 위에 나뒹굴었다. 아침 먹고 책을 좀 보는가 싶으면 2시간이 안 되어 내 방문을 똑똑 두드렸다.

"숭가, 점심 뭐 먹을까?"

그녀의 뱃살은 심각할 정도로 두둑했다. 그녀가 하루에 가장 많은 시간을 투자하는 부분은 밥 짓기와 밥 먹기였는데 조금이라도 배가 고프면 빨리 밥을 먹자고 재촉했고, 요리하는 내내 집어 먹기 바빴다. 고기를 유독 좋아해서 닭고기를 먹을 때는 손으로 뼈를 쪽쪽 빨며 "이 부분이 진국이야"라며 흡족해했다. 그녀가 대단해 보일 때는 주로 그녀의 특기인 요리를 하는 순간뿐이었다.

어느 날은 터헤레가 아침을 먹고 난 뒤 앞머리를 핀으로 고정하더니 심기일전한 표정으로 책을 들고 지하 공부방으로 내려갔다. 두어 시간이 흐른 뒤 그녀가 과연 공부를 하고 있는지 궁금해져서 지하로 내려갔다. 바퀴벌레 시체가 뒹굴고 낡은 철제 책상과 나무 책상뿐인 흡사 창고 같은 공부방. 그곳에서 터헤레는 의자 위에 양반다리를 한 채 허공을 보며 무언가를 중얼중얼 외우고 있었다. 법률을 외우는 건가? 어쨌든 공부를 하는 것 같아 흐뭇하던 찰나 나를 발견하고는 대뜸 이렇게 물었다.

"숭가, 몇 시쯤 됐어?"

"11시 좀 넘었을 걸?"

"휴, 점심 뭘 먹지? 오이가 있었나? 토마토는? 흠, 있는 게 없네. 숭가, 오이랑 토마토 좀 사다줄 수 있지?"

"지, 지금? 벌써?"

"응. 빨리빨리! 서둘러!"

이란에서 페르시아어로 '빨리빨리'라는 말을 듣게 되다니 반가움보다는 머리끝까지 열이 치솟았다. '공부를 좀 그렇게 해라! 어디서 명령이야?' 이 말이 목구멍까지 차올랐지만 꾹 삼키고 터덜터덜 슈퍼로 향했다. 기숙사로 돌아와서도 여전히 분은 풀리지 않았고, 나는 터헤레 옆에서 오이 껍질을 벗기고, 토마토와 오이를 손톱만한 크기로 잘게 써는 동안 단 한 마디도 하지 않았다. 속이 꽉 막혀오고 얼굴도 화끈거렸다. 단둘이 마주보고 밥을 먹다가 결국 먼저 말을 꺼냈다.

"터헤레. 나 너무 기분 나빴어."

"응? 왜?"

그녀는 영문도 모르고 되물었다. 내가 섭섭했던 이유를 차근차근 설명해주고 나서야 그녀는 나에게 사과했다. 사소한 일로 토라지는 일이 잦아지면서 함께 친하게 지내던 치만에게 종종 터헤레의 흉을 보기도 했다. 착하디착한 치만도 터헤레에게 불만이 쌓일 대로 쌓여 있었다. 생각해보면 나는 알게 된 지 고작 몇 개월 지난 외국인 친구에게 매일같이 잔소리를 늘어놓고 있었다. 심지어 한국 친구들을 만나고 있을 때조차 터헤레에 대한 푸념과 걱정을 늘어놓았다. 속상했던 마음을 돌이켜보니 나는 분명 친절하고 착실한 치만보다 터헤레를 더 좋아했던 것이다

그녀와 나는 똑같은 숄을 두르고 다녔다. 이란에 널려 있는 수천

법전은 내버려둔 채 수다 떨기에 여념이 없던 터헤레에게 가끔은 답답함을 느꼈지만 사실은
무척 사랑스러운 친구였다.

수만 장의 숄 중에 분홍색과 푸른색 원이 그려진 숄을 하고 다녔던 우리는 어쩌면 정말 친구가 될 운명이었던 게 아닐까? 터헤레는 작은 키에 작은 얼굴에 짧고 곱슬곱슬한 머리카락, 튼실한 팔뚝과 두둑한 배, 몸에 비해 가는 다리와 배가 조금만 더 홀쭉했더라면 몸이 앞으로 기울지 않았을까 싶을 만큼 풍만한 가슴을 가지고 있었다. 민소매를 입으면 가슴골이 훤히 보이곤 했는데, 가끔씩 침대에 누워 날 으스러지게 안아주면 가슴에 얼굴이 파묻혀 숨이 컥컥 막히곤 했다. 덕분에 먼 타지에서 따뜻함을 느낄 수 있었다.

그 풍만한 몸으로 춤은 또 어찌나 잘 추는지. 손끝은 섬세하게, 발은 파닥파닥, 배는 리듬 따라 두둥실. 그녀에게는 안타깝게도 법 지식보다는 몸으로 움직이는 일이 더 잘 어울려 보였다. 그녀가 춤을 추면 그녀의 몸 전체가 리듬이 되었고 노래가 되었다. 끊임없이 먹어 삼킨 음식과 이야기들, 몸 위를 흐르던 리듬들이 그녀의 몸속에 고여 지혜를 만드는 것 같았다. 그녀와의 대화는 묘한 '힐링'의 효과가 있었다. 한번은 터헤레가 밥을 먹다 말고 함께 쇼핑을 가자고 한 적이 있었는데, 나는 좀처럼 내키지 않아 머뭇거리며 대답을 얼버무렸다.

"쇼, 쇼핑? 음…… 그래, 가자."

나의 미적지근한 대답에 터헤레는 고개를 숙이고 마저 밥을 먹다가 조용히 말했다.

"숭가. 솔직히 가기 싫지? 솔직하게 말하는 건 나쁜 게 아니야. 솔직하게 말해야 상대방이 네 생각을 정확하게 알 수 있지."

모르는 말이 아니었지만 터헤레 입에서 나온 이 말이 내 가슴을 쩌렁쩌렁 울렸다. 그리고 무언가 명쾌해지는 듯한 느낌이 들었다. 터헤레는 고민을 털어놓을 때마다 안경 너머로 나를 뚫어지게 쳐다보며 "날 믿어. 잘 될 거야."라고 말하곤 했는데, 그때도 묘한 힘이 느껴졌다. 입이 아닌 온몸으로 말하는 듯했다고 해야 할까.

한국에 돌아오자마자 처음 읽은 소설이 있는데, 니코스 카잔차키스의 《그리스인 조르바》였다. 매일 한 절씩 게으르게 읽긴 했지만 첫 장을 열자마자 단박에 느꼈다. 이란에서 나는 주인공 '카잔차키스'였고, 터헤레는 자유로운 영혼 '조르바'였다고 말이다. 책에 조르바가 카잔차키스에게 이렇게 말하는 구절이 나온다. "두목! 당신에게 할 말이 아주 많소. 사람을 당신만큼 사랑해본 적이 없어요. 하고 싶은 말이 쌓이고 쌓였지만 내 혀로는 안 돼요. 춤으로 보여드리지. 자, 갑시다!"

터헤레는 나를 누구보다 좋아한다고 말하곤 했다. 끊임없는 내 잔소리가 그녀에게 퍽 감동적이었던 모양이다. 그러나 그녀는 나에게 좋은 친구 이상의 존재였다. 그녀는 나를 페르시아어 공부의 늪에서 끄집어내어 단순하지만 더 행복한 생활로 이끌어주었다. 그녀와 함께하는 점심과 저녁 식사 시간이 즐거워지면서 밥도 많이 먹고 귀찮기만 했던 요리도 차츰 좋아졌다. 춤의 세계는 어려웠지만 경이로웠고 부족한 어휘로도 대화는 늘 넘쳐났다. 터헤레와의 시간은 카잔차키스의 말을 빌리자면 '단순하면서도 인간의 심오한 가치를 실감하는 풍요로운 시간'이었다. 카잔차키스에게 조르바가 그랬듯이 터헤레도 나에게 하나의 '구루', 유쾌한 구루였던 셈이다.

한국으로 떠나던 날, 터헤레와 치만이 공항까지 배웅을 나왔다.

"슝가. 잘 가."

헤어져야 할 시간이 다가오자 푸른 아이섀도를 칠한 그녀의 눈에 눈물이 가득 고였다. 곧이어 눈물이 툭툭 떨어졌다. 내 눈시울도 뜨거워져 이내 눈물이 터졌다. 눈물을 닦으며 출국장으로 들어가 서둘러 검색대를 통과하는데, "슝가. 슝가. 한국 가서 꼭 전화해!" 하는 터헤레의 목소리가 들려왔다. 뒤를 돌아보니 검색대 뒤의 좁은 문틈으로 그녀의 얼굴이 비쳤다. 나도 그 사이에 대고 어쩌면 마지막이 될지 모를 잔소리를 했다.

"터헤레, 공부 열심히 해! 꼭!"

3년의 시간이 흐른 지금, 그녀가 누구보다도 보고 싶다. 꼭 다시 보자. 나의 조르바, 나의 터헤레.

# 탈레쉬에서
# 만난
# 터헤레 대가족

 노루즈를 지내러 터헤레 집으로 향하는 길은 멀고도 멀었다. 우리는 터헤레의 대학 동기인 메흐디의 차를 얻어 타고 탈레쉬(Talesh)로 향했다. 탈레쉬는 이란의 북부 카스피 해 남서쪽 연안에 자리한 도시로, 이란의 주류 페르시아문화와는 다른 소수민족의 문화를 확인할 수 있는 곳이다. 아직 초봄이라 창밖에는 앙상한 나무들만 보일 뿐, 산에는 아직도 흰 가루를 뿌린 듯 녹지 않은 눈이 남아 있었다. 앞자리에 앉은 터헤레는 오랜만의 귀향으로 들떠 있었지만 나는 축 늘어져 있었다. 짧은 파리 여행에서 돌아오자마자 출발한 탓에 무척 피곤해서, 친구들이 시끌벅적 음악을 틀며 소리를 지르고 창밖 풍경을 보라며 깨워도 창문에 머리를 기대고 꾸벅꾸벅 졸았다. 노을이 져서 하늘이 발갛게 물들 때까지 우리는 계속 길을 달렸다. 창밖이 깜깜해져서야 탈레쉬에 도착했다.

 터헤레의 집은 작은 탈레쉬 시내에서도 조금 더 들어간 한적한 길가에 있었다. 너른 뜰이 있는 단층짜리 벽돌 건물에 슬레이트 지붕이 얹어진 집은 한국의 여느 농가와 비슷했다. 터헤레는 차에서 내리자마자 마중 나온 사람들을 향해 "엄마! 아빠! 우리 도착했어요!"라고 외치며 뛰어들었다.

그날 밤, 터헤레는 짐 정리를 하며 앞으로 우리가 가야 할 곳을 나열했다.

"오늘은 우리 집에서 자자. 내일부턴 갈 데가 많아. 우선 내일은 넷째 언니네, 내일모레는 둘째 언니네 그 다음엔……."

가야 할 곳도 만나야 할 사람도 너무나 많았다. 그녀에게는 무려 네 명의 언니와 네 명의 오빠가 있었다. 구남매의 형제 이름만 외우는 데도 어찌나 헷갈리던지.

"첫째는 퍼테메, 둘째는 ○○○, 셋째는 마흐텁, 넷째는 케이반이야. 다섯째는 ○○○, 여섯째는 마흐터즈이고 그리고 일곱째는 ○○○, 여덟째는 ○○○야. 많지?"

터헤레가 몇 번이나 반복하며 일러주었는데 그중 몇몇의 이름이 생각나지 않는다.

조물주는 위대했다. 가족들 면면은 부모님을 다양한 비율과 조합으로 닮아 있었다. '음. 아빠를 빼닮았군', '이분은 엄마 쪽인 걸?', '이분은 도대체 누굴 닮은 거지?' 우선 네 명의 언니들은 얼굴도, 성격도, 터헤레와 친한 정도도 모두 달랐다. 한 가지 공통점, 모두 뚱뚱했다는 것만 빼고 말이다. 첫째와 둘째 언니는 주로 헐렁하고 얇은 긴소매 원피스를 입고 있었는데 한눈에 보아도 몸집이 비대했다. 이란 여인들은 결혼만 하면 빠른 속도로 살이 찐다는 이야기를 들었는데 정말 그런 듯했다. 기름진 음식을 차리고 먹는 데 하루의 대부분의 시간을 쓰기 때문이란다. 특히 둘째 언니가 인상적이었는데, 짧은

터헤레의 대가족(위)과 장난꾸러기 조카들(아래)의 모습이다.

파마머리에 허스키하지만 쾌활한 목소리의 그녀는 전형적인 '한국 아줌마'처럼 느껴졌다. 머리에 쓴 숄이 별로 어울리지 않던 그녀는 이때까지 만나본 이란 여성 중 가장 비무슬림처럼 보였다.

오빠들은 모두 말이 없고 수줍어했다. 조용한 집에 갑자기 한국 여성이 들이닥치니 낯을 가리는 모양이었다. 스티븐 시걸과 닮은 둘째 오빠는 무뚝뚝하지만 우직해 보였던 반면, 막내 오빠는 집안의 천덕꾸러기인 듯했다. 결혼 후에도 부모님 집에 얹혀살고 있었는데 식사하는 동안 사사건건 가족들에게 잔소리를 들었다.

노루즈를 하루 앞두고 터헤레는 새해맞이 집청소로 무척 분주했다. 걸레로 온 집 안을 구석구석 닦고 진공청소기로 카펫의 털 하나하나를 훑어냈다. 나도 터헤레를 도와 앞뜰을 쓸었는데 멀리서는 곱게 보이던 연둣빛 풀숲이 얼마나 지저분했는지, 엉킨 실과 나뭇가지, 콘크리트 조각들이 그득했다. 볏짚 빗자루로 쓸다 보면 콘크리트 조각이 끝도 없이 나왔다. 터헤레네 집 왼편의 공사 중인 막내 오빠 집에서 나온 콘크리트 쓰레기들이었다. 그러고 보니 터헤레 둘째 오빠도 터헤레네 오른편에 집을 짓고 아내와 두 아들과 함께 살고 있었다. 아들들이 새로 꾸린 가족들과 서로 모여 사는 것이다.

그렇다면 이란에서 가족은 어떤 의미일까? 이란 사람들은 가족을 가장 중요한 배움터이자 사회제도로 여긴다. 가족이 함께 모여 사는 것은 기본이고, 설혹 한 둥지에서 살지 않더라도 가족의 일을 가장 우선순위에 둔다. 이러한 가족 중심의 문화는 이슬람 이전 이란을 지배했던 조로아스터교에서부터 찾아볼 수 있는데, 조로아스터교는 자식의 양육과 부모의 봉양을 매우 신성하게 여겼다. 그러나 가장 큰 영향을 준 것은 무엇보다 유목문화가 아닐까? 유목민족 카슈카이를 다룬 영화 〈가베〉는 유목민족이 철따라 다른 지역으로 이동할 때 가족의 존재가 생존과 직결되어 있음을 보여준다. 모든 가축과 살림살이, 두툼한 카펫을 싣고 옮기기 위해서는 될수록 많은 성원이 필요했고, 이들이 끈끈한 유대로 얽혀 있을수록 유리했다. 자연재해와 외부 세력의 침입으로부터 가족과 가축을 보호하는 데도 가족의 규모와 충성도는 매우 중요했다. 대규모 가족이 이동하는 과정에서 뿔뿔이 흩어지지 않도록 반드시 서로 붙어 있어야 함은 물론이다.

20세기 이후 근대화 과정에도 이란은 일부 지식층을 제외하면 대부분 가부장적인 대가족을 이루며 살았다. 이슬람혁명 이후 가부장제는 더욱 강화되었다. 심지어 연인끼리의 혼전 여행이 금지되어 대부분의 이란 사람들은 여행도 주로 가족 단위로 간다. 물론 도시 사람들이나 지식층, 디아스포라 사이에서는 가부장제가 힘을 잃고 성역할 구분도 희미해지고 있다고 한다. 한국처럼 다양한 계층에 따라 다양한 형태의 가족관이 존재하는 셈인데, 내가 만난 터헤레 가족은 그중에서도 전통적 가족 유형인 농가의 대가족이었다.

아홉 남매의 기둥인 터헤레 아버지는 예순이 넘은 나이에도 풍채가 좋은 분이었다. 그의 불룩한 배와 벽돌처럼 단단한 팔뚝은 나무를 심고 벼를 베고 닭을 키우며 만들어진 것이었다. 그는 그 튼실하고 단단한 몸으로 집을 짓고 들판을 정돈했으며, 눈 하나 꿈쩍하지 않고 양가죽을 벗기고 고기를 발라냈다.

"할아버지, 뱀이에요! 뱀!"

터헤레네 앞마당에 느닷없이 뱀이 나타났다. 잔뜩 놀란 손녀 골너르와 아일린은 소리를 지르면서도 아빠보다 할아버지를 먼저 찾았다. 조금 뒤 터헤레 아버지는 긴 장대를 들고 나타나 장대를 곧추세워 뱀을 몇 번 푹푹 찌르고는 조용히 있던 곳으로 되돌아갔다. 그는 마치 묵묵히 자신의 부족을 지키는 원시 족장 같았다.

노루즈로부터 13일째 되는 날을 시즈다 베다르(Sizdah Bedar)라고 한다. 시즈다는 '13', 베다르는 '밖으로 나가다'라는 뜻인데, 이때에는 온가족이 다 함께 외출을 한다. 나쁜 기운을 멀리 쫓아버리라는 의미에서다. 이날은 터헤레 가족과 함께 소풍을 갔는데 조무래기들과 젊은 조카들은 트럭 짐칸에, 어른들과 나는 승용차를 타고 산 깊숙이 들어갔다. 가는 길 곳곳에 시즈다 베다르를 맞아 야외로 나온 가족들이 많았다.

높고 광활한 산 풍경은 가히 압도적이었다. 집 몇 채뿐이 없는 산중턱에서 더 걸어 올라가 앙상한 겨울나무 아래 자리를 잡았다. 경사가 가팔라서 더 이상 트럭이 들어갈 수 없어 가지고 온 짐을 나르기 위해 언덕을 몇 차례나 오르내려야 했다. 식사를 준비하는 데도 역시 언덕 아래의 수돗가에서 흰 플라스틱 물통과 낡은 철제 물통에 물을 받아 나르기도 했다. 식사 준비를 하는 동안 기온이 떨어져서 마른 가지와 낙엽, 굴러다니는 굵은 나무기둥을 주워 모아 모닥불을 피웠다. 오렌지 껍질을 불 속에 던져 넣으며 타닥타닥 타는 소리를 감상하고 있는데 터헤레 아버지가 말없이 다가와 나뭇가지 한아름을 얹어놓고 갔다. 터헤레네 대가족은 아이고 어른이고 할 것 없이 각자의 몫을 충실히 해내고 있었다. 여자들은 음식을 만들었고, 꼬마들은 아기를 돌보았으며, 식사 후에는 먹다 남은 빵으로 소프레 위의 찌꺼기와 기름기를 닦고 정리했다. 청년들은 어린 동생들을 통솔하면서도 어른들과 함께 몸으로 하는 거의 모든 일을 했다. "승아. 우리는 이집안의 노예들이야."라고 툴툴대면서도 말이다.

"아빠 심장이 안 좋으니 고기를 줄여야 한다니까요."

터헤레는 노루즈 연휴 내내 탈레쉬 사투리로 엄마와 아버지 사이에 앉아 잔소리를 해댔고, 부모님은 그때마다 눈을 끔벅이며 막내딸의 말을 경청했다. 터헤레가 터키 드라마를 멍하니 보고 있을 때조차도 첫째 언니는 그 모습을 보고 흐뭇해했다. 새언니들이 "터헤레만 오면 너무 웃겨!"라며 깔깔거릴 때, 터헤레 엄마가 나에게 "터헤레 좀 잘 챙겨줄 수 있지?"라며 간절하게 부탁했을 때는 마음에 풀뿌리가 뽑힌 듯 헛헛했다. 먼 이란 땅에서 남의 대가족 사이에 있다 보니 재미있기도 했지만 쓸쓸함을 지울 수 없었다.

터헤레를 제외한 여덟 형제의 가족들은 모두 탈레쉬에서 튼튼히 뿌리내리고 서로를 단단하게 엮으며 살아가고 있었다. 물론 일가가 가까이 모여 살다 보니 한국에서는 좀처럼 볼 수 없는 부작용도 있었다. 셋째 오빠의 딸은 얼굴이 화상을 입은 듯 일그러지고 손가락은 한데 뭉개져 있었는데, 알고 보니 가까운 친척과 결혼을 한 탓에 그 자녀가 유전병을 앓고 있는 것이라고 했다. 성역할 또한 엄격히 분리되어서 터헤레 언니와 새언니들은 하루의 대부분을 음식 장만하고 치우고 먹고 아이를 돌보는 데 할애하고 있었다. 그녀가 식사 때마다 말없이 손으로 밥을 꾹꾹 눌러 입에 밀어 넣는 모습을 보면 왠지 내

대가족의 식사를 마련하느라 분주한 터헤레의 큰언니(위)와 듬직하게 맡은 일을 처리하던 큰 조카들의 모습이다.(아래)

가슴도 답답해졌다.

　터헤레는 곱게 자란 막내딸로 아직 철이 없고 자유분방한 편이었
다. 터헤레는 지리학 석사학위를 따는 대로 고향에 돌아가 학생들을
가르칠 예정이었던 치만에게 "치만, 나도 너처럼 고향에서 살까?"라
고 입버릇처럼 말하곤 했다. 이란 사람들은 유독 애정을 다해 자녀를
양육하기 때문에 자녀 역시 자연스레 가족의 규율을 따르며 부모를
강하게 믿고 의지하는 편이다. 터헤레와 치만도 유별나게 가족을 챙
겼다. 터헤레가 변호사가 되려는 이유 중 하나도 아버지의 간절한 바
람 때문이었으니 부모님의 영향력이 대단했던 셈이다. 터헤레 가족
은 *끈끈했고* 따뜻했지만 가족의 품을 떠나 이국을 떠돌던 내 눈에는
가끔 그 풍경에 숨이 막히기도 했다.

　신화학자 조지프 캠벨이 들려주는 페르시아 신화에는 최초의 부
모에 관한 이야기가 등장한다. 태초에 부모는 원래 하나였다. 하나가
나무처럼 자라다가 분리된 뒤 다시 합쳐서 자식을 낳았다. 그런데 자
식들이 너무 사랑스러웠던 나머지 부모는 그만 자식을 삼켜버리고
말았다. 그러자 신은 더 이상 안 되겠다 싶어 자식에 대한 부모의 사
랑을 10분의 9로 줄여버렸다. 이십 대 후반까지 아버지의 도움을 받
으며 공부하고 있던 터헤레였지만 그녀만큼은 가족의 품에서 벗어
나 더 넓은 곳에서 살았으면 싶기도 했다. 터헤레 가족의 삶은 오래
된 미래의 모습 그대로였다. 그때만 생각하면 마치 2011년이 아닌 먼
과거로 시간 여행을 한 기분이다. 나는 지금도 터헤레만큼은 변호사
가 되어 새로운 곳에서 독립해 살았으면 좋겠다는 생각을 한다. 물론
이 또한 그녀의 선택에 달렸지만 말이다.

탈레쉬에서
만난
터헤레 대가족

친구들의 사랑,
꽃향기는
모든 곳에

터헤레네 둘째 언니 집에 가는 길, 도로는 자동차 한 대 없이 한적했다.

"어?"

터헤레가 갑자기 멈춰 섰다.

"왜?"

"승아, 봤어? 방금 지나간 오토바이?"

"아니, 못 봤는데? 왜?"

"오토바이 뒷자리의 남자, 내 전 남자친구였어."

터헤레는 그 남자와 오래전에 헤어졌다고 했다. 그는 터헤레네 가족과 달리 이란의 주류인 시아파인데다 터키 출신이라고 했다. 한창 연애할 때 그가 집으로 전화를 한 적이 있었는데, 터헤레 아버지는 터헤레가 연애 중이라는 낌새를 채고 터헤레에게 그 남자의 신상을 캐묻더니 교제를 반대하기 시작한 모양이었다. 자연히 그 남자와의 만남은 줄어갔고 결국 헤어지게 되었다고 한다.

그 뒤 터헤레는 몇 번의 연애를 더 했다고 했다. 가장 마지막으로 만난 남자는 굵직한 이목구비를 지닌 모스타파라는 사람이었는데, 터헤레는 '잘생긴 남자'라고 했지만 사진으로 보니 좀 험악한 인상이었다. 그녀는 한국식으로 말하면 '인물값 하는 사람'과 연애를 하면 피곤해서 "이제는 좀 착한 남자를 만나고 싶어." 하며 한숨을 쉬었다.

터헤레도 공부하는 틈틈이 소개팅을 하곤 했다. 기숙사의 다른 친구들 역시 곱게 단장을 하고 테헤란 곳곳에서 다양한 향기의 사랑을 피워내고 있었다. 나에게 제일 처음 말을 걸어준 친구인 가절은 붉은 립스틱을 바르고 신발장 앞에서 오랫동안 통화를 하고 있었다. 전화를 끊고 나서 그녀는 갑자기 소개팅한 남자 자랑을 하기 시작했다.

"승아, 얼마 전에 소개팅을 했는데 말이야. 그 남자, 얼굴도 괜찮은데 거기다 차까지 너무 좋은 거 있지."

그녀는 통통한 볼을 움찔거리며 쉴새없이 남자의 신상정보를 늘어놓았다. '키 작은 미나'는 되도록 일찍 결혼하고 싶어했지만 컴퓨터 수리업을 하는 지금의 남자친구와 결혼할지는 고민되는 듯했다. 수입이 시원찮아서 그렇다고 했다. 언젠가 그녀의 남자친구와 마주친 적이 있었는데 키도 작고 인상이 무척 우울해 보였다. 레일러는 본인과 꼭 닮은, 눈썹이 새까만 남자와 연애를 하고 있었다. 주로 전화로 싸우는 모습을 보았지만 언젠가 지갑에서 낡은 남자친구 사진을 꺼내 보여주었을 때 그녀의 얼굴에 핀 미소에서는 은은한 애정이 느껴졌다. 치만에게서는 연애하는 여인의 꽃향기보다는 바람 냄새가 났다. 그녀는 자기를 짝사랑한 남자를 몇 번 만나본 것 외에는 연애 경험이 전혀 없었다. 그래서 그녀의 주름을 볼 때마다 '치만이 사

친구들의 사랑,
꽃향기는
모든 곳에

랑에 빠지면 저 주름진 이마와 눈가가 팽팽해질지도 몰라.'라는 생각을 하곤 했다.

약혼을 한 룸메이트 노빈은 가끔 약혼자 러민의 집에 가서 외박을 했다. 나는 초대를 받아 앵겔럽 광장 근처에 있는 그녀의 약혼자 집에 가보기도 했다. 셋이서 좁은 거실에 앉아 BBC 페르시안(Persian)에서 방영하는 한 다큐멘터리를 보고 있었는데, 내 눈은 오히려 텔레비전의 다큐보다는 노빈과 러민, 그리고 좁은 아파트 안을 주시하고 있었다. '이 친구들은 어디에서 사랑을 나눌까? 이 거실에서? 아니면 물건으로 어질러져 있는 러민의 좁은 침대에서?' 하는 생각을 하면서 말이다.

비슷한 경험은 또 있었다. '키 큰 미나'의 고향, 보즈누르드에서 돌아온 날이었다. 돌아온 지 몇 시간이나 지났을까, 미나가 플랫슈즈를 들고 다시 기숙사 문을 나서고 있었다.

"미나. 또 어디가?"

"응. 남자친구 집에 가. 오늘 아마 못 들어올 것 같아."

'뭐? 남자친구 집에서 잔다고? 결혼도 안 했는데?' 하는 생각이 먼저 들었다. 많은 시간 친구들의 연애를 엿보면서 당연히 볼 수 없는 동시에 미처 물어보지 못한 주제는 바로 친구들의 성경험이었다. 결혼하지 않으면 단둘이 여행을 가지도, 호텔에 투숙하지도 못하는 이란 젊은이들은 어떻게 사랑을 나눌까 무척 궁금했다. 그런데 친구들의 사랑을 상상해보려고 해도 히잡이나 기다란 멍토가 친구들의 몸과 머리카락을 휘감듯 상상을 가로막는 느낌이었다. 내 머릿속에는 온통 순수한 아이들과 집 안에서까지 스카프를 두르고 생활하는 여성들, 신과 인생만을 사유하는 경건한 이란 남자들에 대한 편견뿐, 이란인의 달콤한 러브신이라곤 없었다. 게다가 친구들이 만들어나 갈 사랑의 정원을 두꺼운 철문처럼 가로막고 있는 두 가지가 있었으니 바로 일부다처제와 '시게'였다.

일부다처제는 사실 이슬람권만의 특징은 아니다. 인류학적으로는 인구 비율에서 여성의 수가 남성의 수를 능가할 경우, 여러 명의 여성과 결혼하고 싶어하는 남성의 욕구와 많은 자손을 갖고자 하는 생물학적 욕망 등이 다양한 지역에서 일부다처제를 배태했다고 설명한다. 역사적으로 보자면 이슬람의 일부다처제는 나름의 중요한 이유가 있었다. 7세기 초, 이슬람국가 건설 초기에는 전쟁이 매우 잦았다. 계속되는 전쟁으로 남자는 죽어가고 과부와 고아들은 늘어만 갔다. 사냥과 약탈, 전쟁이 매일 벌어지는 곳에서 여자 혼자 아이들을 데리고 살아간다는 것은 삶을 포기한다는 것과 다를 바 없었다. 이전까지 대부분의 경제 활동을 남성들이 도맡아서 해왔기 때문이다. 이들을 죽음에서 구제할 수 있는 방법은 단 하나, 한 남자가 여러 아내를 맞이하는 것이었다. 일부다처제는 당시 생존의 문제였던 셈이다. 이 시기 무함마드는 하느님에게 이런 응답을 받는다. "만일 너희가 고아들을 공평하게 대해줄 수 없을 거라는 두려움이 있다면, 결혼을 할 것이니."

일부다처제는 이슬람 발생 전 이미 서아시아-아랍 사회에서 만연한 문화이기도 했다. 당시 여성의 지위는 일부다처를 비롯해 여성의 성노예 및 상품화, 여아 살해 관습 등으로 인해 매우 낮았다고 하는데, 이슬람이 엄격한 조건을 전제로 한 일부다처제를 권장해 아내를 그나마 네 명까지만 둘 수 있게 제동을 걸었다는 해석도 있다. 이란에서 여러 여성과 결혼을 하기 위한 조건은 무척 까다롭다. 우선 또 다른 부인을 얻기 위해서는 기존 부인들의 허락이 필요하다. 예컨대 네 번째 부인을 얻으려면 무려 세 부인의 동의를 얻어야 하는 것이다. 신랑이 신부의 가족들에게 상당한 결혼 지참금을 지불해야 하기 때문에 돈도 많이 필요한 것은 물론, 부인을 얻은 뒤에는 잠자리, 선물, 유산 등 모든 부분에서 다른 부인들과 공평하게 대해야 한다. 사실 오늘날 일부다처제를 위한 가장 힘든 조건은 사람들의 따가운 시선이 아닐까? 법적으로 네 명의 부인을 허용함에도 불구하고 대부분의 남성들이 한 명의 부인과 사는 이유도 바로 이 때문인 듯하다.

일부다처제보다 더 악명 높은 제도는 시게, 일명 계약 결혼제도다. 결혼공증소에서 성직자에게 여성과 남성이 각각 차례로 "나는 ○○○의 금액을 받고 ○○○ 기간 동안 결혼할 것임을 맹세합니다.", "나는 이 결혼을 받아들이겠습니다."라는 종교 서약을 하면 그 순간 둘은 부부로 인정받는다. 정해진 결혼 기간 따위는 없다. 1시간이든 한 세기든 합의만 한다면 가능하다. 시게는 이슬람 분파 중에서도 시아파만 인정하는 결혼 풍습인데, 시아파가 주류인 이란 사회에서도 시게를 보는 눈은 곱지 않다. 역사적으로 이어온 전통문화라는 점은 인정하지만 비판적인 시각으로는 '이슬람판 매춘'으로 볼 수 있기 때문이다. 여성에게 전적으로 불리한 시게에서는 남성만이 이혼을 결정할 수 있고, 시게를 경험한 여성을 타부하는 편견을 이겨내며 살기도 쉽지 않다.

이토록 불합리한 제도이지만 이란에서 시계를 이용하는 법은 생각보다 다양하다. 혼전 성관계, 둘만의 여행이나 호텔 출입이 금지된 이란에서 이 모든 것을 정식 결혼 전에 가능케 하는 것이 바로 시계다. 엄연한 부부가 되는 것이니 말이다. 젊은 연인들이 시계를 하기도 하고, 정식 결혼 전 서로를 더 자세히 알기 위해 동거(이란에도 소수지만 혼전 동거를 하는 사람이 있다)를 하거나 계약 연인으로 함께 지내면서 시계를 한다. 드물기는 하지만 연인이 아닌 남녀가 같은 공간을 사용하기 위해, 몸이 불편한 여인을 돕기 위해 시계를 하기도 한다. 부부 관계가 아니면 남녀 사이의 접촉이 불가능하기 때문이다. 매춘과 달리 시계는 아이가 생기면 결혼을 통해 낳은 아이와 유산 상속 등에서 동등한 법적 자격을 인정받는다. 음지에서의 매춘이 충분히 가능한 이란에서 몇 배나 많은 돈을 주고 시계를 하는 것을 보면 분명 저마다의 이유가 있을 것이다. 일부다처제와 시계가 남성 중심적인 제도인 것도, 악용할 여지가 있는 것도 맞다. 그러나 오직 한 사람과 연인에서 결혼으로, 결혼에서 이혼으로 동일한 코스를 밟는 획일적인 결혼 관념 안에서, 조금 다른 식으로 구현해내는 사랑 방식으로 볼 여지도 있다. 그렇다고 두 제도의 폐해가 없어지진 않겠지만 말이다.

언젠가 노빈이 나에게 연애 상담을 해준 적이 있다. 그녀는 카펫에 무릎을 세우고 앉아 노트북을 보고 있었는데, 내가 조심스럽게 이야기를 꺼내자 그녀는 노트북을 닫고 잠자코 귀를 기울여주었다. 내 이야기를 다 들은 후 그녀는 앉은 채로 나를 똑바로 쳐다보며 자신의 생각을 들려주기 시작했다. 알아듣기 쉬운 페르시아어로 천천히. 그

친구들의 사랑,
꽃향기는
모든 곳에

녀는 나와 상대방의 문제를 정확히 짚어내고 있었다. 그녀는 그녀의 풍부한 경험에다 프로이트의 이론까지 끌어와 내 연애를 분석하고 해결책을 제시해주었는데, 그녀의 입술이 '프로이트'란 단어를 내뱉는 순간 나도 모르게 움찔 놀라고 말았다. 그때 나는 내가 이란 친구들을 남녀관계에 무지하고 단순한 존재로 여기고 있었다는 것을 깨달았다. 자유롭지 못한 관습과 결혼제도와 무관하게 그녀들 역시 연애와 관계를 깊은 바다 같은 마음과 해초같이 춤추는 섬세한 감정으로 헤아리고 있다는 것을 몰랐던 것이다.

내가 본 이란의 거리에는 술에 취해 사랑하는 이의 이름을 부르며 꺼이꺼이 울부짖는 젊은이도, 끌어안고 입술을 부딪는 연인들도 없었다. 친구들의 사랑은 공개된 거리가 아닌 택시나 승용차 안, 집 혹은 산속에서 더 진하게 피어나는 듯했다. 내 눈이 닿지 못하는 그런 은밀한 곳에서 말이다.

안녕. 사라. 나는 거리의 반대편에서 당신을 향해 걸어갑니다. 찰나라도 당신의 얼굴을 보기 위해서입니다.

— 샤리아르 만다니푸르,《이란의 검열과 사랑이야기》

나는 부르카 너머로 그녀의 정수리와 이마, 감긴 눈에 키스했다. 그녀의 두 손이 내 얼굴과 머리카락을 어루만지더니 내 목을 감고 깍지를 꼈다. 내가 웅얼거리듯 말했다. 사랑해. 나도 사랑해.

— 마보드 세라지,《테헤란의 지붕》

소설《이란의 검열과 사랑이야기》의 남자 주인공 다라는 여자 친구 사라에게 사랑을 고백하기 위해《눈먼 올빼미》라는 책을 이용한다. 다라는《눈먼 올빼미》의 글자 아래 자주색 점을 찍어놓고 사라가 그 책을 구입하게 만든다. 책을 사들고 집으로 돌아온 사라는 침대에 누워 책을 읽다가 대수롭지 않게 여겼던 자주색 점들이 일정 글자들 아래 정확하게 찍혀 있다는 것, 그것들이 일련의 단어를 만들어내고 있다는 것을 깨닫게 된다. 사라는 책장을 넘기며 글자들을 모두 찾아내어 그것들을 연결하기 시작하고, 그로부터 8시간이 지난 뒤 사라 앞에는 절절한 러브레터 한 통이 놓이게 된다.

사라, 안녕. 이 자주색 점들을 찍으면서 나는 당신이 나의 암호를 발견해내길 기도하고 있습니다. 당신이 사서에게 가서《눈먼 올빼미》를 찾던 그날 나는 거기에 있었습니다. 지금껏 오랫동안 당신이 도서관에 갈 때마다 나 역시 그곳에 있었지요. 나는 (중략) 당신 집 근처에서 책을 팔기 시작했습니다. 당신에게《눈먼 올빼미》를 건넬 수 있도록 말이지요. (중략) 내가 그분(《눈먼 올빼미》의 작가 서댁 헤더야트를 지칭함)만큼 힘이 있는 작가이면 얼마나 좋을까요? 그렇다면 당신에게 아름답고 특별한 편지를 쓸 수 있을 텐데. 내가 당신에게 사랑에 빠진 어떤 남자도 일찍이 써본 적 없는 편지를 쓸 수만 있다면, 나는 내 인생에서 더 이상 바라는 일이 없을 것입니다.

－사리아르 만다니푸르,《이란의 검열과 사랑이야기》

사라가 자줏빛 점으로 다라의 목소리를 좇듯 나 역시 소설 구절을 통해 터혜레나 노빈이 느꼈을 감정들을 더듬어갔다. 모든 시간을 거슬러 올라가 소설 속의 테헤란 거리에 친구들의 얼굴과 몸을 대입해 다시 그들을 상상해냈다. 그러면 내가 알고 있던 테헤란 거리는 다른 모습으로 펼쳐졌다. 내가 묻지 못하고 듣지 못한 친구들의 이야기는 소설 속 테헤란의 거리에서 더 풍부하고 진실되게 묘사되었다. 가끔은 테헤란을 배경으로 만든 섬세한 사랑 영화가 보고 싶어진다. 외부의 시각에서 그저 차도르를 쓴 애처로운 여인만을 그린 이란 영화가 아니라, 이란의 평범한 연인들의 이야기를 다룬 영화. 머지않아 이란에 가면 친구들의 사랑 이야기를 더 많이 들을 수 있을까. 그때보다는 더 능숙해진 페르시아어로 친구들의 마음속에 있던 이야기를 하나씩 꺼내보고 싶다.

# 쿠르드족 친구 치만,
## '우리가 우리의
## 신이 되리라'

 

 

대학 신입생 시절, 광화문 근처 예술영화 극장에서 쿠르드족의 삶을 다룬 이란 영화 〈취한 말들을 위한 시간〉을 본 적이 있다. 스크린에서는 줄곧 흰 눈, 낡은 집, 그리고 허름한 옷차림의 아이들이 등장했다. 병에 걸려 작은 몸을 한 아이 마디는 몸에 비해 조숙한 얼굴을 하고 있었고, 어린 여동생 아마네와 남동생 아윱은 형을 보살피기 위해 뽀얀 숨을 내쉬며 끊임없이 일을 했다. 쿠르드족 아이들은 이런 노래를 불렀다. "인생이란 놈은 나를 산과 계곡으로 떠돌게 하면서 나를 나이 먹게 하고 저승으로 이끄네." 아윱은 형의 병원비를 벌기 위해 밀수꾼의 심부름꾼이 되어, 말에게 술을 먹여야 할 정도로 추운 한겨울의 설산을 힘겹게 넘는다. 그들의 삶은 미간을 찌푸리게 하고 연신 한숨을 쉬게 만들 정도로 고통스러웠지만 나에게 그저 의자에 앉아 감상할 수밖에 없는, 안타깝지만 먼 나라의 일이었다. 그때는 7년 뒤 내가 영화 속 그곳에 쿠르드족 친구와 함께 있게 될 줄은 상상도 하지 못했다.

이란 비자를 연장하기 위해 비자를 잘 내준다는 터키의 트라브존

피란샤흐르의 치만 집에서 조금 더 가면 이란-이라크 국경이 나온다. 기다리는 사람들 사이에 왠지 모를 긴장감이 흐른다.

에 가려던 참이었다. 기차를 타고 국경을 넘어 터키에 갔다가 돌아올 때는 버스로 오겠다고 하니 치만이 반가워하며 말했다.

"그래? 그럼 우리 집에 와."

내가 돌아올 즈음 자신도 집에 가 있을 것 같다고 했다. 치만의 고향은 이란-터키의 국경지대와 가까운 이란-이라크 국경지대 근처 피란샤흐르라는 곳이다. 〈취한 말들을 위한 시간〉의 감독 바흐만 고바디의 고향 버네와도 그리 멀지 않은 작은 도시였다.

터키의 트라브존, 반, 이란-터키 국경지대를 거쳐 이란의 우르미에에 도착했고, 그곳에서 2시간이나 택시를 탄 뒤에야 겨우 피란샤흐르에 도착했다. 몸은 땀으로 범벅이 되고 너무 피곤해서 '에라, 모르겠다!' 하며 바로 테헤란으로 돌아가고만 싶었다. 시내 광장에서 기다리라는 치만의 전화를 받고 그 근처 은행 앞에 앉아 있었더니 조금 뒤 저 멀리서 검은 숄을 쓴 치만이 다가왔다.

"치만! 여기야! 여기!"


"승아, 난 쿠르드족이야."

치만이 나에게 자신의 출신을 이야기해주었을 때부터 치만이 다르게 보였다. 쿠르드족? 그 국가 없는 민족? 그럼 〈취한 말들을 위한 시간〉 속 아이들과 같은 부류인가? 그녀가 기숙사 방 카펫 위를 걸으면 천막 속 낡은 카펫이 연상됐고, 부엌에서 요리를 해도 낡은 흙집 속에 있는 것처럼 보였다.

쿠르드족의 거주지는 지도상으로 보면 이란의 맨 왼쪽 위의 뾰쪽 튀어나온 지역에 집중되어 있다. 쿠르드족은 이란뿐 아니라 아제르

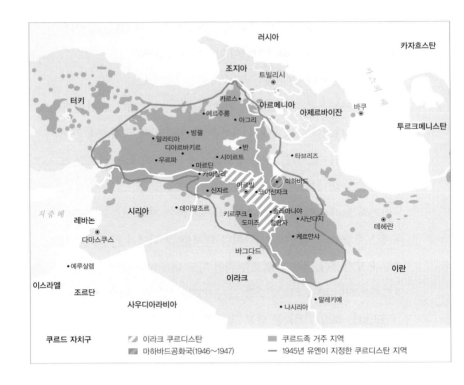

러시아　카자흐스탄

조지아
트빌리시

터키　카르스　아르메니아　아제르바이잔　바쿠

에르주룸　아그리

투르크메니스탄

말라티아　빙괼　반　타브리즈
디야르바키르
우르파　마르딘　시이르트
카미실리　이르빌　마하바드
신자르　코이신자크
지중해　데이랄조르　슐레마니야　테헤란
레바논　시리아　키르쿠크　사난다지
다마스쿠스　도미즈　할랍자
케르만샤

예루살렘　바그다드
이스라엘　조르단　이라크　이란

사우디아라비아
나시리아　말레키예

**쿠르드 자치구**　🔳 이라크 쿠르디스탄　🟥 쿠르드족 거주 지역
🔳 마하바드공화국(1946~1947)　— 1945년 유엔이 지정한 쿠르디스탄 지역

바이잔, 아르메니아, 터키, 이라크, 시리아 등 총 여섯 개국의 국경지
대에 살고 있으며, 2000미터가 넘는 산들에 둘러싸여 전통의상인 펄
럭이는 통 큰 바지와 긴 치마를 입으며 살아가고 있다. '국가 없는 민
족'으로 알려진 쿠르드족은 '쿠르디스탄(쿠르드족 거주지)'을 표시한
현대 지도를 보면 잘 정돈된 국경 위에 마치 엎질러진 물처럼 대충
자리를 틀고 사는 듯해 보이지만, 사실 그들은 예전부터 그곳에서 뿌
리내리고 살던 사람들이다.

쿠르드족의 기원에 대해 여러 설이 있는데, 이란 최초의 왕조인 메
디아 왕조의 후손이라는 것이 가장 유력한 설이다. 쿠르드족의 국가

에도 '우리는 메디아의 아이들'이라는 가사가 실려 있을 정도다. 인구수 3000만 명이 넘는 이들은 페르시아어와 비슷한 언어인 쿠르드어를 쓰고, 치만과 같이 대부분이 수니파 무슬림들이다. 프랑스와 맞먹는 크기의 쿠르디스탄 영토와 적지 않은 인구수는 한 나라를 이루어도 충분해 보이지만, 지금까지 단 한 번도 그들만의 나라를 만든 적은 없다.

이들의 역사에는 추방과 전쟁, 화학무기와 지뢰, 명예살인과 즉결처분이라는 우리가 상상할 수 없는 아픔이 새겨져 있다. 쿠르드는 먼 옛날 아랍, 몽골, 페르시아, 16세기 이후 오스만제국의 지배를 받다가 제1차 세계대전이 끝난 직후 세브르 조약을 통해 마침내 독립을 보장받았지만, 1923년 쿠르디스탄 지역을 터키령으로 규정한 로잔 조약으로 인해 국가 건설은 결국 실패로 끝났다. 제2차 세계대전 당시 이란의 쿠르드족들은 구소련의 지원을 받아 1946년 1월 22일 마하바드공화국(Republic of Mahabad)을 건설하기도 했으나, 전쟁이 끝난 뒤 구소련이 철수하면서 그해 12월 1년도 채 되지 못해 이란 정부군에 의해 운명을 다하고 말았다. 터키 정부는 쿠르드족을 '산악 터키인'이라 부르며 쿠르드어와 전통의상을 법으로 금지하기도 했다. 동부지역에서 발생한 쿠르드족의 정치 운동을 탄압하면서 그 보복으로 300만 명이 삶의 터전을 잃고 강제 이주당했다. 이라크에서는 1988년 3월 16일 사담 후세인 정권이 '안팔(Anfal, 전리품이라는 뜻)' 작전, 즉 쿠르드족 말살정책의 일환으로 쿠르드족 마을 할라브자를 공격해 생화학무기로 인해 5000명이 목숨을 잃는 비극을 겪기도 했다. 이러한 비극은 끝나지 않고 지금도 어딘가에서 계속되고 있다.

쿠르드족 친구 치만,
'우리가 우리의
신이 되리라'

치만의 고향 피란샤흐르는 거대한 산 아래 고층 빌딩 하나 없이 아담한 건물들만 모여 있는 작은 도시였다. 쿠르드족은 나라 없이 떠도는 민족이라고 생각하여 텐트나 흙집이 어지럽게 얽혀 있는 작은 시골 마을에만 살 줄 알았는데, 이곳은 여느 이란 소도시와 크게 다르지 않았다. 단, 쿠르드 전통의상이 여기저기 눈에 띄었다. 쿠르드족은 주로 산악지대에 거주하기 때문에 산을 오르내리기 편하도록 통을 크게 만들고 천으로 된 허리띠를 매는 전통의상들이 옷가게 앞에 어지러이 전시되어 있었다. 거리에는 힙합 바지 같은 통 넓은 바지를 입은 남자들이 바지를 펄럭이며 내 옆을 스쳐갔다.

치만의 집은 3층으로 된 갈색 벽돌집이었는데 내부는 놀랍도록 말끔하고 정갈했다. 1층에서 신발을 벗고 맨발로 계단을 올라가는데, 반질반질한 흰 대리석 계단에는 붉은 카펫이 깔려 있었고 차례로 가족들 방과 부엌, 거실이 이어졌다. 3층에는 결혼한 지 얼마 되지 않은 치만의 남동생 부부가 사용하는 침실이 있었다. 남동생은 군대에 다녀오자마자 결혼을 했는데, 부인의 성격이 어두워 결혼생활이 마냥 즐겁지만은 않은 모양이었다.

"군대에 가면 여자가 그리워져서 결혼을 빨리 하고 싶어지는 것 같아."

치만은 올케가 동생의 정기를 다 뺏어갔다며 혀를 끌끌 차며 말했는데, 내 눈에도 남동생은 마른 고목처럼 조용하고 어딘가 침울해 보였다.

잘 살지 못하는 치만 남동생은 안타깝지만, 본래 쿠르드족에게 결혼은 부족 간의 사이를 끈끈히 하고 세력을 늘리는 중요한 이벤트다.

넓은 바지통에 허리띠. 화려한 색상의 쿠르드족 전통의상을 어린이용 마네킹에 입혀
놓았다.

치만의 가족들은 낙천적이고 흥이 넘치는 사람들이다.

보통 남자의 집안이 주도해 결혼이 이루어지는데, 남자 쪽 집안 어른들이 여자 쪽 집을 방문해 딸에게 관심이 있음을 설명하고, 여자의 부모님이 관심을 보이면 딸이 어떤 사람인지 확인하는 절차를 거친다. 방법은 단순하다. 물 한 잔을 청하는 게 끝. 여자의 부모님이 딸에게 물 심부름을 시키면 딸이 물을 가져와 손님이 다 마실 때까지 기다려야 하는데, 이때 남자 쪽 어른들은 며느리 될 사람의 외모와 됨됨이를 판단한다. 마음에 들면 두 번째 방문 때 신랑감을 데려와 여자의 가족들에게 소개하는데, 이때 신랑 신부는 서로의 얼굴을 처음 보게 된다. 보통 남자가 여자를 마음에 들어 해야 결혼이 성사된다고 한다.

나도 쿠르드족의 결혼식을 볼 기회가 있었는데, 결혼식은 엄숙한 분위기가 아니라 흥겨운 축제에 가까웠다. 결혼식 내내 음악을 연주하며 춤추고 노래하고 결혼을 축하하는데, 그동안 신랑은 신부에게 반지를 끼워주고 신랑의 친척들은 신부 부모님에게 선물을 나누어 준다. 신부의 손가락에는 두 개의 반지가 끼워지는데 첫 번째 반지는 약혼을 상징하고, 두 번째 반지는 신랑이 원할 때마다 신부를 찾을 수 있음을 상징한다고 한다. 신부의 머리에 베일 같은 노랑, 빨강의 숄을 씌워주면 결혼식은 끝이 난다.

도착한 다음 날, 나와 치만 가족과 친지들 도합 열여섯 명이 샘물이 흐르는 공원으로 소풍을 떠났다. 암갈색 지프에 치만 남매 세 명이 올라타자 치만 남동생 유네스가 '둥당둥당둥당' 쿠르드 음악을 큰 소리로 틀었다. 그는 운전은 할 수 있을까 싶을 만큼 엉덩이를 들썩거리며 음악을 즐겼는데, 그도 그럴 것이 피리소리는 마치 땅을 울리는 듯했고 납작한 북, 다프를 두드리는 소리는 내 심장을 방망이로 두드리는 듯 울렸다. 숄을 걸친 내 머리도 슬슬 리듬을 타기 시작했다. 내 반응에 그는 더욱 신이 났는지 네 명의 몸이 갈피를 못 잡도록 갈지 자로 운전을 했다. 레일러는 오빠가 한심하다는 듯 입을 비죽거렸고, 치만은 즐거워하는 나를 보며 엄마 같은 미소를 지었다.

　도착해보니 샘물이 있는 공원이라던 곳은 공원이 아니라 황량한 산 중턱의 작은 풀밭이었다. 치만이 말한 샘물은 바로 수풀 옆 작은 물웅덩이였던 것. 적잖이 실망했지만 이곳은 물이 귀한 곳이니 그럴 수도 있겠다는 생각이 들어 치만을 보며 풍경에 감탄하는 시늉을 했다. 우리 일행은 풀밭에 보랏빛 천을 깔고 앉자마자 음식을 먹기 시작했다. 먹고, 먹고 또 먹었다. 큰 철제 솥에 잘게 썬 채소와 요거트를 넣어 끓인 '어쉬'를 투명한 접시에 담아 먹고, 차이를 따라 마시고, 차가운 샘물에 담가놓은 수박, 연두색 알갱이가 촘촘하게 박힌 '투트(오디)'도, 구슬 같은 산딸기도 먹었다. 단단한 차돌같이 잘 자란 남자아이들 넷은 수풀 주위를 뛰놀고, 장성한 여인들은 수풀 옆에 걸터앉아 수다를 떨었다. 그러다가 노란색과 분홍색 꽃이 흐드러지게 피어 있는 치만의 긴 치마가 눈에 들어왔다. 꽃물이 뚝뚝 떨어질 것만 같았다. 다른 여인들의 노랗고 붉은 치마와 꽃무늬 숄도 눈길을 끌었지만 화려함의 정점을 찍은 것은 전통 쿠르드족 의상이었다.

　"승아, 이리 와서 이것 좀 입어봐."

　치만은 분홍색의 화려한 쿠르드족 전통의상을 가지고 오더니 언니와 함께 나를 근처 낡은 창고로 데리고 갔다. 그러고는 문을 닫고

산중턱에서 내려다본 피란샤흐르의 전경. 거대한 산 아래 고층 빌딩 하나 없이 아담한 건물로 가득한 소도시이다.

대뜸 옷을 벗으라고 했다. 처음 입어본 쿠르드 옷은 생각보다 무거웠는데, 분홍색 바지에 발을 끼워넣는 순간 왠지 쿠르드족 커뮤니티의 일원으로 인정받은 듯한 착각이 들었다. 광이 나는 바지에 분홍색 그물치마를 걸친 다음, 분홍색 허리띠를 두르고 보석이 달린 장식 천을 어깨와 가슴팍에 감았다. 쿠르드족 여성의 옷은 황량한 벌판과 험준한 산악지대에도 지지 않겠다는 듯 무척 화려했다. 화려한 옷 아래 운동화를 구겨 신고 저벅저벅 걸어 나오니 온 가족의 시선이 모두 나에게로 향했다. 치만 형부는 콧수염 밑의 흰 이가 다 드러날 정도로 활짝 미소를 지으며 잘 어울린다고 칭찬을 해주었다.

그 뒤로도 강가에 소풍을 한 번 더 다녀왔고, 이란-이라크 국경지대를 구경했으며 앞에서 말한 결혼식에서 전통의상을 입은 남자들이 일렬로 서서 춤을 추던 화려한 축제의 현장도 보았다. 그렇게 피란샤흐르에서 정신없이 5일을 보내고 기숙사로 돌아왔다. 나에게 쿠르드족의 일상은 더 이상 영화 속 장면이 아닌 피란샤흐르 그 자체로 바뀌어 있었다.


기숙사로 돌아온 뒤 얼마 되지 않은 날, 응접실에 앉아 친구들과 수다를 떨고 있는데 치만이 누군가와 통화를 하더니 멍하니 허공을 바라보다 손으로 입을 감싼 채 털썩 주저앉았다. 분위기가 심상치 않음을 눈치챈 친구들이 주위로 모여들자 그녀가 갑자기 울음을 터뜨렸다. 늘 장난기로 가득 차 있는 터헤레의 눈빛도 고요해졌다.

그녀의 사촌이 국경을 넘다 사고를 당한 모양이었다. 치만 친척분의 안내로 찾아간 이란-이라크 국경지대에는 각종 물품을 실은 대형

트럭과 자동차들이 길을 가득 메우고 있었고 쿠르드족 남자들이 봇짐을 진 채 웅성거리고 있었다. 사촌은 그곳에서 밀수업을 하는 사람 중 한 명이었는데, 그가 어떻게 죽게 되었는지는 자세하게 묻지 못했다. 보통은 국경을 넘다 국경수비대에 발각이 되거나, 이란-이라크 전쟁 때 깔아놓은 지뢰를 밟거나, 밀수꾼을 노리는 무장괴한에게 습격을 당한다고 하는데 정확한 사인은 알 수 없었다. 그에게는 부인과 어린 자녀가 있었는데 치만은 졸지에 아버지를 잃은 조카 생각에 더 복받쳐 울었다.

화려한 분홍 옷과 붉은 산딸기, 흥겨운 음악이 가슴을 두드리며 울려 퍼지던 피란샤흐르 땅이 다시 흙먼지 날리는 쿠르디스탄으로 퇴색했다. 치만에게는 이런 경험이 몇 번은 더 있었을 것이고, 그녀의 부모님에게는 더 많이 있었을 것이다. 치만에게 '죽음'은 얼마나 피부에 와 닿는 절실한 단어일까. 흘러내린 머리카락과 멍한 눈빛을 한 그녀의 얼굴이 아주 먼 곳의 존재처럼 느껴졌다.

그냥 '이란인'으로 살아가는 것과 '이란 쿠르드족'으로 살아가는 것은 어떻게 다를까? 다섯 개의 나라에 소속되어 있지만, 그 나라의 국민이기보다 민족의 이름으로 존재하는 쿠르드족. 그들이 나라를 만든다면 '미개하고 핍박받는 소수민족'이라는 편견도 사라질 수 있을까? 피란샤흐르에 오기 전까지만 해도 나는 소수민족 출신의 남성에게 이성적인 매력을 느낄 수 없다고 생각했다. 그들의 언어와 음식과 전통의상은 이국적이기는 하지만 그다지 감탄스럽거나 경이롭지 않았다. 그러나 이곳에서 만난 쿠르드족 남성들의 잘생긴 외모와 단단한 몸에서 풍겨 나오는 강인한 매력은 도시에서 온 나의 마음을 설레게 하기에 충분했다. 결혼식장에서 열 명은 족히 넘는 남자들이 흩어지지 않게 서로 팔짱을 끼고 손을 꽉 잡은 채 리듬을 타는 장면은 아직도 잊혀지지 않는다. 자신의 뿌리와 민족의 연대를 소중히 여기며 살아가는 쿠르드족 그 자체였기 때문이다.

치만의 눈물을 통해 쿠르드족의 비극을 간접 경험하기는 했지만, 내가 직접 두 눈으로 본 것은 치만 가족들과 웃음, 음악, 화려한 전통의상, 그리고 펄럭이는 쿠르드족 옷을 입은 내 가슴을 두근거리게 한 강인한 쿠르드족 남자들뿐이었다. 그들의 비극을 직접 목격하지 못했으니 그들을 제대로 만나지 못한 것일까? 치만은 왜 나를 고향으로 초대했을까? 자신들의 비극적인 역사를 보여주고 싶어서? 아니다. 그녀가 보여주고 싶었던 것은 끈끈한 가족애와 말끔한 집, 소박하지만 삶의 터전으로 충분한 자연환경과 그 속에서 화려하게 피어내는 그들의 문화였을 것이다. 그녀는 비극적인 역사와 동의어가 되어버린 '쿠르드족'이 아닌, 나와 다르지 않은 쿠르드족을 보여주고 싶었던 것이라고 생각한다.

바흐만 고바디 감독은 한 인터뷰에서 쿠르드족이 비극을 견딜 수 있었던 힘은 바로 그들의 유머와 음악에 있다고 했다. 그러고 보면 내가 피란샤흐르에서 본 것이 바로 그런 것들이 아닐까? 1년도 지속되지 못한 마하바드공화국의 애국가 〈오, 적이여!〉에는 이런 가사가 있다. "우리의 믿음과 종교는 쿠르드와 쿠르드의 땅이다. 쿠르드가 죽었다고 말하지 말라. (중략) 쿠르드의 깃발은 절대 꺾이지 않으리!"

"우리는 충분히 자신을 다스릴 수 있다. 우리가 우리의 신이 될 것이고, 우리에게 과거의 것을 전부 조롱할 힘을 부여하는 법을 만들 것이다."라는 쿠르드 신화에 등장하는 이 구절처럼 내가 비극 대신 본 장면들은 어쩌면 그들이 그들의 신이 되기 위해 비극을 견디는, 비극보다 더욱 강인한 삶의 의지였는지도 모른다.

# 타브리즈에서
## 이란 '여자의 일생'을
## 만나다

 

 

이란 소설 《테헤란에서 롤리타를 읽다》 한국판 표지에는 두 명의 이란 소녀가 정수리가 3분의 1쯤 드러나게 검은 마그나에를 쓰고 고개를 숙인 채 무언가를 읽고 있다. 조용한 미소가 순수해 보이는 동시에 무언가를 억누르고 있는 듯한 느낌을 준다. 이 소녀들의 모습이야말로 보통 이란 여성들의 이미지인 듯하다.

회사를 그만두고 기숙사로 들어간 뒤 내 행동 반경에는 온통 여자뿐이었고, 버스나 지하철을 타도 여성 좌석이 분리되어 있어 상황은 마찬가지였다. 늘 나와 비슷한 20대 이란 여성들만 가까이 했었는데, 우연히 여성 3세대를 한꺼번에 만난 적이 있다. 타브리즈에서 터키로 넘어가는 기차 안에서 이 귀한 인연을 만나게 되었다.

이란의 3등 기차 벽에는 무려 세 개의 침대가 붙어 있어서 피곤해질 때까지 앉아서 버티다가 침대를 펴고 조용히 몸을 눕혀야 한다. 같은 칸에 탄 다섯 명의 여인들은 나중에 쓰러져 잠들 요량인지 밤늦도록 떠들어댔다. 그중 내 맞은편에 앉은 여인이 고요한 객실을 제일 시끄럽게 울리며 수다를 떠는 주범이었다. 통통한 얼굴에 헐겁게 흰 루싸리를 걸치고 있던 그녀는 시간이 지나도 대화에 끼지 못하는 내가 안쓰러웠는지 가끔 나에게 말을 붙여주었다. 그러다 툭 한마디를 던졌다.

"테헤란 산다고요? 나중에 타브리즈에 오면 우리 집에 놀러와요. 나 혼자 사니까."

그녀는 커다란 얼굴에 큰 눈과 단단하다 못해 딱딱해 보이는 통통한 몸, 영화 〈미저리〉의 주인공 캐시 베이츠와 똑 닮은 외모였다. 몇 달 뒤 타브리즈 여행을 앞두고 그녀에게 연락을 했다. 타브리즈를 속속들이 알고 있는 현지인이 필요했기 때문이다. 타브리즈는 테헤란·터키·아르메니아를 연결하는 교통의 요지이며, 카자르 왕조의 여름 별장인 엘골리 공원, 블루모스크, 유네스코에 등재된 타브리즈 시장 등 많은 볼거리가 있을 뿐 아니라, 소금 호수 우르미아와 바위 동굴 마을 칸도반 등 고대 유적과 국립공원이 가까워 동부 이란의 관광도시로 기능하고 있다. 이런 곳에서 머물 곳을 제공해준다는데 호의를 마다할 이유가 없었다.

"여기예요."

나를 마중 나온 그 여인의 사촌은 타브리즈 시내의 한 건물 지하로 나를 안내했다. 여인이 운영하는 미용실이라고 했다. 이전에 기차에서 만났을 때는 터키에 쇼핑하러 가는 길이라고 해서 국경을 오가며 매섭게 부하들을 다그치는 무역상일 것이라 짐작했는데 아니었다. 그녀는 머리 집게로 긴 머리를 질끈 올려 묶고 손님의 머리를 열심히 손질하고 있었다. 아침부터 손님이 많았는지 얼굴이 발갛게 달아올라 있었고 콧등에는 땀이 송글송글 맺혀 있었다.

"왔어요? 잠깐만 저기 앉아 있어요. 곧 끝나니까."

기다리는 시간이 길어져 한쪽 구석에 앉아 미용실 풍경을 구경했다. 차도르, 루싸리, 숄 등 각종 히잡을 두른 여인들이 하나둘 미용실에 들어와 껍질 벗듯 히잡을 벗고 지상에서 가렸던 속살들을 한꺼번에 드러냈다. 한 뚱뚱한 아주머니가 차도르를 벗고 자리에 앉았다. 부분 염색을 하고 싶다고 했다. 염색 시간이 길어지자 여인과 차도르 손님 그리고 나 이렇게 셋이 이런저런 이야기를 주고받았다. 그러다 나온 이야기의 주제는 바로 이혼과 섹스의 상관관계였다.

"정말요?"

여인은 나의 말에 입을 다물지 못했다. 한국에서 잠자리가 이혼 사유가 된다는 말에 놀란 눈치였다. 나와 여인을 번갈아 보던 손님의 살집 있는 눈이 끔벅거렸다. 여인은 혀를 끌끌 차며 말했다.

"당연히 그럴 수 있지! 나도 다른 나라에 있었으면 벌써 딴 남자를 만났을 거야."

여인은 10년 전 이혼했다고 했다. 전남편은 정략결혼으로 만난 사람으로 결혼 전에는 한 번도 만난 적이 없었다고 한다. 무능력한 남편이었다며, 여인은 남편 이야기를 할 때마다 진저리가 난다는 듯 고개를 내저었다. 자식은 딸이 하나 있는데 그녀의 딸은 열아홉 살 때 무려 스무 살이나 많은 남자와 결혼했다고 한다.

"이혼 뒤에도 계속 일을 해야 했는데, 딸이 집에 혼자 있으니까……. 딸을 혼자 두는 게 두려웠어요."

그녀의 딸에게는 여섯 살 난 딸아이가 있다고 했다. 여인은 차도리 여인을 보낸 뒤 서둘러 뒷정리를 했다.

타브리즈에서
이란 '여자의 일생'을
만나다

"좀 있다가 나가요. 우리 딸이 데리러 오기로 했으니까."

그녀의 딸은 미용실 손님들이 입을 모아 칭찬했듯이 상당한 미인이었다. 꽃무늬 숄을 둘러쓴 그녀의 얼굴은 잘 여문 사과 같았고 웃을 때마다 초승달을 그리는 두 눈은 반짝반짝 빛났다. 멍토가 달라붙을 정도로 통통한 몸매도 무척 탐스러웠다. 그녀는 렌트카 사업을 하는 남편 덕분에 돈 걱정 없이 살고 있으며, 무엇이든 배우는 것을 좋아해서 제과제빵이나 재봉 등 기회가 닿는 대로 배우고 있었다. 일을 하고 싶지 않느냐는 질문에 일을 하고 싶지는 않지만 집에만 있는 것은 답답하다고 했다.

그녀에게는 보통 이란인들이 외국인에게 보이는 호기심 따위는 없었지만 초승달 같은 눈웃음을 지으며 타브리즈에 대해 이것저것 설명해주었다.

"호르머(대추야자)와 피스타치오, 카펫은 타브리즈 것이 유명하다니까요."

입을 꾹 다물고 나를 낯설어하던 딸아이도 나중에는 분홍색 원피스 자락이 휘날릴 만큼 몸을 들썩이며 까르르 웃어댔다.

저녁 무렵 우리는 한 고급 호텔로 향했다. 여인은 나를 위해 호텔 최고층의 식당을 예약해놓았다고 했다. 그런데 호텔에 도착했을 때 차에서 내린 사람은 여인과 나 단둘뿐, 딸과 손녀는 차를 타고 가버리는 것이 아닌가.

"참, 이해가 안 가. 그놈은. 밖에서 먹지 말고 빨리 들어오라고 했대. 다시 물어봐도 안 된다고 했다지 뭐야."

한숨을 쉬며 여인이 말했다. 사위가 모녀의 외식을 허락해주지 않은 모양이었다.

"승아 씨, 내 딸 남편은 좋은 사람이 아니야."

그날 밤, 그녀는 흰 레이스풍의 잠옷 차림으로 소파에 앉아 내게 속사정을 들려주었다.

"커스테거리(상견례) 때는 참 따뜻하고 친절한 사람이었어. 하기는 그땐 결혼을 해야 하니 뭔들 못 했겠어."

결혼한 지 얼마 되지 않아 딸에게서 전화가 왔다고 한다. 여인이 전화를 받자마자 황급히 딸의 집에 가보니 딸의 귀에서는 붉은 피가 흐르고 있었다. 사위 짓이었다.

"그놈은 어린 딸한테도 손을 댔더라고."

몇 시간 전 보았던 딸의 탐스러운 얼굴과 까르르 웃던 손녀의 얼굴이 떠올라 나도 모르게 욱해서 평소보다 빠른 페르시아어로 대꾸했다.

"이혼해야 되는 거 아니에요?"

"이혼시키는 게 두려워. 이란에서는 이혼녀에 대한 평판이 좋지 않아."

여인의 대답은 만화 《페르세폴리스》의 현실과 다르지 않았다. 이 작품에는 이혼을 결심한 주인공 마르잔에게 친구가 "우리 언니는 작년에 이혼했어. 이혼녀가 되자마자 동네 남정네들이 언니를 넘봤어. 정육점 주인이 작업을 걸었고 빵집 아저씨, 과일가게 아저씨, 거지들까지 침을 흘렸어! 남자들은 (중략) 이혼녀들을 쉽게 생각하지. 처녀가 아니니까."라고 이야기하는 장면이 등장한다.

여인은 딸이 자신처럼 되는 것이 두렵다고 했다.

"어느 날인가 딸이 이렇게 말하는 거야. 왜 자기를 이렇게 빨리 결혼시켰느냐고. 내가 원망스럽다고 했어."

이야기는 놀라웠지만 그녀의 태도는 더욱 놀라웠다. 마치 늘 일어나는 일이라는 듯이 눈물 한 방울 흘리지 않고 이 모든 것을 담담하게 이야기했다. 그녀는 지금도 매일 딸을 위해 기도한다고 했다.

2006년 이란의 한 조사에 의하면 이혼을 원하는 여성의 80퍼센트가 직장 여성이었다고 한다. 남자에게 경제적으로 의지하지 않고 삶을 꾸릴 수 있다면 원치 않는 결혼생활은 끝내고 싶다는 것은 어쩌면 인지상정일 것이다. 여인이 이혼녀에 대한 편견이 심한 이란에서 이혼하고 홀로 살아갈 수 있었던 이유도 미용실을 운영하며 먹고살 수 있었기 때문일 것이다. 그러나 그녀가 딸의 이혼에 대해 두려워하는 것은 정작 경제적인 어려움보다 사람들의 시선이었다. 자신과 똑같은 전철은 밟고 싶게 하지 않았던 것이다.

타브리즈를 떠나기 전 마지막 인사를 나누기 위해 딸의 집 앞에 갔을 때, 그녀는 화장기 없는 부스스한 모습으로 딸아이의 손을 잡고 집 밖으로 나왔다. 그녀는 여전히 아름다웠지만 사연을 듣고 난 터라 꼭 현대판 하렘에 갇혀 있는 여인처럼 보였다. 창살 같은 철문과 그 앞에 서 있던 모녀의 표정이 아직도 눈앞에 선하다. 그때 입을 꾹 다물고 서 있던 딸아이를 보며 생각했다. '손녀는 엄마를 안 닮았던데, 손녀의 저 큰 눈은 아빠의 눈을 닮았겠지? 아내와 딸을 손찌검할 때 눈빛도 저런 눈빛이었을까?'

타브리즈에 도착한 지 이틀째 되던 날, 여인은 그녀의 어머니에게

나를 데리고 갔다. 여인의 어머니는 몸이 아팠는데 심장이 좋지 않
다고 했다. 숱이 얼마 남지 않아 드문드문한 머리카락은 온종일 누워
있느라 잔뜩 눌려 있었다. 그런 몸을 하고도 할머니는 오랜만에 딸도
오고 한국인 처녀가 찾아왔다고 웃으며 반겨주었다. 무거운 몸으로
부엌에서 끊임없이 과일을 내와 함께 이야기를 나누고 있는데, 오동
통하게 귀엽게 생긴 할머니의 손자가 할머니의 예전 사진을 꺼내 거
실로 가지고 왔다. 그런데 이게 웬일? 할리우드 흑백영화에서나 볼
법한 커플이 사진 속에 있었다. 포즈도 딱 영화 〈바람과 함께 사라지
다〉 속 포즈 그대로였다. 통통한 팔이 훤히 드러난 민소매 원피스 차
림의 여인이 미소를 짓고 있었다. 곱슬머리와 붉게 칠한 입술, 꽃 모
양 귀걸이, 초롱초롱한 눈. 지난 세월을 고려해도 두 여인이 동일 인
물이라는 것이 믿어지지가 않았다. 이목구비가 비슷하다는 것 빼고
는 너무 달랐다. 피부도, 생명력도, 표정도, 눈동자도 모든 것이 다.
할머니를 안고 있는 남자는 단단한 체격에 부드러운 용모를 지니고
있었다. 그녀를 그윽하게 바라보는 눈빛이 좋은 사람 같아 보였다.

"남편 분 너무 멋지네요."

할머니의 메마른 입술이 환하게 벌어졌다.

"그래요? 참 좋은 사람이었어요."

할아버지는 심장마비로 갑자기 세상을 떠났다고 했다. 할머니 몸
은 그 이후 계속 아프기 시작했다고. 남편과 함께 찍은 할머니의 옛
사진을 보니 왠지 그녀의 눌린 머리와 주름진 얼굴, 멍한 눈빛의 이
유를 알 것만 같았다. 예전 사진을 보지 못했다면 나는 그녀를 그저
인자하지만 병든 노인으로만 기억했을 것이다. 남편이 살아 있었다

티브리즈에서
이란 '여자의 일생'을
만나다

면 할머니는 지금보다 사진 속 모습에 더 가까운 모습으로 늙었을지도 모른다.

아주 오래전 이슬람이 유입되기 이전의 이란 여성들은 다른 중동 국가의 여성들에 비해 자유로운 위치에 있었다. 직업을 가지거나 재산을 소유·매매·임차할 수 있었으며, 군대에서 높은 지위를 누리기도 했다. 그러나 7세기 이후 이슬람의 영향을 받아 여성의 역할은 자식을 양육하고 집안 살림을 책임지는 것으로, 남성의 역할은 경제적인 임무, 즉 가족을 부양하는 것으로 고정되어 갔다. 20세기 팔레비 왕조의 서구화·근대화 정책에 따라 히잡이 폐지되기도 했고, 투표권이 생겼으며 당시 중동에서 가장 진보적인 가족법도 통과되었고 여성의 최소 결혼 연령도 18세로 높아졌다. 그러나 이슬람혁명 후 종교의 영향력이 강해지자 다시 여성의 지위는 낮아졌다. 히잡은 의무가 되었고 최소 결혼 연령은 13세로 낮아졌다.

타브리즈에서 만난 세 명의 여성, 여인과 여인의 딸 그리고 여인의 어머니는 서로 어긋난 삶을 살고 있었다. 가장 어린 딸은 어린 나이에 결혼해 부유하지만 고약한 남편과 이혼하지 못한 채 살고 있었고, 가장 보수적인 삶을 살았을 것 같은 여인의 어머니는 딸과 손녀보다도 훨씬 자유롭고 행복한 삶을 추억하며 살고 있었다. 그리고 여인은 딸이나 어머니와는 달리 유일하게 직업을 가지고 이혼한 뒤에도 꿋꿋하게 살고 있었다.

이슬람혁명이 삶의 방식을 똑같은 무늬로 만들어놓았어도 그 속에서 여인들의 삶은 천차만별이었다. 한국에 있을 때 이란 여성들의 인권, 이슬람 여성관을 비판하는 글들을 많이 보았다. 그러나 이란

〈바람과 함께 사라지다〉의 한 장면을 보는 듯한 이 사진은 여인의 부모가 혁명 전 찍은 것이다.

땅에서 여인들과 직접 부딪히며 살다 보니 아주 느리게 변하는 매일이 있을 뿐 책 속의 글들은 그저 문자에 불과했다. 내가 만난 이란 여성들은 순종적이기보다는 강인했다. 실제로 혁명 뒤 여성의 지위가 다소 낮아지기는 했지만 이란 여성들은 여전히 투표나 재산 소유, 결혼 후 경제적 독립권을 가지고 있다. 여성 취업률은 높지 않지만 대학생의 3분의 2가 여성일 정도로 혁명 이후 오히려 여성의 교육 수준은 더욱 높아졌다. 히잡이 의무가 된 후 전통적인 가정에서 오히려 안심하고 딸들을 학교에 보냈기 때문이다. 현재 이란의 젊은 여성들은 혁명 직후와 달리 당당하게 거리에서 붉은 립스틱을 바르고 알록달록한 히잡을 쓰고 타이트한 옷을 입은 채 좋아하는 남자와 거리를 활보하고 있다.

지하에 자리한 여인의 미용실 구석에는 조그만 부엌 하나가 있었다. 부엌 벽 위쪽에는 지상을 내다볼 수 있는 조그만 직사각형 창이 있었는데, 조명처럼 환한 창밖으로 도로를 지나가는 다양한 승용차와 남자들이 비쳤다. 여인을 기다리는 동안 그 광경을 바라보았다. 그 장면은 마치 내가 본 이란 여성들의 삶을 상징하는 듯했다. 매일이 지하에 내려와 불을 켜고 사람들 속에서 일을 하고 자신의 삶을 꾸려가면서 시종일관 담담하게 인생 이야기를 들려주던 여인. 녹록지 않았을 삶 속에서도 일상을 반복하며 자신의 어머니나 어린 딸보다도 더 굳건하게 삶을 이끌어가고 있지 않은가. 남성들보다 더 낮은 자리에서 밝은 빛을 향해 있는 그 방, 조금 낮지만 아주 낮지도 그리고 늘 어두운 것만도 아닌 그 방처럼 말이다. 당분간 히잡을 벗을 수 없듯이 이란 여성들에게 필요한 것은 '자유'나 '평등'과 같은 요원한 것보다는 자신이 손수 불을 켜고 끌 수 있는, 삶을 단단하게 꾸려가게 만들어주는 그 무엇인가가 아닐까. 같은 여성으로서 한국으로 돌아가 나는 어떤 모습으로 살아갈 것인지 많은 생각을 하게 되었다.

# 달콤함의 시작, 이란의 결혼 풍습

결혼식에서만큼은 여성들도 히잡을 두르지 않고 탐스러운 머리카락과 화려한 옷차림을 뽐낼 수 있다.

이란의 결혼, '아루시(aroosi, 결혼 파티)'는 결혼 당사자와 하객 모두에게 흥거운 축제다. 결혼식 날에는 저마다 가장 화려한 옷을 꺼내 입고 춤추고 노래 부르며 축제를 즐긴다. 결혼이 성사되는 과정은 우리와 흡사하다. 상견례와 약혼식을 거쳐 결혼식에 이른다. 결혼에 대한 관념은 이슬람의 영향을 많이 받았지만, 결혼에 대한 의식은 아직도 고대 조로아스터문화의 흔적이 많이 남아 있다.

### 카스테거리(Khastegari)

상견례를 말한다. 전통적으로 남자 쪽 부모가 신부감을 수소문해 아들에게 짝지어주는 형태였지만, 최근 들어 이런 경우는 거의 없고 결혼 당사자끼리 합의하에 이루어진다. 처음으로 신랑 가족이 신부 가족을 방문하고 나면 두 번째 방문 역시 신부 가족이 신랑 가족을 초대해 만남을 가진다.

### 남자디(Namzadi)

약혼식이다. 카스테거리를 하고 나면 사랑의 선물이라 불리는 지참금 '메흐리에(mehriye)'의 액수 혹은 물품 종류와 결혼 날짜를 결정한다. 보통 결혼식 1년 전쯤 남자디를 하는데 예비 부부가 반지를 교환하고 파티를 하며, 차와 쉬리니, 견과류, 마른 과일 등을 먹는 '쉬리니 코르단'(단것을 먹는다는 의미)을 한다.

페르시아의 전통 혼례를 나타낸 벽화. 결혼식 상차림인 마라셈 에 아루시를 자세히 볼 수 있다.

## 마라셈 에 아루시(Marasem—e aroosi)

결혼식에는 신랑 신부를 위한 '소프레예 아그드(Sofreye aghd)'라는 화려한 결혼식 상차림을 마련한다. 이 상 위에는 부부의 행복과 풍요를 기원하는 음식과 장식용품이 놓인다. 말린 안젤리카, 양귀비 씨앗 등의 일곱 가지 허브와 향신료, 일곱 가지 종류의 페스트리, 빛과 불을 상징하는 거울, 나뭇가지 모양 촛대, 페르시아 전통 음식인 빵, 치즈, 야채, 풍요를 상징하는 달걀, 아몬드, 호두, 헤즐넛, 그리고 부를 상징하는 금은 동전이 담긴 그릇, 천국의 과일이라고 불리는 석류, 포도, 사과, 장미꽃과 장미수, 사탕으로 만든 그릇, 꿀, 쿠란과 토라 등의 경전, 하페즈나 피르다우시의 시집, 기도용 깔개 등이 상 위에 놓인다.

베일을 쓴 신부가 입장해 신랑 옆에 앉는다. 신부가 베일을 벗으면 상 위의 거울에 신부의 얼굴이 비치는데 이는 신랑이 거울 속에서 처음 보는 사람이 신부가 된다는 의미를 담고 있다. 결혼 서약은 쿠란의 구절을 사용하지만 최근에는 사아디나 하페즈의 시를 암송하기도 한다. 결혼 서약을 하는 내내 친척들은 신부와 신랑의 머리맡에 실크 스카프나 천을 펼쳐들고 서 있어야 한다. 결혼반지를 교환하고 나면 약지에 꿀을 찍어 서로에게 먹여주는데, 이는 결혼생활의 달콤함과 사랑을 상징한다. 가족 중 한 명이 설탕 덩어리를 두 손으로 부드럽게 갈아 머리 위에 펼쳐 든 천에 뿌리면서 결혼생활의 달콤함을 빌어준다. 노래와 춤으로 가득한 결혼식은 가족들의 선물 증정으로 마무리된다.

# 이란인
# 디아스포라,
# 니마에게 반하다

갸름한 얼굴에 검고 짧은 곱슬머리, 짙은 눈썹과 크고 깊은 눈, 구릿빛 피부에 마르고 탄탄한 몸매. 니마는 멋진 청년이었다. 니마를 처음 본 것은 무더운 6월의 시라즈에서였다. 그날 나의 목적지는 페르시아 유적지인 페르세폴리스, 나크시 에 로스탐, 파사르가다에 등 모두 시라즈 근교에 있었기 때문에 전문 가이드 차를 타고 이동했다. 니마는 바로 이 가이드 차에서 만났다.

"만나서 반가워요. 와, 한국인이에요? 페르시아어 공부했어요? 그럼 테헤란에 살아요?"

칼라가 있는 노란색 티셔츠에 베이지색 반바지, 검은색 선글라스를 쓴 그는 세련되고 깔끔했다. 그와 대화를 나눈 지 얼마 되지 않아 그의 페르시아에 짙게 묻은 영어식 억양을 눈치챌 수 있었다. 신사답고 똑똑한 그는 미국 UCLA를 졸업하고 지금은 네브래스카 주 링컨 카운티의 한 대학에서 문학을 가르치면서 박사 과정을 밟고 있다고 했다. 니마는 당시의 나처럼 채식주의자이기도 했는데, 처음에는 반가웠지만 나중에는 지나치게 음식에 예민하게 굴어 조금 피곤해지기도 했다. 그를 위해 함께 과일주스 가게를 찾아 헤매야 했으니 말이다. 나중에 알고 보니 그는 만성 염증으로 신경세포가 죽는 다발성경화증을 앓고 있어서 음식에 각별히 주의를 해야 한다고 했다.

뜨거운 여름 작열하는 태양 아래서도 우리 일행은 옛 페르시아의 수도 페르세폴리스, 아케메네스 페르시아의 거대한 석묘와 후대 사산 왕조 페르시아 왕들의 거대한 부조가 있는 나크시 에 로스탐, 아케메네스 왕조의 위대한 도시이자 유네스코 세계유산인 파사르가다에를 차례로 둘러보았다. 니마는 온몸이 햇빛에 벌겋게 익는데도 아랑곳하지 않고 유적지를 하나하나 꼼꼼하게 둘러보았다. 고국에 대한 애정과 의무감 때문인지 그의 눈빛은 훨씬 진지했다. 그에게서 더욱 인상적이었던 것은 어머니에 대한 태도였다. 그는 동년배 이란 남성들과 비교될 정도로 유독 어머니에게 다정하고 따뜻했다. 그는 팔로 어머니의 허리를 부드럽게 감싸안고 페르세폴리스 궁궐 벽 한 켠에 있는 부조를 가리키며 "엄마, 저쪽이에요. 보이세요? 잘 보시면 사자 문양이 보일 거예요."라고 말했다. 그는 그렇게 어머니에게 유적지에 대한 설명을 이어나갔다.


니마는 박사학위 논문 주제로 이란 디아스포라의 시문학을 선정했다고 한다. 섬세한 외모와 눈빛을 지닌 니마와 시문학이라니 참 잘 어울린다고 생각했는데, 직접 시를 쓰기도 하는 모양이었다. 대표적인 디아스포라 지식인인 에드워드 사이드는 이런 말을 하기도 했다. "문학은 역사 및 역사적 경험과 관계된 일반적인 문화 실천입니다." 어쩌면 그가 문학을 전공으로 선택한 것은 당연한 결과라는 생각이

니마는 이슬람혁명과 전쟁의 여파로 이란을 떠나 먼 타국에서 살아가야 하는 이란 디아스포라의 삶에 대해 알려주었다. 훤칠한 외모의 니마(가운데), 니마의 어머니(오른쪽)와 페르세폴리스에서 함께 찍은 사진이다.

든다.

니마의 역사는 그야말로 이란인 디아스포라의 역사다. 그는 혁명 이듬해인 1980년, 이란-이라크 전쟁이 발발한 해에 태어났다. 니마의 가족이 이란을 떠난 것은 니마가 네 살이 되던 1984년. 가족은 8년 동안 독일에 머물다 로스앤젤레스에 정착했다. 니마는 이란에서는 이란-이라크 전쟁을, 베를린에서는 베를린 장벽의 붕괴를, 로스앤젤레스에서는 LA폭동을 목격했다고 한다.

20세기 들어 니마 같은 이란인 디아스포라가 대규모로 발생한 시기는 1970년대 말부터 1980년대 말까지다. 이슬람혁명과 이란-이라크 전쟁 때문이었다. 수백만 명의 이란인들이 생명의 위협과 공포를 피해 이란을 떠나 미국과 유럽 각지로 흩어졌다. 현재 이란인 디아스포라가 가장 많이 사는 곳은 니마의 가족 역시 정착해 살고 있는 미국 캘리포니아의 로스앤젤레스, 그중에서도 페르시아어 간판으로 가득 찬 웨스트우드 대로는 일명 테헤란젤레스(Tehrangeles)라고도 불린다. 니마도 대학원에 진학하면서 링컨으로 옮기기 전까지 이 지역에서 자라고 공부했다고 한다.

시라즈에서 니마와 헤어진 뒤에도 그와는 두 번을 더 만났다. 잘생긴 니마가 마음에 들었던 이유도 있지만, 2008년부터 매해 이란을 방문하고 있다는 그가 고국에서 어떤 식으로 시간을 보내는지도 궁금했다. 한 번은 테헤란에 있던 니마의 친척집 저녁 파티에서 그를 만났고, 두 번째는 찰루스에 있는 니마 아버지 소유의 별장에서 만났다.

"니마, 혹시 그 배우 봤어?"

"UCLA는 어떤 학교야?"

"우리도 미국 가고 싶은데, 어떻게 준비해야 돼?"

니마는 그의 친척들에게 마치 우아하게 날아든 나비 같은 존재였다. 대화의 화제는 단연 니마와 미국이었다. 그는 친척들 앞에서 미국에서의 경험과 지식을 모두 쏟아내야 했는데 자질구레한 질문에도 표정 한 번 찌푸리지 않고 성실히 답해주었다. 니마 아버지는 그런 니마를 담담하게 바라보고, 민소매 차림의 어머니는 한쪽 팔을 쇼파 윗부분에 걸치고 다리를 꼬고 앉아 흐뭇하게 미소를 지었다. 미국에서 잘 자란 아들이 자랑스러운 모양이었다. 찰루스의 별장은 계속 공사 중이었지만 대문은 멀찍이 떨어져서 보아도 고개를 쳐들어야 할 정도로 높고 거대했다. 말끔하게 정리된 집 안 곳곳에는 니마 가족의 흑백사진이 걸려 있었고, 거실 테이블에는 아버지의 젊었을 때 사진이 담긴 액자가 여러 개 놓여 있었다. 니마 아버지는 케임브리지 대학에서 공부했고, 무려 5개국어를 구사하는 엘리트였다. 그의 방에는 영어, 독일어, 러시아어 등 온갖 외국 서적이 가득했다.

니마가 엄격한 채식주의자인 탓에 밥상에는 고기 한 점 없이 채소와 과일뿐이었다. 소금을 넣지 않고 감자, 애호박, 가지, 콩, 토마토를 볶아 넣은 볶음밥이 식탁에 올랐다. 밥을 다 먹고 난 뒤 식탁에 앉아 있는데 니마 부자가 대화를 하다 점차 언성을 높이기 시작했다. 늘 담담한 표정의 니마 아버지는 눈을 내리깔고 있었고, 늘 친절했던 니마는 양미간을 찌푸리며 아버지에게 쏘아붙였다.

"그러니까 이렇게 크게 집을 짓지 말라고 했잖아요! 형들도 여기에 오지 않는다고요! 제가 이란에 있던 시간은 모두 합쳐도 4년이 채 안 돼요. 향수병에 걸린다면 아마 미국에 향수를 느낄 거예요. 여기보다!"

니마 아버지는 나중에라도 자식들이 이란에서 살고 싶어할 것이라 생각하며 별장을 필요 이상으로 크게 지은 모양이었다. 니마 엄마는 옆에서 딴청을 하다 남편 쪽을 힐끔 쳐다보더니 이내 고개를 돌리고 혼잣말로 중얼거렸다.

"보통 가족과 떨어져 있는 사람이라면 가족사진이 더 많아야 정상인데, 본인 사진이 더 많으니……."

내가 있는데도 아버지를 향해 직접적으로 불만을 터뜨리는 모자에게 니마 아버지는 얼굴을 찡그리며 대꾸를 하다 이내 입을 닫았다. 그는 무기력했지만 동시에 무심해 보이기도 했다. 니마 엄마가 나에게 "예전에 니마 아버지랑 파티에 가면 저 사람은 멀리 떨어진 식탁에 앉아 혼자 책만 보고 있었어."라며 불평한 적도 있었다. 니마 모자는 나보다 한 달 먼저 이란을 떠났다. 한국에 돌아온 뒤 페이스북에서 니마를 만나 이란인 디아스포라로서 사는 것이 니마의 삶에 어떤 영향을 미쳤는지 물어본 적이 있었다. 그가 쓴 시를 구해 읽고 이란에서의 경험을 떠올리며 몇 가지 질문을 했다. 다행히 그는 민감한 질문에도 친절하고 아름다운 답장을 보내주었다.

승아.

잘 지내니? 한국에서의 생활은 어때?

음. 아버지 문제부터 말하는 게 좋겠다. 아버지와 나 사이는 조금씩 좋아지고 있어. 그래도 벽이 있는 건 사실이야. 이유가 있지만…… 아, 무엇부터 말해야 할까.

이란인
디아스포라,
니마에게 반하다

우선 너도 잘 알겠지만 우리가 테헤란을 떠난 건 이란-이라크 전쟁 때였어. 지금도 시도 때도 없는 폭발음과 공습을 알리는 사이렌 소리, 제트기의 엄청난 굉음이 떠올라. 전쟁에 대한 공포 때문이기도 하지만 1984년은 첫째 형이 열여덟 살이 되는 해였어. 그래서 우린 형이 참전해야 할 나이가 되기 전, 그러니까 형의 생일이 돌아오기 전에 이란을 떠나야 했어.

그런데 문제가 생겼지. 형은 먼저 미국의 이모 댁으로 가고 나머지 가족들은 미국의 비자 승인을 기다리며 독일에 머물고 있었는데 아버지에게만 비자가 나온 거야. 그래서 나와 엄마를 포함한 나머지 가족들은 8년 동안이나 형을 볼 수 없었어. 그런데 아버지는 미국에서 형을 만나자마자 형을 설득해 이모 댁을 떠나 혼자 살게 했어. 왜 그러셨던 걸까. 어쨌든 이 모든 것이 형에게 부정적으로 작용한 것 같아. 어린 나이에 형은 너무 외롭고 힘들지 않았을까. 형은 지금까지 우울증을 앓고 있어.

결론적으로 보면 형을 먼저 보낸 것도 형을 혼자 살게 한 것도 다 아버지의 결정이었어. 그 결정이 우리 가족에게 끼친 영향은 너무도 컸지. 그런데 아버지는 자신의 선택을 절대 반성하려고 하지 않아. 과거야 어찌 됐든 난 아버지의 이런 독선이 옳지 않다고 생각해. 가끔씩 이런 생각이 들어. 그때 이란에 전쟁이 일어나지 않았다면, 우리가 이란을 떠나지 않았다면 우리 가족의 삶은 지금과 달랐을까?

이란 디아스포라는 전쟁 때문에 만들어지기도 했지만 무엇보다 정교일치에 대한 거부로도 발생해. 그들은 이란의 '자유'보다 서구의 '자유' 개념에 더 끌렸던 것이 아닐까? 이것이 옳은 선택인지는 잘 모르겠어. 어쨌든 그들은 이주한 나라에 잘 적응하며 살고 있는 것 같아. 나 같은 이란계 미국인들의 경우, 미국의 경제·과학·의학·예술 분야에 톡톡히 이바지하고 있어. 나사(NASA)의 43퍼센트가 이란계 미국인이라고 하니까 말이야. 단, 그들은 자신의 뿌리를 잊지 않아. 이란에 살 수 없기 때문에 더 이란을 생각하게 되는 것 같아. 자연스레 이주한 나라의 문화와 이란의 문화가 뒤섞인 새로운 문화를 만들어내기도 하는데, 가끔은 우리 디아스포라들로 인해 예전 페르시아제국 시절처럼 이란문화가 다시 세계에 퍼지고 있다는 생각도 들어.

이란-이라크 전쟁, 베를린 장벽 붕괴, LA폭동…… 왜 나는 살면서 이런 엄청난 순간들을 목격하게 된 걸까. 2008년에는 병까지 찾아왔어. 그런데 승아, 이 경험들은 내 삶을 바꿔놓았어. 역사적인 큰 사건들을 경험하면서 내가 깨달은 것은 그 사건들이 비록 증오와 화로 가득 차 있지만 결국 제일 중요한 것은 '사랑'이라는 거야. 조금 이상하지? 나는 '화'는 변화에 대한 욕망 때문에 발생하고, 변화는 삶에 대한 애정에 뿌리를 두고 있다고 생각해. 병을 앓으면서 이 생각은 더욱 확고해졌어. 내 병과 내가 경험한 역사를 생각하면 변화란 어떤 고통이 동반되기 마련이라는 생각이 들거든. 이제 난 알아. 사랑하는 사람들 곁에 있는 게 가장 소중하다는 것을. 난 내가 할 수 있는 한 그들과 함께 지내고 싶어.

내 국적이 어디냐고 물었지? 보자, 나는 우선 이란인으로 태어났고, 내 가장 순수한 기억은 독일에서, 지금 나는 나를 미국인이라고 생각하고 있어. 나는 다국적인이거나 아니면 국적이 없는 사람이지. 승아, 그런데 나는 막연히 내가 이란과 연결되어 있다고 믿고 있어. 난 이유 없는 우연은 없다고 생각해. 나와 이란이라는 인연에도 어떤 이유가 있을 거야. 나에게 고국을 알아야 한다는 의무감 같은 것은 없어. 그저 난 이

이란인
디아스포라,
니마에게 말하다

란과 나 사이의 '끈'을 탐험하고 앞으로 발견할 것이 궁금할 따름이야.
나는 왜 이란인으로 태어났을까? 당분간 이 질문을 품고 살 것 같아.

　좋은 답변이 됐니? 조만간 다시 만났으면 좋겠어. 이란에서? 혹은 한
국? 아니면 아마도 미국에서? 혹시 미국에 올 계획 있니? 있으면 내게
말해줘.

　그럼 잘 지내고 행복해.

니마

　니마는 주변 사람들과 함께하는 시간들에 무척 집중하고 있는 듯
했다. 니마가 여행 중에 엄마에게 다정하려고 애쓰는 모습이 항상 의
아했는데 그의 답장을 읽으니 어느 정도 이해가 갔다. 당분간 니마와
아버지 사이는 이란과 미국의 거리만큼 멀 테지만 그것은 고통이라
기보다 삶의 한 부분이 된 듯했다. 답장을 읽고 나니 니마의 비극보
다는 니마의 앞으로의 삶이 더 궁금해졌다. 한국에 돌아와서 읽게 된
니마의 시 〈외국계 미국인(Hyphenated American)〉은 이런 구절로 시작
한다.

　　소년은 다가올 날들에 대해 알게 되겠지
　　그리고 지나온 날들을 이해하게 될 거야, 언젠가는
　　언제 나는 법을 가르쳐줄 거예요?
　　소년이 아버지에게 물었지
　　아버지는 아들에게 말했어
　　나의 아버지도 그걸 가르쳐준 적이 없단다

아버지는 디지털 유리처럼 흩어진 채

아들의 환상이 됐지


아빠는 모름지기 이래야 한다는, 그런 모습으로.


    니마처럼 프랑스에서 활동 중인 이란 디아스포라인《페르세폴리스》의 작가 마르잔 사트라피는 한 인터뷰에서 이렇게 말했다. "모든 것을 정체성의 혼란 속에서 바라볼 수밖에 없다. 더 이상 자신이 누군지 모르게 된다. 그렇게 불안정하고 서투르게 통합되어 가지만, 동시에 자신 안에 모든 것을 지니고 있다. (중략) 더 이상 위험을 무릅쓰고 내 나라에 돌아가기 어려워졌지만, 한편으로 세상 어디에도 속해 있지 않다는 것 또한 좋다. 그리고 동시에 힘들기도 하다." 나에게 이란행 기회를 열어준 다큐멘터리 〈왕비와 나〉의 감독 나히드 페르손도 스웨덴에 살고 있는 디아스포라다. 그들은 이란 바깥에서 이란을 보고, 그리워하며, 이란에 대한 오해와 편견을 몸소 경험한 덕분에 이란에 관한 다양한 이야기를 만들고 들려주게 되었다. 쿠르드족 출신 영화감독 바흐만 고바디가 어느 인터뷰에서 "경계에 있는 자만이 새로운 땅을 만든다."라고 한 말이 떠오른다. 니마는 미국과 이란을 오가며 앞으로 어떤 이야기를 만들어갈까?

# 30년 넘게
## 페르시아 만을 지키는
## 한국인

"이란에서 30년 넘게 살았다고요?"

"그렇다니까. 거기 사람들은 후세인 씨라고 불러."

어학원에 다니던 시절이었다. 한국인 동급생의 말에 귀가 번쩍 뜨였는데, 부셰르라는 곳에 30년이 넘도록 거주한 한국인 할아버지가 있다는 것이다. 무언가 엄청난 이야깃거리가 있을 것 같았다. 선생님을 통해 그분의 이름이 최경보라는 것과 휴대전화 번호를 전해받았다. 이란에서는 후세인이라고 불린다는데, 그 이름 때문일까. 왠지 짙은 쌍꺼풀에 콧수염이 있고 덩치 큰 한국 할아버지가 상상되었다. 그렇게 며칠 동안 전화도 걸지 못하고 휴대전화만 만지작거리다가 궁금한 마음을 참지 못하고 부셰르로 출발하는 날 공항에서 처음 전화를 걸었다.

"아, 알루(여보세요)?"

"알루. 베파르머이드(말씀하세요)."

"최경보 선생님 맞으신가요?"

"아, 한국 사람이에요?"

남쪽을 향해 비행기로 1시간 남짓을 날아갔다. 부셰르 공항에 도착해 문을 나서자마자 두리번거리며 할아버지를 찾았다. 이란인들 사이에 한국인의 얼굴이 금세 눈에 들어왔다. 작은 체구에 하얀 반팔 셔츠 그리고 잿빛 양복바지. 선생님 옆에는 눈이 초롱초롱한 이란 젊은이가 서 있었는데, 선생님의 사위라고 했다.

선생님 집에 도착해 이야기를 나누기 시작했다. 선생님도 처음에는 조금 낯설어하시더니 내가 농담을 하며 갖은 용을 쓰니 선생님의 굳은 얼굴이 조금씩 풀어지기 시작했다. 선생님은 내가 지나가는 여행객인줄 아셨단다.

"근데 이란에 어떻게 오시게 된 거예요?"

"내가 1937년생이야. 고향은 강원도 인제고. 미군부대에서 일했는데 군 사단이 축소된 거야. 그래서 일이 없어졌어. 보급품 관리 담당이 파견대장까지 진급할 정도로 인정받았었는데……."

선생님은 그 뒤 다시 취직을 했지만 적응이 쉽지 않았다고 한다. 보수도 전에 비해 형편없었다고. 그런데 시대가 그에게 다른 길을 열어주었다. 1970년대 중동 개발붐이 바로 그것이다.

"부모님이 얼마나 말렸는지 몰라. 근데 내가 고집을 부렸어. 집 한 채 장만할 돈만 마련하면 바로 올 거라고 했지. 그때는 3년 정도 일하고 돌아올 줄 알았으니까."

이슬람혁명 전에 이란에 왔으니까 그분이 이곳에서 산 세월은 어마어마한 것이었다.

"원래는 페르시아 만의 최북단 해안도시인 코람샤르에 있었어. 이란-이라크 전쟁 때 부셰르로 피난 와서 지금까지 살고 있는 거야."

선생님은 이란에 와서 방파제 건설에 참여했다고 한다. 건설회사 신원개발(삼성종합건설 전신)은 1975년 코람샤르에서 항만 공사를 시작했다. 당시는 한국의 기업들이 이란의 조선소와 주택 건설에 참여하는 등 이란 진출이 활발해진 시기였다. 코람샤르를 소개한 1976년 1월 5일자 〈동아일보〉의 기사 '페르시아의 고동 이란을 가다'에는 한국 노동자들의 근면함을 칭찬하고 있는데, 기사에 따르면 한국인들 특유의 부지런함이 소문나면서 가까운 도시 아바단에서 이란 학생 30명이 견학을 하러 왔다고 한다. 공사 기간을 8개월에서 4개월로 단축해버린 한국인의 근성에 이란 사람들이 깜짝 놀랐다는 것이다. 기사를 통해서 그때의 분위기를 짐작해볼 수 있다.

선생님은 신원개발을 비롯해 신화건설, 대림산업, 현대건설 등 많은 건설회사에서 능력을 발휘했다. 유창한 페르시아어와 영어 실력, 탄탄한 현지 인맥으로 한국 건설회사의 협상 창구 역할을 했다고 한다. 건설 허가나 한국 근로자 출입국 허가에 대한 사소한 문제에서부터 원자재를 구입하는 등의 굵직한 사안까지 모두 선생님의 손을 거쳤다고. 오랜 시간 재이란 한국 기업의 '분쟁 해결사'였던 셈이다. 그러나 이제는 다 지난 일, 지금은 한국 기업들 모두 부셰르를 떠난 지 오래다.

선생님은 같은 회사의 비서였던 이란 여성과 결혼해 네 명의 딸을 두었다. 딸들의 나이는 어느덧 20, 30대가 되었다.

"와⋯⋯."

거실과 응접실에 놓인 가족사진들을 한 장 한 장 자세히 들여다보았다. 네 딸 모두 어렸을 때는 이국적인 느낌이 짙었지만 클수록 최 선

한복을 입은 네 딸들의 어렸을 적 사진은 동양적인 외모 때문인
지 한복을 입은 모습이 어색하기보다 친근해 보인다.

최경보 선생님 부부 머리 위에도 세월이 흘러 소복한 눈이 내렸
다. 부부가 함께 있는 모습이 무척 보기 좋아 세월이 무상하다고
는 느껴지지 않는다.

생님을 닮아가 지금은 다분히 동양적인 이란 여자들로 자라 있었다.

첫째 딸 러너의 결혼사진에는 페르시아어, 한국어, 영어로 된 결혼 축하 문구가 쓰여 있었다. 러너가 한복을 입고 찍은 사진도 있었는데, 연하게 화장을 하니 마치 한국 여성 같았다. 러너는 "한국식 화장을 하면 한국인으로 보고, 이란식 화장을 하면 이란인으로 봐요."라며 웃었다. 러너는 조금 각진 얼굴에 이국적이면서도 동양적인 눈매가 묘한 분위기를 풍겼고, 성격은 활달하고 늘 자신감이 넘쳤다. 나보다 여섯 살 많고 여행사 일을 하고 있다고 했는데, 알고 보니 최 선생님과 함께 공항에 나온 남자가 바로 러너의 남편이었다.

"근데 러너. 사람들이 쳐다보거나 외모 때문에 불편하지는 않아요?"

"흠. 부셰르가 워낙 작아서 우리 가족을 모르는 사람은 거의 없어요. 그렇지만 아직도 가족들끼리 나가면 수군거리기는 해요. 남편과 다니면 이란 사람으로 보는데 말이에요."

메이크업 일을 부업으로 하고 있는 러너는 집에 데려가 메이크업 룸도 보여주고 내 손톱도 말끔히 다듬어주었다.

"있잖아요, 승아. 이란 여자들은 아이섀도 빛깔이 지역마다 달라요. 부셰르 같은 바닷가 여자들은 바다를 닮은 녹색과 푸른색을 섞어 발라요. 재미있죠?"


최 선생님이 살고 있는 부셰르는 아름답기로 유명한 페르시아 만 근처 도시로, 네 자매가 다닌 대학의 이름도 바로 '페르시아 만 대학'이다. 페르시아 만은 한국의 신문에도 자주 오르내리는 곳이다. 해

저 유전 개발과 탐사가 활발하게 이루어지는 이곳은 이라크·쿠웨이트·사우디아라비아·바레인·카타르 및 아랍에미리트연합국이 경계에 인접하고 있어 영유권 문제로 늘 긴장 상태에 놓여 있다. 페르시아 만 전쟁, 즉 '걸프전'의 무대가 바로 이곳이기도 하다. 바다 이름을 둘러싸고도 떠들썩한데, 이란은 이곳을 페르시아 만 이라 부르고 아랍은 아라비아 만으로 부른다.

최 선생님의 삶은 페르시아 만에 전해져오는 먼 과거의 이야기와 묘하게 겹쳐져서 특별하게 다가온다. 이야기는 먼 신라시대까지 거슬러 올라간다. 1500년 전, 페르시아문화는 국경 없는 바닷길을 통해 중국을 거쳐 한반도에까지 흘러 들어왔다. 이란의 서사시 〈쿠쉬나메〉에는 신라에 대한 다양한 정보와 함께 놀라운 이야기가 등장하는데, 바로 페르시아 왕자 아비틴과 신라 공주 프라랑의 사랑 이야기다.

구전 서사시 〈쿠쉬나메〉의 시대적 배경은 사산 왕조 페르시아가 아랍에 멸망한 이후인 7세기 중반이다. 실제로 사산 왕조의 마지막 왕자 피루즈는 마지막까지 아랍에 저항하다 중국으로 망명을 하게 되고 이때 상당수의 이란인들이 중국에 뿌리를 내린다. 얼마 뒤 이란인들은 중국 내부의 정치적 혼란으로 인해 주변국 왕의 주선에 따라 신라로 망명하게 되는데, 〈쿠쉬나메〉 역시 그 시기 신라에 관한 많은 이야기를 담고 있다.

〈쿠쉬나메〉의 주인공 아비틴은 이란의 전설적인 잠시드 왕의 후손이자, 중국 내 이란 군대의 사령관이었다. 그는 마친국 왕의 도움으로 중국 왕 쿠쉬를 피해 신라에 도착하고, 신라의 도시와 골목 풍경, 정원의 아름다움에 반함과 동시에 아름다운 신라 공주 프라랑과 사랑에 빠지게 된다. 결국 둘은 결혼해 아이를 갖게 되는데, 많은 예언가들은 태어날 아기가 아랍을 상징하는 자하크 왕을 물리치고 이란의 복수를 해줄 것이라고 예언한다. 아비틴 왕자는 고심 끝에 고국으로 돌아가기로 결심하고, 신라인 사공의 안내로 임신한 프라랑 공주와 먼 바다를 건너 다시 이란으로 돌아온다.

아비틴은 임신한 아내와 함께 이란에 돌아왔지만, 최 선생님은 페르시아 만을 떠나지 못하고 임신한 이란인 아내와 함께 이란에 남았다. 그가 이란에 남은 것은 바로 이슬람혁명 때문이었다. 혁명 직전에 사모님과 결혼하고, 혁명이 일어난 지 얼마 되지 않아 아이를 갖게 되었는데 임신한 아내를 혼자 두고 한국으로 돌아갈 수 없었던 것이다. 당시 이란에 머물던 외국인들은 혁명에 따른 소요사태에 줄지어 이란을 탈출했지만 그는 그럴 수 없었다. 결국 그는 혁명 후의 혼란과 8년간의 이란-이라크 전쟁, 불안정한 수입으로 인한 빈곤을 고스란히 겪어내야 했다. 그러나 아비틴의 아들 페리둔이 어머니 프라랑 공주의 도움으로 신라와 많은 교류를 했듯이 최 선생님 역시 이란에 남아 한국과 이란 사이에서 교두보 역할을 톡톡히 했다.

1970년대는 세종대왕이 내린 외국문화 배척 칙령(1427)으로 한국-이란 양국의 교류가 끊긴 조선시대 이후 거의 500년 만에 다시 두 나라가 만나게 된 시기였다. 세월이 흐른 지금 이란에는 이란인과 결혼한 사람들과 유학생, 한국 회사 주재원과 그 가족들, 개인 취업자와 개인 사업가 등 약 400명이 넘는 한국인들이 살고 있다.

부셰르에서 머문 일주일 동안 나는 최 선생님 가족의 극진한 대접

최경보 선생님이 30년 넘게 보아왔을 페르시아 만의 바다. 아비틴 왕자와 프라랑 공주의 사랑 이야기를 담은 〈쿠쉬나메〉처럼 그 역시 이란에 남아 가정을 꾸리고 오랫동안 살아가고 있다.

을 받았다. 부셰르 곳곳을 구경했고, 러너가 다니는 회사 사장님의 도움으로 뉴스에서 가끔 보던 부셰르 원자력 발전소에도 가보았다. 부셰르 발전소는 중동 최초의 상업용 원자력 발전소라고 하는데, 미국은 이 원자력 발전소를 이란 핵무기 개발 프로그램의 일환으로 보고 있는 상황이다. 반면, 이란은 전력 공급 및 연구용이라고 주장하고 있다. 내부에 들어가보지는 못해서 진실은 알 수 없다.

원자력 발전소보다 더 인상적이었던 것은 최 선생님 댁의 가정식이었다. 지금껏 듣도 보지도 못한 음식을 먹었다. 바닷가 근처라 우선 해산물이 많았다. 푹 끓인 생선국을 먹었는데 생태탕도 아닌 것이 맛이 매콤하면서 구수한 맛이 났다. 사모님은 예전 부셰르에 살던 한국인 직원의 아내에게서 만드는 법을 배웠다고 했다. 이란산 야채와 잘게 썬 양파를 버무린 나물 반찬과 이란 방식대로 껍질을 다 벗겨 만든 오이무침도 있었다. 밥은 나 때문이었는지 늘 끈끈하고 통통한 우리식 쌀밥이 나왔고, 메인 요리는 주로 감자와 새우튀김이었다. 식탁 한 켠에는 빨간 토마토와 각종 허브, 얇은 라바쉬 빵 등 이란 음식도 있었는데 밥과 나물, 생선국과 함께 한 상에 놓이니 보기에도 묘했다. 이란과 한국이 뒤섞인 '퓨전 음식'인 셈인데, 어색하기는커녕 끊임없이 입으로 들어갔다.

2008년에 최 선생님은 러너 부부와 함께 근 30년 만에 한국에 다녀왔다고 했다. 30년 만에 가본 한국이 인상 깊었던 모양인지 딸들을 한국에 보내고 싶어서 나에게 자주 이런 말을 했다.

"대사관에 가서 딸들 출생신고를 하려고. 이중 국적이 가능하다니까."

마지막 날 저녁, 러너가 바다를 보여주겠다고 했다. 러너는 이란 사람답게 아라비아 만이 아니라 페르시아 만이라는 것을 재차 강조했다. 방파제 입구에 차를 세우고 러너와 방파제를 따라 천천히 걸으며 이야기를 나누었는데, 그녀는 아버지가 요즘 너무 무기력해서 걱정이라고 했다. 내가 머물던 동안에도 선생님은 집 안에만 있었다. 불 꺼진 응접실에 텔레비전을 틀어놓고 모로 누운 채 잠든 모습이 익숙했다. 그녀는 아버지의 무기력이 고향에 대한 그리움 때문이라고 생각하는 듯했다.

"근데 러너, 선생님 한국 가서 사시면 안 돼요?"

"음……. 힘들어요. 돈 문제도 그렇고 여러 가지로."

선생님은 러너만큼은 한국으로 보내고 싶어하셨다. 러너가 한국에 올 수 있다면, 그래서 자리를 잡게 된다면 선생님 내외도 한국에 오실 수 있지 않을까. 바다의 짙푸른 수평선 너머로 해가 지고 있었다. 페르시아 만, 선생님이 30년 넘게 보았을 그 바다. 선생님이 영광의 시절을 뒤로 하고 쓸쓸히 노년을 보내고 있는 것처럼 바다를 붉게 비추던 해도 조금씩 바다 밑으로 가라앉고 있었다.

### 오프사이드(자파르 파나히, 2005)

월드컵 16강 진출을 결정하는 이란과 바레인의 마지막 경기. 삼색기로 머리카락을 가린 채 야구 모자를 쓰고 헐렁한 셔츠와 긴 바지를 입은 소녀들이 몰래 경기장에 진입한다. 그러나 경기가 시작되기도 전에 군인들에게 발각이 되고 경기장 밖으로 쫓겨나 임시 구치소에 감금된다. 이란에서 여성은 경기장에서 축구를 볼 수 없기 때문에 소녀들은 경기장 밖에서 응원과 환호 소리를 들으며 마음을 달래지만 포기하지 않고 다시 탈출을 시도한다. 이란의 소녀 축구팬들이 벌이는 좌충우돌 경기장 진입 작전을 통해 진취적이고도 유쾌한 이란 여성들의 민낯을 만난다.

### 페르세폴리스(마르잔 사트라피, 2007)

테헤란에 사는 소녀 마르잔은 혁명 수비대의 눈을 피해 아바나 아이언메이든 같은 펑크록을 즐겨 들으며 스트레스를 푸는 유쾌 발랄한 소녀다. 그러던 그녀의 잔잔한 일상에도 팔레비 왕의 독재와 반정부 시위, 이슬람혁명, 이란–이라크 전쟁 등 이란 현대사의 굵직한 사건들이 휘몰아치고, 그녀와 주변 사람들의 삶은 큰 변화를 맞게 된다. 이란의 현대사가 천방지축 소녀 마르잔의 눈을 통해 때로는 유쾌하게 때로는 가슴아프게 다가온다. 동명의 원작 만화를 원작자인 마르잔 사트라피가 직접 메가폰을 잡고 애니메이션으로 만들었다.

### 씨민과 나데르의 별거(아쉬가르 파라디, 2011)

이란 중산층 가정의 이혼 문제를 다룬 영화. 씨민은 딸 테르메의 교육을 위해 이민을 원하지만 남편 나데르는 알츠하이머에 걸린 아버지 때문에 이를 반대하고, 이에 씨민은 별거를 선언하고 만다. 나데르는 아버지의 간병인으로 라지에를 고용하지만, 얼마 뒤 라지에가 그동안 아버지를 침대에 묶어놓고 다녔음을 알게 된다. 격분한 나데르는 몸싸움 끝에 라지에를 해고하지만 며칠 뒤 그녀가 유산했다는 소식을 듣게 된다. 살인 혐의로 기소된 나데르는 몸싸움 상황에 대해 라지에와 서로 다른 진술을 하며 대립한다. 영화는 이란 중산층 부부의 갈등, 이민과 부양의 문제, 종교 율법과 생명에 대한 가치관의 대립 등 현재 이란 사회가 겪고 있는 현실적인 문제를 담담하지만 속도감 있는 전개로 보여준다. 2012년 아카데미 외국어영화상을 수상하며 이란 영화의 저력을 보여준 작품이다.

### 취한 말들을 위한 시간(바흐만 고바디, 2000)

이란–이라크 전쟁을 겪으며 황폐해질 대로 황폐해진 국경 마을 바네(Baneh). 열두 살 소년 가장 아윱은 학교를 그만두고 아픈 형 마디의 수술비를 마련하기 위해 밀수꾼들의 심부름을 해주지만 품삯도 제대로 받지 못하는 형편이다. 최초의 쿠르드족 영화감독 바흐만 고바디는 어떤 블록버스터 영화보다도 충격적이고 고통스러운 쿠르드족의 삶을 가감 없이 보여준다.

### 테헤란에서 롤리타를 읽다(아자르 나피시, 한울)

이 책은 1980년대 말, 테헤란대학에서 영문학을 강의하던 중 베일 착용을 거부했다는 이유로 해고당한 여교수 아자르 나피시가 1995년 젊은 여성 일곱 명과 함께 《오만과 편견》, 《워싱턴 광장》, 《데이지 밀러》, 《위대한 개츠비》, 《롤리타》 등의 금서들을 읽으며 문학과 혁명 이후 자신들의 삶에 대해 나눈 이야기를 기록한 책이다. 이란 젊은 여성들의 때로는 도발적이고 때론 보수적인 작품 해석과 더불어 삶 이야기를 펼쳐나가는데, 지은이 아자르의 지적이고도 섬세한 회고록은 마치 한편의 소설 같다.

### 테헤란의 지붕(마보드 세라지, 은행나무)

이란 태생의 미국 작가 마보드 세라지의 첫 장편소설로 1970년대 초 테헤란을 배경으로 독재 정권의 억압 속에서 피어난 열일곱 살 소년의 해맑은 우정과 가슴 시린 첫사랑 이야기를 담았다. 고등학교 졸업을 1년 앞둔 주인공 파샤는 지붕 위에서 옆집에 사는 아름다운 여인 '자리'를 내려다본다. 하지만 그녀는 파샤의 멘토이자 친구인 '닥터'와 태어날 때부터 약혼한 사이. 파샤는 죄책감이 들지만 그녀에 대한 마음은 점점 커져만 간다. 1970년대 테헤란의 풍경과 이슬람혁명 당시 다양한 문화와 생활상이 촘촘하게 묘사되어 있다.

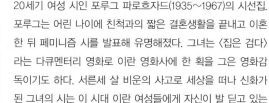

### 바람이 우리를 데려다 주리라(포루그 파로흐자드, 문학의 숲)

20세기 여성 시인 포루그 파로흐자드(1935∼1967)의 시선집. 포루그는 어린 나이에 친척과의 짧은 결혼생활을 끝내고 이혼한 뒤 페미니즘 시를 발표해 유명해졌다. 그녀는 〈집은 검다〉라는 다큐멘터리 영화로 이란 영화사에 한 획을 그은 영화감독이기도 하다. 서른세 살 비운의 사고로 세상을 떠나 신화가 된 그녀의 시는 이 시대 이란 여성들에게 자신이 발 딛고 있는 세상에 대한 두려움과 절망, 희망 그리고 여성성을 직시하게 만들어주고 있다.

**4장**

페르시아와
차도르

# 이슬람혁명이
# 바꿔놓은
# 것들

"내가 이란에 있었을 때 우리에게는 왕비와 왕이 있었다."

다큐멘터리 영화 〈왕비와 나〉는 감독의 내레이션으로 시작한다. 푸른색 마차에서 내린 이란 왕비의 흰 드레스는 눈부셨다. 노란 휘장을 단 흰 제복 차림의 팔레비 왕은 왕비의 손을 잡고 붉은 카펫 위를 걸어갔다. 혁명 전 1967년 이란의 한 광장에서 있었던 일이다. 이란에 이렇게 화려한 과거가 있었다니, 순백의 드레스와 반짝이는 왕비의 왕관, 푸른 마차, 대열하고 있는 사람들과 깃발을 들고 이 광경을 바라보는 테헤란 사람들……

다큐를 끝까지 보고 나니 이란이 새롭게 보이기 시작했다. 검고 메마른 흙먼지를 걷어내면 왠지 보석처럼 반짝거리는 과거가 숨겨져 있을 것만 같았다. 내가 전공하고 있는 나라에 대해 처음으로 자부심이 생겼다. 그러고 보면 내가 이란에 호기심을 가지게 된 이유는 세계 최초의 이슬람공화국이라는 타이틀보다는 왕정 시절의 부유함과 풍요로움에 있었던 듯하다. 2년 뒤 테헤란, 이란혁명의 지도자 호메이니와 하메네이의 벽화가 걸린 건물들 사이에서 화려했던 이란의 과거를 다시 마주할 수 있었다. 테헤란 북쪽, 팔레비 왕가의 옛 거처 사드아바드 궁과 니아바란 궁이었다.

'아, 저기 파라 왕비다.'

니아바란 궁의 널찍한 홀 한쪽에 이란의 마지막 왕비의 초상화가 걸려 있었다. 1979년 1월 망명 이후 다시는 이란으로 돌아오지 못한 그녀는 액자 속에서 붉은 드레스를 입고 구슬 같은 눈빛으로 당당히 서 있는 여전히 젊은 왕비의 모습으로 남아 있었다. 팔레비 왕가의 여름 별장으로 쓰인 사드아바드 궁전과 왕가가 마지막 10년을 보낸 니아바란 궁전은 모두 눈부실 정도로 화려했다. 서구화의 절정을 달리던 당시를 반영하듯 고급 페르시아 카펫이 깔린 방 안에 있는 온갖 종류의 유럽식 가구들과 샹들리에가 무척이나 우아했다. 넓은 홀에 놓여 있던 중국식 찬장과 병풍, 복도에서 본 프랑스풍의 초록색 접시, 파라 왕비의 사무실 옆에 있던 동양화 액자와 불상은 당시 이란의 문화적 풍요로움과 활발한 국가 교류를 보여주는 듯했다.

마치 고급 귀족의 저택을 몰래 훔쳐보듯이 방 하나하나를 숨죽이며 구경했다. 가장 오랜 시간을 두고 경탄하며 둘러본 곳은 바로 왕 부부의 침실과 드레스룸, 왕자와 공주들 방이었다. 마네킹에 입혀놓은 기하학 무늬의 모던한 페르시아풍 드레스와 그 아래 가지런히 놓인 하이힐, 흰 대리석 위의 왕비의 핸드백까지……. 투명한 유리 보호벽 너머 잘 보존되어 있는 왕비의 드레스룸은 마치 그녀가 지금도 이곳에서 살고 있는 듯한 느낌을 주었다. 왕자 레자의 방은 푹신한 소파, 단란했던 왕가의 한때를 담은 액자, 흰 책상, 지구본, 조그만 비행기 모형과 함께 조종사를 꿈꾸던 소년 시절의 사진으로 아기자기

이슬람혁명이
바꿔놓은
것들

니아바란 왕궁 내 마흐마드 샤히 파빌리온은 20세기 초 카자르 왕조 때 만들어진 것으로 마지막 황태자 레자의 흔적을 고스란히 간직하고 있다.

니아바란 궁전 내부는 화려한 샹들리에, 유럽식 가구와 고급 페르시안 카펫으로 꾸며 놓았다.

하게 꾸며져 있었다.

왕가의 방들은 1979년 망명 직전의 화려한 삶 그대로가 마치 화석이 된 것처럼 물건도 가구도 액자도 그대로 머물러 있었다. 팔레비 왕과 막내딸 레이라의 죽음, 그리고 알리 레자의 자살 등 팔레비 왕가가 겪었던 비극적인 운명은 그곳에서만큼은 떠올릴 수 없었다. 이곳이 주인 없는 궁전으로 남은 것은 이슬람혁명 때문이었다. 이란에서 이란이슬람공화국으로 바뀐, 이란을 이슬람공화국으로 만든 사건 말이다.

친구들과 현대 이란 역사에 관해 이야기할 때 '혁명 전'과 '혁명 후'란 말을 자주 쓰곤 했는데, 이란의 현대사에서 이슬람혁명이 그만큼 중요한 분기점이 되기 때문이다. 그러나 이란 역사 전체를 두고 보면 이슬람 유입 이전과 이후로 구분해야 한다. 기원전 8세기 이란 최초의 왕조인 메디아 왕조가 들어선 이후부터 7세기 아랍이 이란을 침략하기 전까지, 이란에는 두 개의 국가인 아케메네스 페르시아제국과 사산 왕조 페르시아제국이 등장해 맹위를 떨쳤다. 이란 역사상 가장 큰 자부심인 두 제국은 이슬람 이전에 세워졌다. 아랍이 침략한 뒤부터 사파비 왕조가 등장한 16세기까지 약 9세기에 걸쳐 이란은 오랜 암흑기를 보냈다. 독립된 나라로 존재하지 못하고 아랍과 몽골, 투르크 등 이민족이 만든 다섯 개의 왕조가 피고 지는 것을 조용히 지켜보아야 했기 때문이다. 특히 13세기 몽골의 침입은 이란의 정체성을 심각하게 훼손시켜 놓았는데, 동시에 이란에 새로운 르네상스를 꽃피운 계기가 되기도 했다. 몽골이 아바스 왕조의 이슬람제국을 멸망시키고 이란의 타브리즈에 수도를 둔 일한국을 건설함으로 써 오히려 이슬람제국의 강력한 지배에서 벗어날 수 있었기 때문이 다. 게다가 일한국의 너그러운 종교정책 덕분에 그들이 믿던 시아 이 슬람의 세력을 조금씩 확장할 수도 있었다.

긴 암흑기가 지나가고 7세기 아랍 침략 이후 850년 만에 이란 전역 을 통합한 사파비 왕조가 탄생한다. 사파비 왕조는 시아 이슬람을 국 교화하고, 경제적·종교적 관용정책을 펼치며 번영을 맞았고, 이란의 근대 왕조라 할 수 있는 카자르 왕조를 거쳐 1925년 이란의 마지막 왕조인 팔레비가 등장했다. 이때부터 이란은 이웃나라 터키처럼 세 속화된 근대국가로 변모하기 시작한다.

이란은 빠른 속도로 변해갔다. 나라 이름도 페르시아에서 이란으 로 바뀌고, 거대한 이란 땅을 가르는 철도 체계를 구축했으며 근대화 된 관료제와 경제체제하에 공업도 발달했다. 석유로 벌어들인 돈은 이러한 변화의 든든한 기반이 되었다. 팔레비 왕조는 최대한 빠르게 이란을 바꾸고 싶어했고, 자연히 이란을 지탱하고 있던 이슬람을 건 드릴 수밖에 없었다. 테헤란대학 등의 근대 학교 설립, 근대적 법 제 정, 토지개혁 등 일련의 변화는 그동안 종교 재단의 토지와 종교 학 교, 이슬람 율법의 해석권을 통해 명실상부 교육자이자 이슬람법학 자로 군림하던 지배계급을 무력화했으며, 모던한 복장을 권하고 차 도르를 금지하는 강력한 정책으로 더 큰 불만을 낳았다. 현대적인 형 태의 시장이 발달하면서 이란의 주요 권력층을 형성하고 있던 전통 시장 상인들도 분개했다. 당시 이란의 심각한 문제는 석유를 통해 벌 어들인 거대 자본이 부유층에게만 고인 채 아래로 흐르지 못했다는 점이다. 일부 특권층과 도시 부유층들은 호화로운 주택에 최신 서구식 의상을 걸치고 사치스럽게 생활했지만, 도시 밖 사람들은 토굴이나 토담집에서 차도르로 온몸을 두른 채 극빈 속에서 살고 있었다. 기득권과 서민, 진보와 보수 모두에게 팔레비 왕조의 급진적인 근대화정책은 환영받지 못했던 것이다.

정부에 대한 불만은 높아져만 갔고 1970년대 들어서는 이란 곳곳에서 각계각층의 시위가 이어졌다. 1970년대 말, 반정부 시위의 주축이 된 대학생들을 비롯한 지식인에서부터 평범한 이란 시민들 모두는 극심한 빈부격차, 이란의 국권을 침범한 미국, 이슬람을 무시하고 시위대를 무력 진압하는 폭력적인 정부를 더 이상 두고 볼 수 없었다. 이는 의심의 여지 없이 부당하고 바꿔야 할 현실들이었다. 이 시위의 열기를 부추기고 또 이끌어간 한 사람이 있었으니, 바로 오늘날 이란의 모든 정부 기관에 사진이 붙어 있는 강렬한 눈빛의 호메이니다.

1960년대부터 왕조에 저항해온 아야톨라 루홀라 호메이니(Ayatollah Ruhollah Khomeini, 1902~ 1989)는 이란에서 추방되어 이라크, 프랑스를 전전했다. 그는 타지에서 자신의 지지자들과 함께 진정한 이슬람과 새로운 정부에 대해 토론하며 시간을 보냈는데, 이를 녹음한 테이프와 녹취한 문서가 이란 내 급속도로 전파되었고 특유의 카리스마로 새로운 사회적 비전을 제시한 그는 점점 신화가 되어갔다. 정치적 망명이 오히려 그의 세력화에는 도움이 되었던 셈이다. 그는 이란 국민들에게 정부에 맞서 싸울 것을 호소했고, 뜨거워진 혁명의 열기는 결국 왕을 몰아내고 이슬람공화국을 탄생시켰다. 오랜 망명생활을 끝내고 호메이니가 이란으로 돌아온 날, 아자디 광장(자유 광장)에

이슬람혁명이
바꿔놓은
것들

는 수백만 명의 인파가 모여 그에게 열렬한 환호를 보냈다. 호메이니는 국민들을 향해 천천히 손을 흔들며 혁명의 승리를 알렸다. 그리고 1979년 4월 1일, 국민 97퍼센트가 찬성 투표를 함으로써 이슬람공화국이 탄생했다.

테헤란 거리를 걷다 보면 혁명 전 서구화된 거리는 어땠을지 궁금해지곤 했다. 반팔 블라우스와 미니스커트를 입은 여인들이 활보하고, 테헤란에 있었다던 중동 최대의 나이트클럽과 술집으로 흥청거리는 거리를 말이다. 내가 자주 걷던 발리 아스르 거리는 예전에는 팔레비 거리라 불렸고 테헤란대학이 있는 앙겔라브(혁명) 거리는 본래 팔레비 왕조 왕의 이름을 딴 샤 레자 거리였다. 혁명 직후 이란의 거리 이름은 대부분 이슬람혁명과 관련된 인물의 이름이나 용어로 바뀌었고, 거리 곳곳에 있던 술집도 사라졌으며 나이트클럽은 불타고 매춘굴은 폐쇄되었다. 영어 방송과 영자 신문을 찾아볼 수 없게 되었고 라디오와 텔레비전에서는 행진곡과 군가, 혁명을 찬양하는 뉴스와 코란 구절만이 흘러나왔다. 물론 이란 여인들의 머리에는 히잡이 둘러지고, 이란 남자들의 옷에서 넥타이도 사라져갔다.

야즈드 여행을 마치고 버스를 타고 테헤란으로 돌아오는 길, 오랜 버스 여행으로 자다 깨다를 반복하던 차였는데 갑자기 기사가 느닷없이 내리라는 손짓을 했다. 어? 아직 테헤란에 도착하지도 않았는데. 그는 더 이상 버스를 운행할 수 없다며 이 부근에서 지하철을 타고 테헤란까지 가라고 했다. 이렇게 무책임할 수가? 기사를 원망하는 나와 달리 사람들은 별 투정 없이 짐을 꾸려 버스에서 내리기 시작했다. 잠이 덜 깬 상태로 헐레벌떡 버스에서 내리니 각지에서 모인 고속버스, 호메이니 사진을 들고 있는 이란 남녀들로 가득 찬 광장이 눈에 들어왔다. 알고 보니 그날은 호메이니의 기일이었고, 내가 내린 곳은 호메이니의 무덤이 있는 '베헤쉬테 자흐라', 즉 이란 최대의 국립묘지였다. 정신을 차리니 어느덧 나는 수많은 참배객의 행렬에 둘러싸여 있었다. 나는 엉덩이를 간신히 덮는 푸른 블라우스와 분홍색 숄 차림을 하고 있었고, 검은 차도리와 이란 남자들 사이에서 투덜대며 지하철 역 쪽으로 걸어갔다. 순간, 뒤에서 어떤 여자의 낮고 거친 목소리가 들려왔다.

"아가씨, 옷차림이 단정치 못하네요."

그때 나는 이란에 있으면서 처음으로 두려움을 느꼈다. 여인은 짧은 지적 외에 더 이상 아무 말도 하지 않았고 나에게 어떤 짓도 하지 않았지만 나는 무척 긴장이 되었다. 내가 있는 곳이 정말 이슬람공화국이라는 사실을 실감한 순간이었다. 그 전까지 나는 이란의 정체성을 고작 금주정책이나 히잡, 친구들의 예배, 금지된 위성채널과 외국 영화라곤 걸려 있지 않은 극장가 풍경 정도로만 느끼고 있었다. 그러나 이는 단순히 이국적인 풍경이 아니라 개개인의 정체성 자체를 흔들어 놓는 변화였다. 이란이 이슬람공화국이라는 이름으로 변모한 이후로 국민들은 종교적인 삶에 더 큰 무게를 느낄 것이었다. 이슬람공화국의 국민들은 과연 호메이니가 생전에 바랐던 그대로 무슬림임에 자긍심을 느끼며 매일 몸을 닦고, 절을 올리고, 코란을 읽으며 종교의 힘을 바탕으로 살아가고 있을까? 혁명 전보다 더 나은 삶을 살고 있는 것일까?

이슬람혁명이
바꿔놓은
것들

건물 외벽에 그려진 호메이니 벽화로, 이런 그림은 이란 곳곳에서 쉽게 볼 수 있다.

1979년 이슬람혁명 당시 테헤란 아자디 광장에 운집한 수백만 명의 인파는 혁명의 아버지 호메이니의 사진을 들고 열렬한 환호를 보냈다.

미셸 푸코는 이슬람혁명 당시 직접 테헤란을 방문해 혁명의 순간들을 취재해갔다. 그는 이슬람혁명을 "서구의 세계체제에 맞선 최초의 대반란"이라고 평했는데, 그의 말처럼 그가 직접 이란까지 와 위험한 현장에서 취재를 한 이유는 혁명의 중심에 놓인 이슬람의 통치성에 주목했기 때문이다. 종교를 바탕으로 나라를 통치한다는 게 나에게는 도통 낯설게 느껴지지만, 푸코에 따르면 18세기 말 이전의 통치이성은 주로 종교와 철학에서 나왔다. 당시 푸코는 서구체제에 대한 대항 수단으로써 이슬람이 과거와 같은 지대한 영향력을 발휘할 수 있을지 주목한 것이다.

친구들과 터헤레 아버지가 매일같이 신실한 마음으로 예배를 드리듯 종교가 어떤 정치제도나 학문 이전에 사람들의 삶에 깊숙이 새겨져 있다면, 영성이라는 것이 은은한 향을 내며 한쪽으로 치우치기 쉬운 일상을 바르게 이끌어주거나 혹은 절제하게 만들어줄 수 있다면, 그리고 호메이니의 말처럼 이란인이 서구의 이데올로기에 의지하지 않고 그들의 삶을 단단하게 꾸리는 데 도움을 준다면 이슬람공화국이라는 낯선 체제도 충분히 납득할 만하지 않을까? 종교를 믿거나 믿지 않을 자유라는 문제가 있기는 하지만 말이다.


호메이니의 성묘 행렬에 휩쓸려갔던 그때의 기억을 이슬람혁명의 성공과 이슬람공화국의 탄생이라는 거대한 역사적 소용돌이의 한가운데에 놓인 개인의 삶에서 읽어본다면 어떨까? 이란에 있는 친구들과 그곳에 잠시 머물렀던 나와 같은 이방인들은 지금의 이란을 어떻게 해석해야 할까? 답을 내리기는 어렵지만 나는 조지프 캠벨이 《신

1979년, 국외로 탈출하려던 팔레비 왕을 미국 정부가 보호해주었다는 사실에 분노한 호메이니 지지 세력이
미국 대사관을 점거한 후 52명의 대사관 직원을 납치해 444일 동안 감금한 사건이 있었다. 지금은 잠잠하
지만 테헤란 전(前)미국 대사관 앞 과격한 반미·반이스라엘 벽화로 시선을 끈다. 현재 이란에는 미국 대사관
이 없다.

화의 힘》에서 한 말을 떠올려본다. "우리가 해야 할 일은 (중략) 우리가 속한 시대의 역사를 사는 법을 익히는 일입니다."

　테헤란에서 본 반미 벽화들은 외부 언론의 표적이 될 법하다 싶을 정도로 무척 험악해 보였다. 해골이 된 자유의 여신상 얼굴과 찢어진 성조기 등의 살벌한 벽화보다는 '이란이 미국과는 다른 종류의 나라임을 강조하는 벽화를 그릴 수는 없는 것일까?'라는 생각이 들기도 한다. 내가 2년 가까이 머물다 온 그곳은 서구체제에 대한 적대보다 완전히 다른 방식을 통해 더 나은 삶을 꿈꾸는 사람들로 가득했으니 말이다.

이슬람혁명이
바꿔놓은
것들

# 페르시아와
# 이란 사이

페-르-시아. 소리내어 발음해보면 왠지 모를 이국적인 느낌과 신
비로운 분위기가 감돈다. 제국이라는 말에 어울리는 끝없는 황토색
땅, 우뚝 서 있는 단단한 토성, 페이즐리 무늬가 장식된 무지갯빛 카
펫과 그 위에서 웃고 있는 페르시아의 여인과 왕자……. 나는 정말
나라 이름을 페르시아에서 이란으로 바꾸지 말았어야 했다고 생각
한다. 물론 아리안족의 나라라는 뜻의 '이란'이 이란 남서부 파르시
지역에서 유래한 '페르시아'라는 국명보다 더 포괄적인 말이긴 하지
만, 지금 이란의 국명이 페르시아였다면 적어도 이렇게 어둡고 메마
른 나라로서의 편견으로 가득하지는 않았을 것이라는 생각도 든다.
어쨌든 지금은 남아 있는 제국의 흔적을 좇아야만 이란이 페르시아
의 후예임을 확인할 수 있을 뿐이다. 이를테면 페르시아의 옛 수도,
페르세폴리스 같은 곳에서 말이다.

페르세폴리스를 다녀온 때는 5월 말, 초여름이었다. 5월 말부터
10월 초 사이에 페르세폴리스에 가면 더위에 허덕일 것이라는 여행
서의 경고는 사실이니 의심하지 말자. 온몸을 달굴 만큼 햇볕이 뜨거

왔다. 숄에 챙이 달린 모자까지 눌러 쓰고 가이드 아저씨를 따라 페르세폴리스 입구로 걸음을 옮겼다. 거대한 제국의 왕궁으로 들어가는 계단은 널찍하고 경사가 완만했다.

"붜간(와, 이건 정말)."

니마 말대로 '붜간(정말)' 굉장했다. 계단 벽에 놓인 돌 하나의 두께가 니마의 상반신 크기만 했다. 23개 속주 사신들이 갖가지 공물을 싸들고 입성했을 그 길. 지금은 거대한 기둥과 건물의 잔해에 불과하지만 2500년 전에는 무려 150년이 넘는 시간 동안, 총 여섯 명의 왕이 바뀌고 나서야 완공된 페르세폴리스의 입구, 만국의 문(Gate of all Nations)이다.

기원전 4000년에서 기원전 3000년 사이 중앙아시아를 떠돌던 유목민족 아리아족은 매서운 추위와 주변의 적들을 피해 남쪽과 서쪽으로 이동했다. 남쪽으로 이동해 이란 고원에 정착한 이란-아리아족은 원주민들에게 열심히 농사를 배우면서 메마른 땅에 적응해나갔다. 이란-아리아족은 메디아인과 페르시아인으로 나뉘는데 당시 힘이 더 센 메디아인은 뛰어난 승마기술을 토대로 군대를 만들고 몸을 불려 결국 이란의 첫 왕조인 메디아를 탄생시켰다. 세월이 흘러 메디아 왕의 외손자이자 페르시아인(메디아의 공주가 페르시아인 왕조의 아들과 결혼했기 때문이다)인 키루스 2세가 외할아버지의 왕조를 무너뜨리고 새 왕조를 세우는데, 이 왕조가 바로 이곳 페르세폴리스를 만들고 최초의 페르시아제국을 건설한 아케메네스 왕조다.

아케메네스 왕조는 페르시아를 거대한 제국으로 발전시켰다. 키루스와 그의 아들 캄비세스 2세가 각각 바빌로니아와 이집트를 무너

페르시아와
이란 사이

뜨렸고, 뒤이어 다리우스 대왕이 제국의 영토를 북아프리카에서 인도까지 확장시키며 정점을 찍었다. 제국이 광대해지자 다리우스 대왕은 제국의 부와 힘을 만천하에 드러낼 거대한 도시를 짓기로 결심한다. 페르세폴리스는 테헤란에서 남쪽으로 약 650킬로미터 떨어진 마르브다슈트 평야의 쿠이라마트(라마트산) 기슭에 차근차근 지어지기 시작했다.

페르세폴리스는 유목민의 생활상을 반영해 돌로 만든 거대한 텐트 모양으로 지어졌다. 거대한 돌기둥은 텐트를 받치는 나무기둥을, 삼나무 천장은 기둥을 덮은 텐트 천을 형상화했다. 이 엄청난 프로젝트에는 제국 최고의 건축 재료와 기술 장인들이 총동원되었다. 별도의 성벽이 필요 없이 15미터 높이의 석단 위에 폭 300미터, 길이 455미터의 궁터가 지어졌고, 거대한 배수로와 함께 아파다나 신전, 다리우스 궁전, 백주(百柱)홀, 크세르크세스 궁전, 창고, 기록물보관소 등이 들어섰다. 당시 제국을 하나로 이끌었던 종교인 조로아스터교의 상징물도 곳곳에 새겨졌다. 지금의 궁터에는 칠이 벗겨진 노르스름한 석조물들 천지이지만 그때는 총천연색으로 빛나던 거대한 궁전이 있었다고 한다.

가이드 아저씨의 속사포 같은 페르시아어 설명을 한 귀로 흘려들으며 내키는 대로 제국의 잔해 사이를 어슬렁거렸다. 괴물처럼 누워 있거나 완벽하게 수직으로 서 있는 기둥, 부서진 계단들. 거대한 기둥은 어른 두 명이 손을 잡고 안아도 모자랄 만큼 굵었고 수직으로 서 있는 기둥들은 하늘을 떠받치고 있는 듯 드높았다. 이 모든 것이

페르시아제국의 23개 속주에서 온 사신들은 자신들이 가져온 공물과 함께 페르세폴리스의 입구인 거대한 만국의 문을 지나 제국의 수도에 입성했다.

여러 속주에서 온 사신들의 예방 풍경을 조각한 아파다나 신전 계단을 통해 아케메니아 페르시아제국의 거대한 규모를 확인할 수 있다.

사람 손으로 만들어진 것이라니 얼마나 고됐을까! 잠자코 제국의 터를 보고 있자니 수많은 기둥과 부서진 건물이 하늘을 향해 다시 일어서고, 옛 제국의 총천연색 빛깔이 되살아나는 듯했다. 머나먼 길을 거쳐 도착한 사신들은 그러한 페르세폴리스의 위용에 한없이 압도되었을 것이다.

페르세폴리스는 당시 페르시아의 뉴욕 같은 도시였다. 그야말로 최첨단 문화가 집결된 도시. 페르세폴리스의 가상 복원도에 따르면 거대한 황소 석상이 버티고 있는 만국의 문을 지나면 아파다나 신전이 보이고, 이어 황금 팔찌와 그릇을 든 리디아족, 사자를 안은 엘람족, 모직물을 든 스키타이족, 소를 끄는 바빌로니아인, 향신료를 안고 있는 인도인, 상아를 든 에티오피아 사신 등 총 23개 속주 사신들의 예방 풍경이 조각되어 있는 신전의 계단에 다다를 것이다. 그 계단 끝에서 페르시아의 왕은 각 주의 사신들이 알현하는 모습을 한눈에 볼 수 있었을 것이다. 백주 궁전에서는 사신들과의 향연이 펼쳐졌다고 하니 화려한 페르시아 의상을 만끽할 수 있었을 것이다. 하루에 한 끼만 먹었다던 페르시아인은 늘씬한 몸에 헐렁한 튜닉 의상과 금빛 장신구를 걸친 채 진한 향의 크림 냄새를 풍기며 내 옆을 지나가는 듯했다. 고대 중동에서 가장 잘생긴 사람들이었다니 그중에는 곱슬곱슬한 머리카락을 늘어뜨린 멋진 페르시아 남자도 있었겠지? 제국의 전성기를 이끈 다리우스 대왕이 머물던 다리우스 궁전도, 속주의 진귀한 보물들이 번쩍이는 보물창고도 보는 이의 눈을 어지럽게 할 것이다. 알렉산더 대왕이 이곳을 정복한 뒤 2만 마리가 넘는 가축으로 보물을 날라야 했다고 하니 궁전에 차고 넘치던 보물의 규모를 짐작해볼 수 있다.

이란인들에게 페르세폴리스란 이집트의 피라미드 같은 곳이다. 자신의 역사에 거대한 제국이 존재했음을 증명하고 있기 때문이다. 그러나 언제나 역사는 정점에서 무너지는 법. 페르시아는 통치가 닿지 않을 정도로 너무 많은 속주, 넘쳐나는 부, 자연히 따라오는 분열과 부정부패로 흔들리다 결국 무너져버렸다. 페르세폴리스는 결국 알렉산더라는 젊은 장군의 손아귀에 들어갔고 엎친 데 덮친 격으로 불까지 나면서 연기와 함께 사라지고 말았다. 알렉산더가 정복의 의미로 일부러 불을 질렀는지 우연히 화재가 난 것인지는 알 수 없다. 전 세계 20여 민족 문화의 혼종으로 맺은 문명의 결실도 함께 사라졌으니 안타깝기만 하다.


페르세폴리스를 정복한 알렉산더는 페르시아의 왕을 마음을 다해 존경했는데, 그는 바로 키루스 왕이었다. 페르시아의 왕들을 모신 거대한 돌무덤 나크시 에 로스탐을 둘러보고, 다음으로 향한 곳은 키루스 왕의 무덤이 있는 옛 도시 파사르가다에. 배가 너무 고파서 얇은 라바쉬 빵과 흰 페타치즈, 토마토와 수박을 사들고 파사르가다에로 들어갔다. 키루스 왕의 무덤이 한눈에 보이는 쉼터에 자리를 잡고 허겁지겁 배를 채우기 시작했다. 얇은 빵을 죽 찢어 네모나게 자른 치즈를 얹은 뒤 입에 쏙 넣었다. 네 사람의 손이 그 많던 음식을 순식간에 해치웠다. 배를 두둑이 채우고 발걸음을 옮겼다. 시간이 지날수록 뜨거운 햇빛이 가시고 날씨가 흐려졌는데, 마치 투명한 물에 회색물감을 풀어 휘저어놓은 것 같은 하늘 아래 키루스 왕의 묘와 궁터가 함께 어우러지니 사라진 제국의 황망함이 온몸으로 느껴졌다.

키루스 왕은 이란 역사상 가장 존경받는 왕이다. 그는 고대에 보기 드문 정복자였다. 반복되는 정복 전쟁에도 불구하고 그는 영토를 확장하는 데만 치우치지 않고 모든 정복지의 왕조와 문화를 끌어안았다. 강압이 아닌 관용이 더 효과적인 통치임을 그는 알고 있었던 것이다. 피지배자의 입장에서는 섬겨야 할 더 높은 왕이 생겼다는 것 외에는 크게 달라진 것이 없었을지도 모른다. 기록에 따르면 키루스 왕은 외모도 훤칠했다고 하는데 그가 남긴 글, 일명 최초의 인권선언문은 더욱 멋지다.

"내가 살아 있는 한 너희의 전통과 종교를 존중할 것이다. 나는 결코 전쟁으로 통치하지 않을 것이다."

무덤도 키루스 왕처럼 소박하고 담박했다. 계단식으로 층층이 쌓아올린 6층 규모의 석단과 그 위의 작은 돌집 묘실이 전부다. 과거에는 무덤과 왕궁 주변이 아름다운 정원으로 꾸며져 있었다. '파라다이스'의 어원이 된 파이리다에즈(Pairi daeza) 정원의 연푸른 사이프러스 나무, 붉은 장미, 흰 백합이 흐드러지게 피어 키루스 왕과 왕궁을 감쌌다.

나크시 에 로스탐을 제외하면 페르세폴리스와 파사르가다에는 그 잔해만이 남아 있어 당시의 모습을 짐작하기는 어렵다. 거대한 기둥을 매만지며 당시를 집중해서 상상하고, 빈 궁터를 수천 번 어루만졌을 바람과 이곳에서 수천 번 피고 졌을 꽃을 보며 흘러가는 시간을 짐작해볼 뿐이다. 제국의 거대한 잔해들 사이에서 뱃속을 요동치던 꼬르륵 소리와 날 보며 웃던 니마 모자, 귓가를 흐르는 음악과 황금

왕궁터에 남아 있는 건물과 기둥의 크기로 짐작하건대 페르세폴리스는 제국의 위용에 걸맞은 거대 도시였을 것이다.

기둥의 잔해를 작은 풀들이 둘러싸고 있다.

빛 하늘과 들판은 오히려 삶은 계속된다는 오래된 명제를 확인시켜 주었다. 그곳은 내게 이렇게 말하는 것 같았다. "우리는 치열하게 현재를 살며 이 제국을 세웠다. 모든 것에는 세울 때가 있고 무너질 때가 있는 법이지. 너도 있는 힘껏, 네 현재를 살아라. 모든 것은 다 때가 있는 것이니까"

1971년, 페르시아제국 탄생 2500주년 기념식이 페르세폴리스에서 성대하게 거행되었다. 옛 페르시아제국을 재현하듯 기념식 행사와 귀빈을 위한 텐트 마을도 지어졌다. 다섯 대륙을 상징하며 특별히 건설된 다섯 개의 도로에는 해당 귀빈들을 위한 천막식 호텔이 들어섰고, 연회가 벌어진 대형 텐트는 번쩍이는 샹들리에와 프랑스에서 공수해온 음식들로 채워져 귀빈들을 맞이했다. 이란은 제국 탄생 2500주년을 맞아 풍요로워진 이란을 전 세계에 알리고 싶어했다. 더불어 이란이 페르시아제국의 후예임을 드높이고자 했다. 흰 페르시아풍 드레스를 입은 파라 왕비와 검은 제복을 입은 팔레비 왕은 이날 파사르가다에의 키루스 왕 무덤을 찾아 제국의 부활을 다짐했다.

그러나 페르세폴리스의 저주였을까? 성대한 기념식은 반정부주의자들에게 비난의 표적이 되었다. 기념식은 성대했지만 정작 이란 국민들에게는 그저 과도하게 화려한 그들만의 잔치였던 것. 옛 페르시아제국이 넘쳐나는 부와 쾌락을 누리다 저물어간 것처럼 팔레비 왕조도 제국의 부활을 꿈꾸다 저물어갔다. 키루스 왕은 팔레비 왕의 몰락을 내려다보며 못내 안쓰러워했을지도 모른다. 키루스 왕은 부서진 왕궁 건물의 잔해와 함께 보라색과 푸른색의 꽃을 피우며 그저 말없이 지켜볼 따름이다.

파사르가다에를 둘러본 뒤 우리 일행은 미련 없이 차에 올라탔다. 화석처럼 굳어버린 과거의 시간을 뒤로 하고 차는 시라즈로 향하는 죽 뻗은 도로 위를 내달렸다. 황금빛으로 물든 하늘과 바람에 일렁이는 들판이 창문 가득 펼쳐졌다. 신이 난 가이드 아저씨가 신디 로퍼의 〈타임 애프터 타임(Time after Time)〉을 틀었다. "If you're lost, you can look and you will find me Time after time(당신이 길을 잃더라도 저를 보고 저를 찾아낼 수 있을 거예요. 시간이 흐르고 흐르더라도)." 가슴이 부풀어오르고 입가에 미소가 절로 나왔다. 제국의 시간은 나에게서 빠르게, 더 빠르게 멀어져갔다.

# 양파 모양의
# 성소,
# 모스크

    만화영화 〈알라딘〉의 궁전을 떠올려보라. 노란 양파 모양의 돔을 얹은 궁전들이 떠오를 것이다. 별이 반짝이는 밤, 재스민 공주가 알라딘과 카펫을 타고 날아간 하늘 아래 있던 그 궁전은 20년이 흐른 뒤 내 눈앞에 다시 나타났다. 더 거대하고 더 다채로운 '모스크'로 말이다.

    서울 한복판 한남동 언덕에도 모스크가 하나 있다. 1976년 세워진 이 모스크는 타일과 벽돌 하나하나를 이슬람국가에서 공수해왔다고 하는데, 이슬람 각국에서 끌어모은 돈으로 명실공히 한국 무슬림의 총 본산지를 지었지만 어쩐지 그냥 밋밋한 이슬람식 건물로밖에는 보이지 않는다. 한국에도 무슬림 사원이 있구나 하는 딱 그 정도? 본토에서 보았던 모스크에 비하면 한남동 모스크는 조금 측은해 보일 정도다. 이슬람 불모지, 한국 도심에 외로이 서 있는 그 모습이란……

    모스크는 무슬림이 하루 다섯 번 신에게 예배드리는 공간을 가리키는 말이다. 이슬람국가에 가면 눈과 귀로 모스크의 존재감을 느낄

온통 푸른빛의 이맘 모스크는 이스파한 시의 명물로 관광객의 발길이 끊이지 않는 대표적인 이란식 모스크다.

수 있는데, 매일 다섯 번 아잔(예배 시간을 알리는 것. 소리를 의미하기도 한
다) 소리가 이곳에서 흘러나오기 때문이다. 아잔이 울려 퍼지는 순간
모스크 주변은 은은한 이슬람 성가로 가득 차오른다.

모스크 하면 떠오르는 둥근 돔 건물은 사실 나중에 정착된 양식이
다. 최초의 모스크는 소박한 토담집으로, 신과 인간의 매개자 무함마
드의 집이었다. 이슬람이 소수 종교였던 시절, 무함마드의 집은 바로
신도들의 예배당이 되었다. 이슬람 공동체가 널리 확산되고 각 지역
들의 건축양식이 유입되면서 지금의 모스크 양식이 탄생했다. 모스
크의 상징인 돔은 비잔틴 건축의 영향을 받았다고도 하고, 낙타의 솟
아오른 혹 모양을 본떴다는 말도 있다.

모스크 형태는 지역마다 다양하다. 크게 아랍형 모스크, 터키식 모
스크, 이란식 모스크로 나뉘는데 기본 모스크 양식에 각 지역의 고유
한 건축양식이 덧붙는 식이다. 세계 곳곳의 다양한 모스크들은 이슬
람권의 광활함과 더불어 이슬람이 품은 문화의 스펙트럼을 보여주
고 있는 셈인데, 특히 이스파한 시의 이맘 광장에 있는 이맘 모스크
는 대표적인 이란식 모스크다.

이맘 모스크는 온통 푸른빛의 사원이다. 입구의 짧은 통로를 따라
가면 북동쪽에 모스크 안뜰이 보이는데, 이렇게 모스크가 통로에서
약간 틀어진 방향으로 서 있는 이유는 메카를 향하도록 지었기 때문
이다. 내가 갔을 때는 안뜰은 공사 중이라 철골 구조물로 뒤덮여 있
어 아쉬웠다. 이 안뜰 한가운데에 있는 연못은 바로 예배를 드리기
전에 손과 발을 닦는 곳으로, 잘 믿기지 않지만 무슬림은 예배 때마
다 발을 씻기 때문에 좀처럼 무좀에 걸리지 않는다고 한다.

셰이트로트플라흐 모스크의 미흐라브이다. 메카 방향을 나타낸 마흐라브는 예배
할 때 향하는 곳이므로 더욱 화려하게 장식되어 있다.

이맘 모스크 입구의 천장은 삽으로 촘촘하게 파낸 듯한 무카르나 양식으로 장식
되어 있다.

만약 내가 무슬림이었다면 이곳에서 예배를 드릴 수도 있었을 것이다. 모스크에서 기도하는 법은 간단하다. 우뚝 솟은 '빛을 두는 등대'라는 첨탑 미나레트(minaret)에서 울려 퍼지는 아잔을 들으며 고요한 예배당 안에서 기도를 드리면 된다. '신은 위대하다. 신은 오직 한 분이시고, 그분 이외에 그 누구도 없도다. 무함마드는 그가 보낸 사도이니라. 예배하러 올지라. 성공의 길로 올지라……' 부드러운 음률이 들려오는 넓은 예배당 안으로 들어가면 일부러 눈에 띄게 화려하게 장식한 미흐라브를 찾아서 그쪽을 향해 몸을 굽혀 조용히 예배를 드린다. 금요일이라면 계단식 설교 연단 민바르(Minbar) 위에 올라간 설교자의 설교도 들을 수 있고, 그렇지 않다면 그냥 조용히 예배만 드리고 나오면 된다. 미나레트, 미흐라브, 민바르는 모스크의 3대 요소로, '3M'으로 기억하면 쉽다.

이맘 모스크를 구경하고 나오니 모스크 입구의 좁은 천장이 눈에 띄었다. 거대한 삽으로 촘촘하게 파낸 듯한 벌집 모양의 천장, 무카르나(muqarnas)는 눈이 아플 정도로 화려하다. 그러나 뭐니뭐니해도 이맘 모스크의 진수는 모스크 전체를 덮은 화려한 타일의 성찬이다. 꽃, 문자, 기하학 문양이 그려진 푸른 모자이크 타일과 노랑, 파랑이 뒤섞인 채색 타일이 건물을 뒤덮고 있는데, 멀리서 보면 푸른 물감을 칠한 듯해 보이지만 단단히 구운 푸른 도자기 타일들이 이루어낸 장관이다.

이맘 모스크 오른쪽에는 조그만 모스크가 하나 더 있다. 바로 셰이크로트폴라흐 모스크. 반들반들 윤이 나는 고운 크림색의 돔은 이란 어디를 돌아보아도 볼 수 없을 것이다. 신이 되어 거대한 손으로 한 번 문질러 보고 싶을 만큼 돔은 무척이나 탐스럽다. 이 돔은 시간의 흐름에 따라 점차 핑크색으로 변한다는데 그중 해가 질 때의 색이 가장 아름답다고 한다. 이 셰이크로트폴라흐 모스크는 여인들만을 위한 모스크다. 이 모스크에는 미나레트도 안뜰도 없는데, 16세기 이 모스크가 지어질 당시 오직 사파비 왕조의 아바스 왕과 왕의 여자들만 출입할 수 있었기 때문에 굳이 미나레트로 모스크의 위치와 예배 시간을 널리 알릴 필요도, 거창하게 안뜰을 만들 필요도 없었다. 전설에 따르면 모스크 바로 맞은편의 알리 카푸 궁전과 모스크 사이에는 지하통로가 있었다고 하는데, 아직 발견되지 않았다.

셰이크로트폴라흐 모스크 내부로 들어가는 길, 왕의 여자들이 조용히 발걸음을 옮겼을 그곳 벽면에는 푸른색 바탕에 노란색 꽃문양이 장식되어 있었는데, 이 역시 수많은 채색 타일이 이루어낸 장관이었다. 출입문과 멀어질수록 길은 어두워지는데, 어둠에 익숙해질 무렵 입을 다물지 못할 정도의 더욱 놀라운 장관이 펼쳐진다.

"와!"

이 감탄사 이외의 어떤 말로 그 아름다움을 표현할 수 있을까? 노란 바탕에 검은색 물방울무늬가 촘촘히 박힌 거대한 천장이 마치 머리 위로 햇살이 퍼져나가는 듯 펼쳐졌다. '이건 신의 솜씨다!' 밖에서 새들어온 햇빛으로 아치형 창틀이 새하얗게 빛나고, 빛을 머금은 푸른 타일들이 은은하게 그 위용을 드러내고 있었다. 눈앞에 현현한 신은 없지만 모스크 곳곳에서 신의 존재가 느껴졌다.

친구 미나의 고향 보주누르드로 가는 길이었다. 어슴푸레 새벽이

세이크로트폴라흐 모스크의 돔 천장의 화려한 문양이 돔 주변의 창문으로 들어오는 빛을 만나 아름답게 빛난다.

되자 밤새 달리던 버스가 조용히 멈춰 서더니 사람들이 우르르 버스에서 내리기 시작했다. 차가 멈춘 곳은 휴게소가 아닌 한 허름한 모스크 앞. 새벽 예배 시간이라고 했다. 달리던 버스도 세우고 잠자던 사람까지 깨우는 예배라니, 역시 이슬람국가답다.

모스크는 예배만을 위한 공간은 아니다. 모스크의 역할은 다채롭다. 유명한 성직자의 묘소가 되기도, 종교 학교의 역할을 하기도, 여행자들의 쉼터나 숙소가 되기도 한다. 여자들에게 모스크만큼 안전한 숙소가 또 있을까? 신이 내려다보는 곳에서 음흉한 짓을 할 이란 남자는 없을 것이다. 모스크는 심지어 무슬림들의 헬스클럽이 되기도 한다는데 반복적으로 허리를 숙이는 예배는 그 자체로도 운동 효과가 있다고 한다. 그러고 보니 배는 불룩 나와도 허리가 굽은 이란 노인은 본 적이 없다.

무엇보다도 모스크에는 사람들이 모인다. 사람이 모이면 이야기가 모인다. 여기서 모스크의 중요한 기능이 탄생했는데, 그것은 바로 정치적 담론의 형성이다. 종종 이란에 관한 뉴스에는 "하메네이는 이슬람 금요예배를 통해"라는 표현이 등장하곤 한다. 2012년 예언자 무함마드를 모독한 미국 영화로 파문이 일었을 때도 이런 말이 헤드라인으로 떴다. "이슬람 금요예배일 반미 시위 확산."

이슬람권의 '일요일' 역할을 하는 금요일 낮에는 수많은 무슬림이 모스크에 모여 함께 예배를 드린다. 설교자가 연설을 하고 예배 전후 외교 문제부터 각종 국내 문제에 이르기까지 다양한 정치적 주제를 놓고 토론을 벌인다. 매주 금요일마다 모스크는 성소에서 포럼이나 아고라로 탈바꿈하는 셈이다. 이란은 신정일치를 내세운 이슬람공

양파 모양의
성소,
모스크

화국이기 때문에 그 신성인 모스크 역시 정치와 매우 밀접하다. 이란 정부는 주요 도시의 금요예배를 직접 진두지휘하는데, 그중 테헤란대학 내 모스크의 금요예배는 이란에서 가장 중요한 종교·정치 행사로 손꼽힌다. 예배는 총 1, 2부로 나뉘는데 1부에서는 정치·사회·외교 현안에 대한 논의를 하고, 2부가 되어서야 종교의식을 행한다. 금요예배 때마다 "미국에 죽음을! 이스라엘에 죽음을!"과 같은 구호가 터져 나오는 것은 바로 이런 사정 때문이다.

이슬람혁명 당시 호메이니는 금요예배를 통해 혁명의 불씨를 이어나가 팔레비 왕조를 무너뜨렸다. 2009년 대통령 부정선거 시위 사태 때에도 최고 종교지도자인 하메네이 또한 금요예배를 통해 '시위 중단'을 촉구, 시위의 동력을 꺾은 전력이 있다고 한다. 테헤란대학 금요예배만 해도 그 수용인원이 5000여 명에 달하는데, 중요한 시기에는 예배 현장이 라디오나 텔레비전으로 전국에 생중계되기도 하니 그 영향력을 가히 짐작할 만하다. '금요예배는 모든 문제의 시작이자 끝이다.' 범이슬람적으로 해당되는 이 말은 이란에서도 예외가 없는 셈이다.

모스크 내에서 주도권을 잡는 것은 어쩌면 눈에 보이지 않는 신보다 사람들일 것이다. 마쉬하드 시, 황금색 돔이 빛을 발하던 시아파 최고 지도자 이맘 레자(Imām Rezā, 765~818)의 거대한 영묘 단지. 모스크로 이루어진 그곳에서 나는 길고 험난한 여행을 해야 했다. 이맘 레자의 묘지는 장관이었다. 차도리들은 이맘 레자의 묘를 둘러싸고 서로 이맘에게 더 가까이 다가가려고 발버둥치고 있었는데, 여인들은 이맘이 마치 바로 어제 세상을 떠난 듯 입을 틀어막으며 서럽게 눈물을 흘렸다. 이맘 레자는 무려 1200년 전에 독살당했는데도 말이다. 앞다투어 황금빛의 이맘 묘를 어루만지고 입을 맞추고……. 애도 차원의 행동이라고 하기에는 이상할 만큼 경쟁이 치열하더니, 그 기저에는 바로 이맘 레자가 기적을 일으킨다는 굳은 믿음이 있다고 한다. 믿거나 말거나지만 이맘 레자에게 기도하니 맹인은 눈을 번쩍 떴고 휠체어 타던 사람은 뚜벅뚜벅 걸어다니게 되었다는 이야기가 전해지고 있다.

같이 간 친구 미나의 언니는 용기 있게 행렬에 참가하러 갔다가 얼마 지나지 않아 차도르가 절반은 벗겨진 채 입을 헤 벌리며 돌아왔다.

"승아. 안 가는 게 좋겠어. 온몸이 쥐어뜯기는 줄 알았어."

여기까지 온 것이 아까워 한 번 시도해보았지만 30초도 안 되서 포기하고 말았다. 차도리들의 장벽은 견고했다. '이맘 레자가 꼭 이런 식의 만남만을 좋아하지는 않을 거야.' 마음을 다잡고 조용히 그곳을 빠져나왔다. 모스크는 신과 가까운 성인을 애도하면서 동시의 그의 초월적 힘에 기대고 싶은 연약한 인간들의 욕망의 아수라장이기도 했다.


나는 어렸을 때 천주교 유치원을 다녔다. 유치원 건물 옆에는 고딕 양식으로 지은 회색빛 성당이 있었는데 그곳에서 예배드리던 기억이 아직도 난다. 네모난 청동 그릇 안에 든 성수를 집게손가락으로 찍어 바르고 몸에 뿌리고는 어두컴컴한 예배당 안으로 들어갔다. 그것이 무엇을 의미하는지 전혀 알지 못했지만 성수 의식을 치른 뒤 고요한 성당 안으로 조심스레 발걸음을 옮기던 그 순간은 무언가 영적인 기억으로 남아 있다. 네모난 건물 사이 넉넉하게 둥근 돔, 매일 규칙적으로 울려 퍼지는 아잔 소리……. 모스크는 고요한 성당과 마찬가지로 도시에 성스러운 향기를 불어넣는 성소다. 그러나 한 겹을 벗기면 예술과 정치를, 또 한 겹을 벗기면 무슬림의 삶과 욕망을 드러내는 공간이기도 하다. 한남동의 모스크가 썰렁해 보인 이유는 아마 이런 양파 같은 모스크의 매력을 알지 못했기 때문이 아니었을까?

# 빛이 사라질수록
# 빛나는 곳,
# 이스파한

나는 이스파한을 무려 세 번이나 여행했다. 처음 이스파한에 다녀온 것은 이란에 온 지 3개월도 채 되지 않은 추운 겨울날이었다. 이스파한에서 오래 일한 대학 선배가 비행기표까지 쥐어주며 초대한 덕택에 성사된 여행이었다. 그러나 이스파한의 날씨는 히잡이 '방한용'으로 느껴질 정도로 무척 쌀쌀했고, 우리는 잔뜩 몸을 움츠리고 유적지마다 재빨리 둘러보고 돌아오기를 반복했다. 이스파한의 많은 곳을 둘러보았지만 우리를 가장 흥분시킨 것은 이스파한의 광경이 아니라 3개월 만에 보는 한국 음식이었다. 이란인 요리사가 만든 김치, 김밥, 도토리묵, 오징어순대는 놀랍도록 맛있었다. 얼마나 열심히 먹었는지 오로지 먹은 밥을 소화시킬 요량으로 이스파한 명소를 열심히 걸었을 정도다. 전혀 인상 깊지 못했던 첫 방문 후 1년이 지나 테헤란에서 알게 된 지인 두 명과 다시 이스파한을 찾았다. 그 뒤 3개월 뒤 혼자 한 번 더 다녀왔다. 두 번 더 여행할 만큼 이스파한이 꼼꼼히 둘러볼 만한 도시라는 것을 알게 되었기 때문이다.

대부분의 이란인들도 나처럼 생각하는 듯하다.

"이란 어디 어디 가봤어요?"

여행을 다니다 보면 이란인들에게 이 질문을 꼭 받는데, 대화의 편의를 위해 항상 이스파한을 첫째로 꼽았다. 여행서 《론리플래닛》 역시 이란인이고 외국인이고 할 것 없이 모두가 이란에서 가장 아름다운 도시로 이스파한을 꼽는다고 말한다. 왜 그럴까? 우선 이스파한은 테헤란과 확연히 다르다. 도시 한가운데 푸른 강이 흐르고 그 덕분에 도시 전체가 무척 맑다. 그러나 무엇보다도 유명한 것은 이스파한 곳곳에 남아 있는 16세기 사파비 왕조의 흔적들이다.

이스파한을 높은 곳에서 내려다보면 도시를 동서로 가르는 자얀데 강 북쪽에 크고 작은 건물들 사이로 유난히 눈에 띄는 곳이 있다. 세로로 긴 직사각형 모양의 이맘 광장이다. 광장은 마치 성벽처럼 건물들로 길게 둘러싸여 있는데, 앞에서 이야기한 것처럼 광장 남쪽에는 푸른 돔의 이맘 모스크가, 동쪽에는 노란 돔의 셰이크로트폴라흐 모스크가, 서쪽에는 성벽보다 높은 알리 카푸 궁전이 솟아 있다. 광장 안은 널찍한 잔디밭과 연못, 분수대로 채워져 있다. 거대한 궁궐과 비견할 만한 '이란의 진주' 이맘 광장을 세운 것은 바로 사파비 왕조의 3대 왕 아바스. 이스파한은 지금이야 테헤란에 밀려 아름다운 관광도시가 되었지만 예전에는 지야르 왕조(930~1090), 셀주크제국(1037~1194)을 거쳐 여러 이란 왕조의 수도였다. 이 시기 이스파한은 은세공품과 도자기, 비단, 뛰어난 건축물이 넘쳐나는 문화의 중심지였으나 13세기와 14세기 각각 몽골과 티무르의 침략으로 인해 초토화가 되었다. 특히 티무르의 침략에 이스파한 사람들 7만 명이 살육되었다고 하는데, 목이 잘린 사람들의 머리가 이스파한 시내에 산을 이루고 그들의 피가 자얀데 강을 붉은 빛으로 물들일 정도였다고 한다. 재미있는 것은 이때부터 이스파한 사람들이 여분의 돈과 음식물을 아껴 비축하는 습관을 들였다고 하는데, 이 때문에 이스파한 사람들은 '짠돌이'라는 웃지 못할 별명을 얻게 되었다고 한다. 아바스 왕은 황폐해진 이스파한을 복원하고 이맘 광장을 세워 지금까지 눈부신 흔적을 곱씹을 수 있게 만들어준 이스파한의 은인이었다.

사파비 왕조가 이란의 역사에서 차지하는 비중은 이맘 광장 넓이만큼 거대하다. 두 번이나 강력한 페르시아제국을 탄생시켰지만 7세기 아랍의 침략을 받은 이란은 사파비 왕조가 등장한 16세기에 무려 850년 만에 강력한 이란 민족국가를 세울 수 있었다. 사파비 왕조는 더구나 시아 이슬람을 국가 종교로 선포함으로써 수백 년간 자신의 신앙을 맘껏 드러내지 못한 이란의 시아 무슬림에게 자유를 되돌려주었고, 강력한 법과 질서를 토대로 한 튼튼한 정권이 들어섰다. 특히 아바스 1세는 치열한 후계자 싸움을 딛고 왕이 된 터라 어수선한 나라를 강하게 다스리고자, 이전 수도였던 가즈빈을 떠나 푸른 강이 흐르는 이스파한으로 천도했다. 그는 이맘 광장을 만들고 광장 남쪽에 이맘 모스크를 세워 성직자들을 다스렸고, 광장 주위에는 상점과 바자르(전통시장)를 두어 상인들까지 한 손에 움켜쥐려고 했다. 그는 광장 서쪽에 왕궁을 짓고 이 모든 것을 자신의 감시하에 두었다.

이맘 광장은 갈 때마다 사람들로 북적였다. 혼자 이스파한을 찾은 나는 광장의 분수대 난간에 걸터앉아 여유롭게 광장을 바라보았다. 분수대에서 뿜어져 나온 물이 산산이 흩어지고, 맞은편에 저 멀리 온

빛이 사라질수록
빛나는 곳,
이스파한

이맘 광장의 분수대 난간에 걸터앉아 있으면 사람들의 다양한 표정을 즐길 수 있다. 차도르를 둘러쓴 여인이 아이와 함께 분수에 발을 담그고 있다.

몸에 차도르를 둘러쓴 여인과 검은 히잡을 쓴 여인이 보였다. 차도르
는 얌전히 팔을 모으고 앉아 친구를 지켜보고 있었고 히잡을 쓴 여인
은 분수에 발을 담그며 기쁨의 환호를 지르고 있었다. 내 바로 앞에
는 또 다른 차도르와 빨간 옷을 입은 남자아이가 손을 꼭 잡고 찰방
찰방 발로 물을 튀며 놀고 있었다.

　500년 전, 이스파한은 당시 이란의 중심부로서 실크로드의 중요
한 기착지였다. 포르투갈에서 중국에 이르기까지 전 세계의 물자들
이 이곳을 거쳐갔다. 상인들은 이스파한에서 가장 넓은 이맘 광장에
천막과 가판대를 펼쳐놓고 상업에 열을 올렸다. 물건을 구경하는 사
람들, 광대, 갓 만든 음식과 멜론 조각을 파는 사람, 물을 컵째 공짜로
나눠주는 물장수로 북적였을 것이다.


　"휴. 아직도 안 고쳤네."
　알리 카푸 궁전은 영원히 보수 중일 작정인지 마지막 방문 때도 여
전히 계속 공사를 하고 있었다. 이곳은 원래 광장으로 향하는 거대한
문이었는데, 그 위에 연회실을 만들고 한 층씩 쌓아올려 48미터 높이
의 6층 건물로 이루어져 있다. 푸른 바탕에 노란색 꽃이 그려진 나선
형 계단을 천천히 올라가면 이맘 광장을 한눈에 볼 수 있는 발코니
에 도착한다. 아바스 왕은 이곳에서 광장을 내려다보며 자신이 세운
위대한 건축물과 자신이 거느리는 백성들, 제국의 풍요로운 풍경을
바라보았을 것이다. 이맘 광장의 원래 이름은 나크시 에 자한 광장
이었다고 한다. 이맘은 '시아파 최고 지도자'라는 뜻으로, 이슬람혁
명이 가져온 이름이다. 수백 년 동안 이맘 광장을 대신한 이름 '나크

빛이 사라질수록
빛나는 곳,
이스파한

알리 카푸 궁전은 사파비 왕조의 아바스 왕이 외교사절단을 접대하거나 휴식을 취하던 곳이다.

알리 카푸 궁전에서 내려다본 이맘 광장의 모습이다. 이맘 광장은 세계에서 톈안문 광장 다음으로 두 번째로 큰 규모를 자랑한다.

알리 카푸 궁전의 음악실 천장에 새겨진 각종 문양은 미적 효과뿐 아니라 음악을 더 풍성하게 들을 수 있는 음향 장치 역할도 한다.

아바스 왕이 연회를 열곤 했던 이 궁전은 연못에 궁전의 기둥 20개가 그대로 비쳐 '40개의 기둥'이라 는 뜻의 체헬소툰이라는 이름을 얻었다.

시에 자한'은 '세계의 원형'이란 뜻인데, 전 세계의 종교와 사물, 음악, 인종이 모두 모이고 또 이를 지켜보는 왕까지 있으므로 '세계'를 구성하는 존재가 모두 모여 있는 곳이어서 지은 이름이 아닐까 추측해본다.

알리 카푸 궁전은 주로 외교사절단을 접대하거나 음악 애호가였던 아바스 왕이 조용히 음악을 듣는 개인 휴식 공간으로 쓰였다. 두 번째 이스파한행에 동행한 지인은 6층, 왕의 음악 감상실을 둘러보며 "이 양식은 이곳 외에는 어디에서도 볼 수 없어. 정말 특별해."라고 평했다. 회반죽을 얇게 바른 벽과 천장에는 전통악기 문양, 호리병 문양으로 깊이 음각을 새겼다. 문양을 그려넣지 않고 벽면을 도려냄으로써 음악의 선율이 방 구석구석에 울려 퍼지도록 설계한 것이다.

아바스 왕은 알리 카푸 궁전 근처의 체헬소툰 궁전에서 외교사절단을 위한 연회를 열고는 했다. 20개의 기둥이 떠받치고 있는 이 궁전의 이름 '체헬소툰'은 '40개의 기둥'이란 뜻이다. 궁전의 기둥은 20개인데 왜 40개의 기둥이라 이름을 지었을까? 그것은 바로 궁전 기둥이 궁전 앞 연못에 비쳐 모두 40개가 되기 때문이다. 궁전 내부에 전시된 당시의 연회 풍경들과 전쟁 장면을 담은 벽화는 그들의 과거를 화려한 빛깔로 되살리고 있었다.

푸른 들판과 흐르는 물, 색색으로 만발한 꽃들. 이맘 광장의 거대한 연못과 분수대, 푸른 잔디밭은 팔레비 왕이 이곳에 파라다이스를 재현하고자 만들어놓은 것이었다. 그러나 나에게 진짜 파라다이스는 이맘 광장이 아닌 이스파한에서 가장 유명한 호텔, 압바시 호텔의 정원이었다. 해질녘 이맘 광장 풍경도 훌륭하지만 압바시 호텔에서 바라보는 노을은 그야말로 장관이다.

"압바시 호텔에 가서 차나 한 잔 마시고 갈까?"

두 번째 방문했을 때 우리 일행은 광장을 둘러본 뒤 마치 정해진 코스처럼 이곳을 찾았다.

압바시 호텔의 페르시아풍 로비를 지나면 삭은 파라다이스가 펼쳐진다. 정원 입구에 들어서는 순간 어느 누구도 탄성을 지르지 않을 수 없는데, 삼면으로 호텔 건물이 병풍처럼 정원을 둘러싸고 있고 하늘색 연못과 푸른 나무, 만발한 꽃들, 그리고 그 사이로 흰색 테이블과 분홍색 쿠션이 달린 의자가 그림처럼 놓여 있다. 그곳에 자리를 잡고 일행들과 차이를 홀짝이는데 옆에 이란 아주머니들이 삼삼오오 모여들었다. 절제된 화장과 고급스런 옷차림으로 보아 이란의 부유층 같았는데, 오랜만에 만났는지 서로를 부드럽게 안으며 환하게 미소짓는 모습이 분수대의 물소리와 음악소리, 정원의 꽃과 나무, 산들산들 부는 바람과 어우러져 '좋다'는 말이 절로 나왔다.

날이 어두워지자 지인들과 강가로 걸어 나왔는데, 밤이 되면 관광객들은 보통 이곳, 시오세폴이라는 다리로 향한다. 남녀노소, 외국인 할 것 없이 이 다리 위에서 자얀데 강의 운치를 즐긴다. 이란어로 '시오세(Sioseh)'는 33, '폴(pole)'은 다리로, 시오세폴은 '33개의 아치로 이루어진 다리'라는 뜻이다. 17세기 초에 건설된 이 다리는 33개의 아치가 강 맞은편까지 이어진 거대한 다리다. 시오세폴의 북쪽 찻집에 앉아 지인들과 차를 마시며 어두운 밤하늘 아래 점점이 빛나는 33개의 아치를 감상했다.

사파비 왕조는 아프간과의 전쟁에서 패망해 고작 200년 남짓 이란을 다스렸지만, 그 어느 때보다 종교적·정치적·문화적 풍요를 누린 왕조였다. 세밀화, 카펫, 직물, 금속공예, 건축 등의 페르시아 예술은 바로 이때 전성기를 누렸다. 1979년 이맘 광장이 세계문화유산으로, 2006년 이스파한이 전체 이슬람국가의 문화 수도로 지정된 것은 다 이 시기를 지난 덕분이다.

밤이 되어 어수선한 이스파한 거리에 어둠이 내리면 이맘 광장, 체헬소툰과 알리 카푸 궁전, 시오세폴에는 노란 조명이 켜지고 낮보다 더 아름답게 빛난다. 매일 밤, 끊임없이 변하는 현재가 어둠에 잠기면 이스파한은 영광스런 사파비제국의 그때로 다시 되돌아간다. 체헬소툰 궁전 한편에서 안경을 쓴 한 노인이 칠이 벗겨진 벽화를 복원하고 있었다. 황야 위의 페르세폴리스가 복원할 수 없는 폐허라면, 이스파한의 사파비 왕조 흔적들은 복원할 수 있을 만큼의 세월과 크기로 남아 있었다. 도시의 돌 한 조각, 타일 한 조각, 나무기둥이 세월의 풍파에 의해 모두 사라질 위기에 처한다 해도 이란인들은 계속 색을 덧칠하고, 타일 조각을 덧대고, 새 기둥들을 세워 영원히 이스파한을 빛나게 만들 것이다. 이란인에게 이스파한은 시간이 흘러 제국의 영광과 멀어질수록 더 빛을 더해야 하는, 빛이 사라질수록 더 빛나는 도시이기 때문이다.

# 마이
# 솔 시티,
# 야즈드

"어?"

호텔 방에는 나 혼자였다. 호텔방을 둘러보다 바닥에 깔려 있는 낡은 길림이 눈에 들어왔다. '길림(Gilim)은 태피스트리, 즉 날실을 팽팽하게 걸어 색색의 씨실을 무늬의 색에 따라 꿰매듯이 짜 넣는 방식으로 만든 얇은 카펫을 말한다. 이 낡은 바닥 깔개가 눈에 띈 것은 한가운데 박혀 있는 한 소녀의 그림 때문이었다. 두꺼운 실로 짜였기 때문에 소녀의 얼굴은 형체를 겨우 알아볼 수 있는 수준이었지만 그림은 단박에 나를 사로잡았다. 이란을 떠나기 전 내가 그렸던 그림과 매우 비슷했기 때문이다.

기막힌 우연을 발견한 도시 야즈드는 불의 도시, 정확히 말하면 불을 믿는 종교 조로아스터교의 중심지이다. 무려 1500년 동안 꺼지지 않는 불의 기운이 활활 타오르고 있는 곳, 야즈드는 내가 이란에 가기 전부터 늘 가고 싶어했던 여행지였다. 사주에 불이 없다는 이유로 붉은색과 불기운에 집착하던 그때, 이곳을 지나칠 리가 없었다.

야즈드의 진흙빛 구시가지는 세계에서 가장 오래된 도시에 걸맞은 신비로운 분위기를 품고 있다.

이란의 정중앙에 콕 박힌 야즈드는 황토색 건물로 가득 찬 오래된 구시가지로 유명한 곳이다. 야즈드를 다녀온 한 국내 여행작가는 이 건물들을 두고 콩가루를 듬뿍 묻힌 인절미 같다고 했다니 이보다 적절한 표현이 있을까. 유네스코는 이 구시가지를 세계에서 가장 오래된 도시 중 하나로 선정했는데, 도로나 자동차, 현대식 간판만 제외하면 놀랍게도 흙으로 만든 건축물들이 예전 모습을 고스란히 간직하고 있다. 마르코 폴로가 13세기에 이곳을 방문해 '아주 멋진 곳'이라는 표현과 함께 상업의 중심지라고 했을 만큼 야즈드는 15세기까지 실크와 다양한 직물로 번성한 곳이었다. 그러나 16세기 사파비 왕조가 멸망할 무렵부터 쇠락의 길을 걸었고, 20세기 팔레비 왕조 때 테헤란발 기차가 개통되고 난 뒤에야 조금씩 활기를 되찾기 시작했다고 한다. 내가 머문 '실크로드 호텔'은 다양한 직물로 꾸며진 운치 있는 호텔이었다. 방은 페인트칠한 벽에 나무 침대, 테이블, 냉장고, 옷걸이가 전부였지만 마르코 폴로가 증언한 대로 야즈드의 화려한 직물이 밋밋한 방에 포인트가 되었다. 침대 옆 직사각형 테이블에는 페이즐리 문양의 흰 직물이, 화장실 옆 테이블에도 붉은 직물이 놓여 있었고 침대보도 빨강, 노랑, 초록의 줄무늬가 고루 섞인 붉은 직물로 장식되어 있어 이 지역의 오랜 '장기'를 확인할 수 있었다.

더위를 피해 조금 쉬다가 4시쯤 호텔을 나섰다. 여행서의 추천에 따라 구시가지 명소를 한꺼번에 볼 수 있는 경로를 밟아보기로 했다. 야즈드의 명소 자메 모스크 옆으로 이어진 골목으로 발걸음을 옮기자 시원한 기운이 느껴졌다. 길을 잃기 쉽다는 여행서의 경고 때문에 한 손에 책을 꼭 쥐고 한 걸음 한 걸음 내딛었다. 골목 안에는 또 다른

야즈드의 어느 오래된 직물 공방에서 만난 노인은 이 광장에서 50년이 넘는 세월 동안 저 베틀과 함께했다고 한다.

새의 날개 위에 사람이 앉은 모습인 조로아스터교의 상징인 파라바하르(Faravahar)는 조로아스터교의 아후라 마즈다의 현현으로 여겨지기도 한다.

세계가 있었다. 반듯한 황토색 흙벽과 건물이 죽 이어져 있었는데 멀리서 보면 밀대로 반듯하게 민 듯이 매끈하지만 직접 벽을 손으로 만져보면 잘게 잘린 짚이 섞여 있어 도톨도톨했다. 뻥 뚫린 골목은 아치형 흙 지붕이 뜨거운 햇빛을 가려주었고 언뜻 그 사이로 세모꼴의 하늘이 올려다보였다. 조금 더 걸어가 골목 사이로 둥글고 푸른 돔을 발견했다. 계속 걸었다. 깜깜한 아치형 굴다리 너머로 저만치 너른 광장이 보이고, 빼꼼히 머리만 내밀고 있던 모스크가 제 모습을 온전히 드러냈다. 워낙 유명한 관광지여서 그런지 동양인인 나를 보고 아는 척하며 호들갑 떠는 이란인은 한 명도 없었다. 골목 안은 무척이나 고요해서 사람들이 날씨가 더워서 밖으로 잘 나오지 않는 것인지 의아했는데, 집을 감싸고 있는 흙벽이 높고 튼튼해 집 안의 소리가 골목까지 새어나오지 않기 때문이라고 한다.

광장에는 오래된 직물 공방이 하나 있었는데, 호텔방에서 본 직물 같은 것을 어떻게 만드는지 궁금해져서 잠깐 들어가보았다. 조심스레 들어가니 물레같이 생긴 거대한 나무 베틀 앞에 자그마한 노인이 앉아서 열심히 천을 짜고 있었다. 사진을 찍어도 되느냐고 물으니 말 없이 고개만 끄덕이고는 다시 쉼없이 팔을 움직였다. 능숙하다 못해 기계적으로 팔을 움직이는 모습에 분명 살아 있는 사람이지만 마치 박물관의 전시 인형처럼 느껴졌다. 이 광장에서 천을 짠 지 50년이 넘었다는, 평생 베틀과 함께한 노인의 인생이 무척이나 경이로웠다.

광장을 지나 붉게 핀 석류꽃이 인상적인 카자르 시대 주택인 라리 하우스를 거쳐 알렉산더 감옥에 도착했다. 알렉산더에 의해 지어져 지하 감옥으로 쓰였다는 전설이 깃든 이 건물은 감옥의 음산함은 온

마이
솔 시티,
야즈드

높고 두꺼운 흙벽으로 인해 골목 안은 더없이 고요하다. 미로 같은 흙길을 따라 정처없이 걷다 보면 다른 세상에 와 있는 듯한 기분이 든다.

데간데없고, 마치 야즈드판 소규모 '쌈지마켓' 같았다. 인사동 쌈지마켓처럼 옛 건물을 활용해 빈 실내를 복합 문화공간으로 리모델링해놓은 곳. 갤러리와 지하 동굴 찻집, 푸른 호리병과 타일로 외관을 꾸며놓은 가게들이 멋스러웠다. 그곳에서 파는 별자리 타일, 예쁜 도자기병을 보고 있자니 이곳이 감옥이었다는 생각을 전혀 할 수 없었다. 알렉산더 감옥을 둘러보고 나오자 자그마한 광장이 나왔다. 푸르게 변하는 하늘 아래 흙색 건물들이 고요히 서 있을 뿐, 사람 소리도 들리지 않고 주변은 쥐죽은 듯 고요했다. 별다른 화려한 장식이나 거대한 건축물들이 있지는 않았지만 광장을 보고 있자니 나도 모르게 가슴이 뜨거워졌다.

다음 날, 뚱뚱한 조로아스터교 신자 가이드를 대동하고 조로아스터교 투어에 나섰다. 오래된 토굴 사원을 상상했지만 사원은 그냥 반듯한 박물관이었는데, 사원 건물 중앙의 맨 꼭대기에는 날개 달린 푸른색의 조로아스터교 상징이 어김없이 붙어 있었다.

이슬람이 전파된 7세기 이전, 페르시아인들은 페르시아에서 탄생한 종교인 조로아스터교를 믿었다. 그들은 이슬람교의 무함마드와 같은 존재인 조로아스터의 인도에 따라 아후라 마즈다(Ahura Mazdah)라는 신을 믿었다. 아후라 마즈다는 모든 선의 근원으로, 밝음·생명·아름다움·기쁨·즐거움·건강 등을 상징한다. 조로아스터교는 불을 숭상하는 배화교로 알려져 있지만, 사실 그들이 믿는 것은 정확히 불이 아니다. 그들이 믿는 것은 이 세상의 유일한 신인 아후라 마즈다이고, 불은 이 아후라 마즈다의 속성을 상징하는 존재일 뿐이다. 그래서인지 사원 벽에 걸린 조로아스터의 초상화 속 조로아스터의 머리 주변에는 아후라 마즈다를 상징하는 노란 빛이 그려져 있다. 아후라 마즈다는 인간을 위해 땅과 하늘, 수많은 생명을 창조했고, 동시에 하늘에 빛나는 별과 달까지 만들어주었다는 이야기가 전해진다.

조로아스터교가 불을 중시하게 된 것은 인간이 스스로 조절할 수 있는 유일한 빛과 밝음이 바로 불이었기 때문이다. 해도, 달도, 별도 모두 시간이 지나면 사라지지만 불만큼은 연료를 공급하는 한 꺼지지 않는다. 사람들은 그렇게 꺼지지 않는 불을 보며 몸과 마음을 정화하고 매일 다시 태어나고자 했다. 불은 꺼지지 않게끔 유리벽으로 철저하게 보호받고 있었다. 불이 멀게 느껴질 정도로 불은 두꺼운 보호벽 너머 황동색의 거대한 술잔 모양 통에서 활활 타오르고 있었다. 한참을 그 앞에 우두커니 서서 마음속으로 바라고 또 바랐다. '1500년 동안 꺼지지 않은 불아, 내 마음과 몸으로 들어와 불의 기운을 전해주렴.'

페르시아 신화에는 운명의 수레바퀴라는 개념이 나온다. 모든 사람에게는 저마다의 운명이 있다는 것이다. 유럽의 중세 필사본에 자주 등장한다는 운명의 수레바퀴에는 굴대와 바퀴살, 테가 그려져 있다. 이 그림에 대한 조지프 캠벨의 해석이 흥미로운데, 바퀴의 테를 잡은 사람은 올라갈 때와 내려올 때가 있는 기복이 있는 삶을 살지만 바퀴의 굴대를 잡고 있으면 자신만의 천복을 좇으며 늘 같은 자리에서 중심을 잡고 살게 될 것이라고 한다. "천복을 좇되 두려워하지 말라. 당신이 어디로 가는지 모르고 있어도 문은 열릴 것이다."

구시가지의 오래된 길을 걸을 때는 걸음을 옮기기 전에는 벽 너머에 무엇이 기다리고 있을지 알 수 없어 그저 걸어야만 했다. 막연히 걷다 보니 드넓은 공터도 나왔고 나를 보며 웃던 아이들, 차도르 차림의 여인, 무언가를 상의하고 있던 두 남자, 영원히 그 모습으로 앉아 있을 것 같은 직공 할아버지가 차례로 나를 스쳐 지나갔다. 붉은 석류꽃이 핀 라리하우스와 알렉산더 감옥도 나왔다. 그리고 그 길의 끝에 광장이 있었다. 아무도 없는 붉은 빛깔의 광장은 마치 오랜 시간 사막을 걷다 마법처럼 눈앞에 나타난 신기루 같았다. 사람의 흔적 없이 옛집과 나무와 돌만 남은 그곳은 마치 영원을 지나 신화 속 공간이 된 것만 같았다.

오래전, 초콜릿 하나를 먹어도 소화를 못 시켜 신트림을 하고 가슴은 마치 뻑뻑한 빵 덩어리로 틀어막은 듯 갑갑했던 적이 있다. 숨은 늘 가슴팍과 목 위에서 겨우 할딱할딱 내쉬었고, 얼굴에는 열이 올라 화장을 지우면 늘 벌겋고 메말라 있었다. 팔과 다리는 연체동물처럼 흐늘흐늘 힘이 없었다. 그러던 어느 날 책상에 멍하니 앉아 있다가 흰 종이 위에 무작정 그림을 그리기 시작했다. 손이 가는 대로 그림을 그리고 보니 웬 허약한 여자아이가 거기에 있었다. 역삼각형 모양의 얼굴에 바늘같이 가느다란 눈과 입술, 가슴과 배에는 검은 돌덩이가 올라타 있고 지나치게 마른 몸은 겨우 버티고 서 있었다. 소녀의 얼굴 옆에는 거대한 대륙 모양의 말풍선을 하나 그렸는데, 그 안에는 'IRAN'과 모험이라는 뜻의 'adventure'를 또박또박 적었다. 그만큼 나에게 이란이라는 새로운 세계는 몸을 아프게 할 만큼 절실했던 것일까?

야즈드의 골목길은 마치 내가 이란에 오게 되고, 회사생활과 어학원을 거쳐 다시 모험길에 나서게 된 일련의 과정을 보여주는 듯하다. 호텔에 깔린 길림에 서 있었던 붉은빛 치마를 입은 그 소녀의 모습은 오래전 내가 그린 그림이 이란이라는 운명을 만나 변화하게 된 내 모습을 보여주는 것만 같았다. 그리고 왠지 지금 내가 가고 있는 길이 틀리지 않았음을 응원해주고 있는 것 같았다. 나도, 그림 속 소녀도 이란을 통해 그렇게 커가고 있었다.

나는 아직도 이란에서 어디가 제일 좋았느냐는 질문에 단연 야즈드를 꼽는다. 만약 야즈드 사진을 모두 꺼내어 보여주면 사람들은 도리어 의아해할 수도 있다. 충분히 이국적인 곳이지만 시라즈나 이스파한처럼 입이 떡 벌어질 만큼 화려한 곳은 아니니까. 그러나 흙빛 불의 도시 야즈드는 내 삶에 큰 영감과 확신을 준 이란 최고의 도시임에 틀림이 없다. 다시 야즈드에 가면 그때의 그 기분을 똑같이 느낄 수 있을까? 그렇지는 않을 것 같다. 야즈드는 보여주어야 할 것들을 그때의 나에게 모두 안겨주고 입을 닫아버렸다. 그리고 나는 그곳에서 또 한 걸음 나아갔다. 흙빛 도시 야즈드는 그렇게 단 하나의 나의 솔 시티로 남았다.

# 꼭 가봐야 할 이란의 도시들

이란을 여행할 때 꼭 가봐야 할 이란의 보석 같은 여섯 개의 도시를 소개한다. 이란의 수도 테헤란과 더불어 페르시아의 향기를 품고 있는 곳들이다.

**타브리즈－역사의 풍랑을 견뎌낸 곳**
타브리즈는 이란 북서쪽 동(東) 아자르바이잔 주의 주도로 테헤란에서 619킬로미터 떨어진 곳에 위치한다. 사산 왕조 페르시아에서는 무역 중심지였고, 이란을 지배했던 일한 왕조와 사파비 왕조 때는 수도이기도 했다. 타브리즈는 20세기 초 이란의 입헌

혁명(1905~1911)과 이슬람혁명(1979) 등 이란 근현대 역사에서 중요한 자취를 남겼다. 타브리즈는 아제르바이잔어를 사용하는 아제르바이잔족이 주로 사는 도시였는데, 그들은 입헌혁명을 통해 카자르 왕조의 압제를 물리치고 한 때 모국어를 공적

으로 사용할 수 있게 되었다. 그러나 팔레비 왕조의 차별정책으로 인해 다시 왕에 대항하게 되면서 자연스레 이슬람혁명의 선두지가 되었다. 잦은 외세 침략, 관리 소홀, 지진과 홍수 등 자연재해로 많은 유물들이 먼지 속으로 사라졌지만, 예전 카자르 왕조 소유의 여름 별장인 엘골리 공원, 블루 모스크, 세계에서 가장 규모가 큰 전통 시장으로 유네스코 세계문화유산에 등재된 타브리즈 시장, 헌법의 집 등이 관광객의 발길을 이끈다.

### 시라즈－페르시아 문화의 중심지

남서부 파르스(Fars) 주의 주도인 시라즈는 근처에 아케메니아 페르시아제국의 수도인 페르세폴리스와 파사르가다에가 있고 유명한 시인 하페즈와 사아디의 무덤이 있다. 두 시인의 무덤뿐 아니라 아름다운 정원이 곳곳에 펼쳐져 있어 시인과 정원의 도시로도 유명하다. 시라즈를 수도로 삼은 잔드 왕조의 왕궁인 카림 칸 성, 유네스코에 등재된 카자르 왕조의 에람 정원, 스테인드글라스의 화려한 빛으로 유명한 19세기 나시르 알 몰크 모스크, 수백 개의 상점이 모인 바킬 시장 등이 유명하다.

### 카샨－장미와 직물, 아름다운 카자르 시대의 가옥들

카샨은 이란 이스파한 주에 있는 도시로, 카비르 사막 가장자리의 푸르른 오아시스 같은 도시다. 사파비 왕조의 아바스 왕도 이 도시의 아름다움에 반해 죽은 뒤 이스파한보다는 카샨에 묻히고 싶어했다고 한다. 셀주크 왕조(1037~1194) 때의 카샨은 직물과 도자기, 타일로 유명했고, 카자르 시대에는 상업의 중심지였다. 오늘날 카샨은 카펫 등 직물과 장미수의 생산지이자 상인의 집 타바타베이 저택, 보루제르디 저택, 아바시안 저택 등 19세기 번성기를 떠올리게 하는 카자르 시대의 건축물로 관광객의 발길을 이끈다. 장미꽃이 만발한 4월이 여행하기에 가장 적기다.

### 마슈하드－이란에서 가장 성스러운 도시

'마슈하드'는 순교자의 매장지라는 뜻으로, 마슈하드는 이란에서 두 번째로 인구가 많은 도시이자 코라산(Razavi Khorasan) 주의 주도이기도 하다. 시아 이슬람의 여덟 번째 이맘(imām, 이슬람 종교 지도자)인 이맘 레자의 성묘 단지는 넓은 뜰과 푸른 돔, 황금빛 돔과 미나레트, 아치형 건물과 통로들로 도시 속 작은 도시 같다. 세계에서 가장 큰 모스크이자 이슬람의 걸작으로 평가받는다. 이맘 레자는 799년에 이맘

으로 즉위했는데, 이후 아바스 왕조의 칼리프 마문의 시아파 유화정책하에 817년에 칼리프의 계승자로 임명되었다가 이듬해 마문에게 독살되었다. 이맘 레자의 성묘에 방문한 시아 무슬림은 1200년 전 그의 죽음을 어제 일어난 일처럼 슬퍼하며 눈물을 흘리는 반면, 젊은 커플들은 이맘 레자의 축복을 받기 위해 신혼여행을 오기도 한다. 이맘 레자의 묘는 카메라로 촬영하는 것이 금지되어 있어 가방과 카메라를 맡긴 채 입장 가능하며 휴대전화로만 촬영할 수 있다. 여성은 차도르를 입고 입장해야 한다.

**이스파한-'세계의 절반'이라고 불린 이란의 진주**
이스파한은 도시를 가로지르는 자얀데 강과 시오세 폴, 카주 다리 등의 아름다운 교각과 아름드리 가로 수가 늘어선 거리, 사파비 왕조의 화려한 유적 덕분에 이란에서 첫 번째로 손꼽히는 여행지이다. 셀주 크 왕조의 수도를 거쳐 16세기 사파비 왕조의 아바 스 왕 때 전성기를 맞이했다. 아바스 왕은 수도를 가즈빈에서 이스파한으로 옮긴 뒤 이스파한을 제국의 전성기에 어울리는 도시로 바꿔놓았다. 그때의 유산이 이맘 광장 과 모스크, 알리 카푸 궁전, 체헬소툰 궁전 등에 고스란히 남아 있다. 타브리즈 시장 과 함께 가장 멋진 이란 시장인 이스파한 시장과 기독교 지역인 졸파 구역 내 이슬 람 양식과 기독교 양식이 혼합된 뱅크 교회도 함께 둘러보면 좋다.

**야즈드-천년 동안 살아 있는 불, 그리고 진흙의 도시**
북부의 카비르 사막과 남부 루트 사막 사이에 있는 야즈드는 이스파한이나 시라즈만큼 유명하지는 않 지만 꼭 가봐야 할 도시이다. 진흙빛 오래된 시가 지가 백미인 이곳은 테헤란 다음으로 조로아스터 교 인들이 많이 살고 있는 조로아스터교의 도시이 다. 정처 없이 진흙빛 골목 사이를 걸으면 도시 중심에 우뚝 서 있는 자메 모스크와 유네스코에 등록된 돌라트 아바드 정원, 카자르 시대 주택인 라리 하우스, 해질 무렵 전경이 보기 좋은 아미르 챠크마크 단지 등 대표 관광지를 만나게 된다. 조로아스터 교 불의 사원인 아타시카데흐에 방문해 1000년 넘게 타고 있다는 불을 구경하는 것 도 잊지 말자.

# 시인의
# 나라,
# 이란

2009년 텔레비전 방송에 한 이란 청년이 등장했다. 그는 옛 시인의 흰 대리석 관을 끌어안고 딱딱한 관 위에 입을 맞추며 "그를 무척 사랑합니다."라고 고백했다. 감동적인 장면이었지만 한편으로는 신기하기도 했다. 관 주변에는 청년뿐만 아니라 아이들과 노부부 등 다양한 사람들이 웅성대며 모여 있었는데, 그들은 저마다 짧고 긴 시를 암송하고 있었다. 카메라 앞이라 그랬겠지 하고 넘겼지만, 정작 이란에 와보니 유난스러운 시 사랑은 '설정'이 아닌 듯했다.

유독 책을 좋아했던 바하르는 터헤레와 같은 방 친구로, 터헤레 맞은편의 이층침대가 그녀의 자리였다. 바하르는 샤워를 하고 난 뒤 거대한 수건으로 머리를 두른 채 침대에 무릎을 꿇고 앉았다. 그러고는 베개 위에 두꺼운 책 한 권을 펴놓고 조용히 읽기 시작했다. 옆에서 내가 얼쩡거리자 그녀가 나를 내려다보며 말했다.

"숭가, 너 몰라비 시 한 번 들어볼래?"

"몰라비?"

"응. 이란에서 정말 유명한 시인이야. 얼마나 아름다운지 몰라."

이란은 시(詩)의 나라라고 해도 과언이 아닌 듯했다. 문학에서도 소설보다는 시가 더 발달했다. 저녁 뉴스 시간에도 앵커가 시를 읊는가 하면 글을 모르는 노인도 시 몇 수는 그냥 외운다. 시낭송회는 수많은 인파로 붐비고 낭송가가 시를 읊으면 박자를 맞추며 즐거워하기도 한다. 친구들이 편지를 보낼 때면 꼭 시를 적어주거나 때로는 시만 적어주기도 했다. 부셰르에서 만난 최 선생님 딸 소라이어도 헤어지는 날 부끄러워하며 나에게 시를 적은 편지를 건넸는데, 필기체로 쓴 터라 아직까지 해석은 못 하고 있지만 그녀의 진심을 알기에는 충분했다.

이란에서 소설보다 시가 발달한 이유에는 다양한 면에서 추측해 볼 수 있는데 이미지를 잘 드러내는 시적인 페르시아어의 언어적 특성 때문이기도 하고, 이슬람의 코란 암송문화의 영향일 수도 있다. 19세기 후반 서구문학이 들어오기 전까지 학술적인 글 외에도 소설이나 희곡 같은 긴 글은 거의 찾아볼 수 없었다고 한다.

이란인의 시 사랑은 테헤란과 이란의 주요 도시에 시인의 이름을 딴 광장이나 거리가 아주 많은 것만 보아도 확인할 수 있다. 하페즈 거리, 사아디 광장, 피르다우시 광장 등이 바로 그 예다. 피르다우시 광장은 장편서사시 《샤흐나메》로 유명한 10세기 시인 피르다우시(935~1025?)의 이름을 딴 광장이다. 피르다우시의 동상은 거친 벼랑 위에 곧게 서서 두꺼운 책 한 권을 왼손에 들고 광장의 서쪽을 부릅뜬 눈으로 바라보고 있었는데, 마치 "시인의 삶이란 이런 거야."라고 말하는 듯했다. 고독한 시인의 동상은 택시와 행인들이 가득한 번잡한 도심을 굽어보고 있었다. 문득 광장에 왕이나 장군의 동상을 세우는 나라와 시인의 동상을 세우는 나라 사이의 문화적 거리를 실감했다.

"이게 뭐지?"

어느 날 기숙사 응접실을 지나치다 책상 위에 놓여 있는 두껍고 낡은 책 한 권을 발견했다. 표지에는 긴 머리에 턱수염이 수북한 남자의 얼굴과 함께 나무, 꽃, 새, 나비가 잔뜩 그려져 있었는데, 몇 번을 읽어보았는지 낡고 헤진 책 모양새가 눈길을 끌었다. 매일 이 책상에서 일을 하는 사람은 거세미밖에 없으니 이 책은 분명 거세미 책이었다. 무슨 책이냐고 묻자 그녀는 '하페즈'의 시집이라고 했다. 붉은 머리카락, 짙고 날카로운 아이라인을 한 외모는 단연 노는 언니라고 봐

피르다우시 광장에 세워진
시인 피르다우시의 동상

야 하는데, 거세미는 시를 참 열심히 읽는 모양이었다. 하페즈의 시집은 터헤레 집에서도 본 적이 있었다. 바로 코란 옆에서 말이다.

이란에는 '모든 가정에는 두 가지 물건이 있다'는 말이 있다. 첫 번째가 코란이고, 두 번째가 바로 하페즈의 시집이다. 14세기 시인 하페즈는 피르다우시, 사아디, 오마르 하이얌, 이란에서는 몰라비라고 불리는 루미와 함께 이란인들이 가장 사랑하는 시인이다. 하페즈는 평생 시라즈에서 살다 시라즈 땅에 묻혔다. 그는 암송의 달인으로 아버지의 코란 낭송 소리만 듣고도 코란을 다 외우고, 사아디, 앗타르, 루미, 니자미 등 선배 시인들의 시도 전부 외웠다고 한다. '하페즈'라는 이름도 코란을 모두 외운 사람에게 붙여주는 호칭이다. 하페즈가 위대한 시인이 된 것은 어쩌면 엄청난 암송 실력 때문인지도 모른다. 하페즈의 별명은 다름 아닌 '신비의 혀'. 저 멀리 독일의 대문호 괴테도 노년에 바로 이 하페즈의 시집과 사랑에 빠졌다. 괴테는 하페즈가 대적할 자 없는 시인이라며 극찬을 했고 결국 그에게 영감을 받아 《서동(西東)시집》이라는 책을 펴냈다.

'여기가 시인의 묘지라고?'

하페즈의 묘지를 찾은 것은 무더운 6월의 여름날, 시라즈 여행 중이었다. 하페즈의 묘는 높은 계단을 올라야 나오는데 한 걸음 한 걸음 천천히 오르자면 곧 있으면 만나게 될 시인에 대한 존경심과 경외심이 더 커져갔다. 조금씩 드러난 묘지는 아름드리 서 있는 흰색 기둥에 회색 뭉게구름 같은 우아한 곡선의 지붕이 얹어진 건물이었다. 그 작은 건물 가운데에 하페즈의 흰 대리석 관이 놓여 있었다. 건물 주위에는 푸른 나무, 노란색과 흰색과 보라색의 이름 모를 꽃들, 붉은 장미꽃이 만발해 있었고, 사람들이 마치 나비처럼 오가며 웅성거렸다. 하페즈의 묘는 묘지라기보다 시인이 죽고 난 뒤 머물고 있을 천국 같았다.

"이쪽으로 와서 관 주위에 서세요."

하페즈 관 주위를 어슬렁거리고 있는데, 알록달록한 옷을 입은 유치원 아이들이 몰려왔다. 관을 빙 둘러선 아이들은 조그만 손으로 뒷짐을 지거나 관 받침대 위에 다리를 턱 올리며 관을 신기한 듯 쳐다보았다.

"자 한 번 낭송해볼까요?"

아이들을 인솔하던 선생님이 말하자, 아이들은 다 함께 자세를 정비하고 하페즈의 시를 낭송하기 시작했다. 쭈뼛쭈뼛 눈치를 보고, 입을 틀어막으며 웃음을 참으면서도 아이들은 시를 끝까지 낭송했다. 세상을 떠난 지 700년쯤 된 시인의 묘지에 어린아이들까지 찾아온다니 무척 인상 깊었다.

하페즈는 사랑, 술, 신, 자연 등 보편적인 주제와 함께 서민의 삶에 대한 안타까움, 위선에 대한 경멸 등을 노래해 많은 사람의 사랑을 받고 있다. 더불어 중의적인 어휘를 사용해 다양한 해석이 가능하기 때문에 이란 사람들은 하페즈의 시집으로 점을 치기도 한다. 하페즈 묘지의 입구에는 앵무새 한 마리와 하페즈의 시를 적어놓은 종이가 빽빽이 담긴 원형 철통을 목에 걸고 손님을 찾는 점쟁이들이 있다. 손님이 오면 새에게 알고 싶은 것을 물어보고 철통 안에 든 종이를 꺼내게 하는데, 새가 뽑은 구절이 바로 하페즈가 그 손님에게 주는 답이다. 또 다른 방법은 하페즈 관 주위에서 벌어진다. 필요한 준

많은 사람이 이곳 하페즈의 묘지에 찾아와서 700년 전 시인의 시를 읊고 시점을 치기도 한다.

비물은 하페즈의 시집뿐이다.

'하페즈 시(詩)점'에 대해 익히 알고 있었던 터라, 하페즈 묘지에 오기 전부터 나는 마치 신비의 제단에 계시를 받으러 가는 사람처럼 가슴이 두근거렸다. 미처 시집을 구하지 못해 무덤 뒤쪽에 있는 기념품 숍으로 들어갔는데, 배낭여행객인 나에게는 상당히 무겁고 가격도 비쌌다. 가판 앞에서 주저하고 있는데 고맙게도 점원이 내게 시집을 잠시 빌려주었다. 고개 숙여 인사하고 나서 시집을 들고 관 옆으로 갔다. 마음을 고요히 가다듬고 속으로 물었다. '앞으로 제 삶은 어떻게 될까요?' 무덤 주위를 몇 바퀴 돌다가 조심스럽게 책을 펴들었다. 페이지의 첫 구절은 다음과 같았다.

"안내의 빛에 의해 신성한 여행자는 축복을 향한 길을 추구한다."

마리아네에게.

3. 9~12

4. 3~14

괴테.

먼 독일의 괴테는 하페즈 시집을 자기만의 낭만적인 방식으로 활용했다고 한다. 그는 위와 같이 하페즈의 시를 사랑의 암호로 활용했다. 시집에서 하고 싶은 말을 골라 그 쪽수와 행 번호를 편지에 써서 사랑하는 마리아네에게 보냈다. 그녀도 같은 방법으로 답장을 썼다. 하페즈의 시가 머나먼 독일에서 또 다른 사랑의 시로 거듭난 셈이다.

이란에서 가장 유명한 현대 여성시인 포루그 파로흐자드(1935~

1967)의 묘지는 타지리쉬 광장 북쪽에 있다. 택시를 타고 한참을 헤맨 끝에 알록달록한 벽화가 있는 유치원 바로 옆의 묘지를 발견할 수 있었다. 자히르 오 도울레(Zahir od dowleh) 공동묘지에는 작가, 음악가, 시인 등의 예술가들이 가지각색의 거대한 직사각형 비석 아래 잠들어 있었다.

이란 문학사에서 포루그가 차지하는 위상과 달리 그녀의 묘비는 단출했다. 묘비에는 양초 몇 개와 꽃이 장식의 전부. 석판에 새겨진 그녀의 이름과 생몰연도를 천천히 더듬어보았다. 묘비명에는 이런 시가 새겨져 있다.

나 저 깊은 밤의 끝에 대해 말하려 하네
나 저 깊은 어둠의 끝에 대해
사랑하는 이여, 내 집에 오려거든
부디 등불 하나 가져다주오
그리고 창문 하나를
행복 가득한 골목의 사람들을
내가 엿볼 수 있게

포루그의 무덤도 그렇지만 이곳 공동묘지의 무덤과 무덤 사이는 매우 비좁았다. 이렇게 좁은 공간에 매장을 한다면 예술가들이 서로의 몸을 다닥다닥 붙인 채 잠들지 않을까. 예술가들만 모여 있는 공동묘지이니, 그리고 보면 이란에서 시인이란 적어도 안타까울 정도로 고독하고 가난한 존재는 아닌 듯하다. 죽고 난 뒤에도 사람들이 끊임없이 찾아오고, 또 도심 한구석에서 다른 예술가들과 함께할 수 있으니 말이다.

한국에 돌아와 시험 삼아 또 '시점'을 보았다. 앞으로 나는 무엇을 해야 할까 고민하던 차였다. 시집을 펼치자 하페즈가 나에게 건네준 말은 바로 이것. "지혜의 보석을 배워 스스로 손에 쥐어라. 금과 은이 있다면 다른 이들을 위해 사용할지어다." 하페즈가 나에게 전해준 두 개의 시는 모두 내게 꼭 들어맞는 말처럼 느껴졌지만, 만약 다른 내용의 시였더라도 나는 그 시를 곱씹으며 내게 필요한 길을 찾았을 것이다.

이란의 시들은 언어로 구체적인 사실을 움켜잡기보다 번지고 구르고 미끄러지며 세상을 보여주었다. 그의 시는 가만히 들여다보지 않으면 그 안이 보이지 않는 깊은 우물과 같다. 마음을 가다듬고 시집을 펼쳐 언어들 사이로 미끄러져 들어가면 그 모호함이 삶과 세상을 오히려 더 선명히 드러낸다. 이란 사람들이 여전히 700년 전의 시에서 가르침을 구할 수 있는 것도 바로 이 때문이 아닐까. 괴테가 하페즈를 위해 쓴 시 〈하페즈의 서〉에는 시를 읽는 이란 사람들을 묘사한 기막힌 구절이 나온다.

소년의 눈이 번뜩인다, 가슴이 떨린다
희망하고 있다, 그대의 가르침을
그대의 말을,
(중략)

그에게는 온 세계가 열린다

내면에는 구원과 질서

가슴이 부풀어오른다

솜털이 거뭇거뭇해진다.


　비 오는 날, 공동 욕실에서 엄청난 양의 손빨래를 하고 마당에 나와 있는데 바하르가 이불보 같은 것을 머리부터 발끝까지 뒤집어쓰고 나와 마당을 이리저리 거닐기 시작했다. 얼마나 미소가 좋아 보이던지 넌지시 물었다.

　"바하르. 기분이 좋아 보이네."

　"응. 비가 오잖아."

　바하르는 어느 때보다 행복한 얼굴로 허공에 손을 뻗어 툭툭 떨어지는 빗방울을 받으며 좁은 마당을 천천히 걸었다.

　"숭가, 빗물이 땅에 닿아 나는 빗소리는 신의 소리야."

　아, 얼마나 시 같은 말인가. 꽃 같은 사람들과 꽃처럼 만발한 페르시아의 예술에는 늘 물처럼 흐르는 시가 있었다. 사람의 삶을 책으로 비유하자면 이란인의 삶에서 시는 하페즈 시집처럼 엄청난 분량을 차지할 것이다. 내가 고작 가끔씩 시를 펴들고 감탄한다면 이란인들은 늘 시집을 펼쳐놓고 있는 셈이다. "하늘의 별을 보고 길을 찾아가던 시대는 복되도다!" 루카치가 말했듯이 시를 보고 길을 찾는 이란 사람들 역시 무척 복된 사람들이라는 생각이 든다. 괴테가 하페즈에게 바친 〈하페즈의 서〉는 이렇게 끝이 난다.

시인의
나라,
이란

그 모든 것을 훤히 아시는 그대, 오늘 노래한다
내일 또한 똑같이 노래하리
그렇게 그대, 우리를 지켜주며 다정히 이끌어간다
거칠고도 온화한 인생길을 지나.

# 고흐와
# 피카소가
# 갇혀 있는 곳

"테헤란에 고흐와 피카소 그림이 있다고?"

여행서를 읽다가 깜짝 놀랐다. 테헤란에서 고흐와 피카소의 그림을, 그것도 진품으로 볼 수 있다는 말이다. 여행서에는 분명 "피카소, 마티스, 반 고흐, 호안 미로, 살바도르 달리, 잭슨 폴록, 모네, 앤디 워홀 등의 그림이 있다."라고 했다. 바로 테헤란 현대미술관(Tehran Museum of Contemporary Art)에. 작가들의 이름만 보아도 입이 벌어졌다. 모든 그림을 합치면 시가 20억에서 50억 달러 수준으로, 풍문에 의하면 그 그림들을 모두 팔면 이란-이라크 전쟁 당시의 전시 비용으로 쓸 수 있을 만큼이었다고 한다. 이 작품들은 1970년도에 수집된 작품들로 박물관도 이때 건축되었는데 석유의 힘으로 이란이 가장 부유했을 시기였기에 가능했을 것이다.

궁금증을 이기지 못하고 여름날의 더위를 무릅쓴 채 미술관을 찾았다. 미술관은 누렇고 담박한 콘크리트 건물로 낮지만 입구 뒤로 수평으로 길게 뻗은 거대한 곳이었다.

"네? 볼 수 없다고요?"

"네. 죄송합니다."

여행서를 대충 읽고 왔더니 놓친 부분이 있던 모양이다. 여행서를 다시 꼼꼼히 읽으니 기존의 서양 미술작품들은 2005년 아흐마디네 자드 대통령 집권 후 서구의 상징이라는 이유로 미술관 지하실로 옮겨졌다고 한다. 지금은 철저히 보안된 두꺼운 철문 뒤에 고요히 잠들어 있다고 하니 허무함에 미술관 건물이 돌연 황무지처럼 느껴졌다. 더운 날씨에 여기까지 왔는데 그냥 돌아가야 하다니 아쉬움에 한숨을 쉬다가 다시 마음을 고쳐 이란 미술을 보기로 마음먹었다. 사실 이란까지 와서 서양 미술작품들을 또 볼 필요는 없었기에 스카프를 고쳐 쓰고 가벼운 마음으로 미술관으로 발걸음을 옮겼다.

1940년 9월 12일 프랑스의 작은 마을 몽티냐크의 십 대 소년 네 명은 집 주변의 언덕 어딘가에 중세의 성으로 통하는 비밀통로가 있다는 전설을 믿고 길을 나선다. 그들은 언덕을 헤매다가 우연히 동굴을 발견하게 되는데, 동굴에 들어선 소년들은 그 자리에 그대로 멈춰 섰다. 그곳에는 금방이라도 튀어나올 것 같은 말, 소, 사슴이 검은색, 노란색, 붉은색으로 생생하게 그려져 있었다. 소년들이 발견한 것은 바로 라스코 동굴벽화였다. 나는 어두운 미술관 통로를 내려가 좌우로 뻗어 있는 갤러리를 하나씩 지나면서 저 라스코 동굴벽화 이야기를 떠올렸다. 바로 서예 때문이었다.

이란의 서예작품은 그야말로 신세계였다. 무언가에 홀린 듯 눈앞에 펼쳐진 그림들을 입을 헤 벌린 채 바라보며 화가 이름을 수첩에다 휘갈겨 적었다. 호세인 젠더루디(Hossein Zenderoudi), 파라마르즈 필라람(Faramarz Pilaram)······. 수첩 한 페이지가 금세 채워졌다.

이란의 서예는 페르시아 문자를 반복해서 그리는 것인데 글자의 크기와 모양을 비틀고 꼬으면서 거대한 작품을 이루고 있었다. 호세인 젠더루디의 서예작품은 무지개색으로 'ح', 'ﻭ', 'ﺍ' 등의 문자를 반복해서 한 줄씩 적고 공백은 그 자체로 페르시아 문자의 일부분인 'ﺏ'을 촘촘히 채워 넣는 식이었다. 어떤 그림은 하트를 닮은 페르시아 숫자 5 'ﻩ'에 페르시아 문자를 빼곡히 채워 넣는 식이다.

페르시아어는 문자 자체가 유려한 곡선으로 이루어져 그림처럼 보이기 때문에 서예, 일명 캘리그라피(Calligraphy)가 발달해왔다. 페르시아는 이슬람 이전에는 조그만 지렁이 같은 파흘라비(Pahlavī) 문자를 썼지만, 7세기 아랍 침략 이후 아랍 문자를 차용해서 쓰게 되었다. 서체는 한동안 '쿠파'라는 가장 오래된 아랍어 서체가 쓰이다가, 인쇄술이 없던 당시 수없이 코란과 책을 필사하는 과정에서 쓰기 편하도록 서체가 조금씩 부드러워지기 시작했다. 14세기 즈음 페르시아에서는 '나스탈리크'라는 서체가 등장했다. 이는 페르시아에서 가장 아름다운 서체로 14세기 미르 알리 타브리지라는 사람이 나스히체와 탈리크체를 합해 나스탈리크체를 만든 것이다. 이란 문서나 간판, 서예화에 쓰이는 이 서체는 자연스러운 곡선이 특징이다. 이를테면 'ﻍ'나 'ﻥ' 같은 글자는 아이스크림이 녹아 흘러내리듯 늘어뜨려 쓰고, 'ﺱ' 같은 문자는 치즈처럼 길게 늘여 쓰는 식이다.

친구 미나가 글씨 쓰는 모습을 유심히 본 적이 있다. 왼손잡이인 그녀의 손이 종이 위에서 움직일 때마다 샤프 끝에서 꼬불꼬불한 글자들이 부드럽게 이어져 나왔다. 그 글자가 예쁘고 귀여워 한참을 구경했다. 모국어로 페르시아어를 써온 미나의 글씨가 나스탈리크체라면 대학교에 입학해 겨우 이란어를 익힌 내 필체는 쿠파체였다. 글씨를 예쁘게 쓰고 싶어 힘을 주고 쓰다 보니 대부분의 글씨는 종이 위에서 뻣뻣하게 드러누워 있었다. 페르시아 서예가들은 서체를 연습하기 위해 종이에 반복해서 글씨를 쓰다가 문득 그 자체도 하나의 작품이 될 수 있음을 발견하고 서예미술을 발전시켰다.

　대학교 1학년 때 교양 수업 과제로 터키 소설《내 이름은 빨강》이라는 책을 읽은 적이 있다. 16세기 오스만제국, 서양화풍의 도입을 둘러싸고 궁정 세밀화 화가들의 갈등과 음모, 사랑 이야기를 담은 이 책은 2006년 노벨문학상을 타기도 했다. 그러나 세밀화라는 개념에 익숙지 않은 나에게 이 책은 낯설기만 했고, 그림을 그리다 눈이 머는 것을 영광으로 아는 세밀화가들의 고뇌가 좀처럼 이해되지 않았다. 이란에서 직접 세밀화를 보고 나서야 세밀화에 인생을 바치는 화가들의 헌신이 마음에 와 닿을 수 있었다.

　주로 채색 삽화나 서예작품들은 테헤란의 말렉 국립박물관이나 레자 압바시 박물관에 전시되어 있는데, 나는 종종 이곳을 찾아 전시관 유리에 지문이 묻지 않게 뒷짐을 지고 서서 한참을 바라보곤 했다. 세밀화의 다양한 빛깔도 놀랍지만 그림 속 아주 작은 사람들 모두가 또렷이 그 형태를 드러내고 있는 것이 신기했다. 그림을 바라보고 있자면 내가 거인이 되어 소인국을 내려다보고 있는 기분이 들었다.

　이란에서 큰마음 먹고 영문판으로 구입한 이란 장편서사시《샤흐나메》는 풍부한 삽화 덕분에 페르시아 세밀화의 보고로 여겨지는 작

16세기 사파비 왕조 시대의 세밀화로, 이브라힘 미르자 왕자가 그렸다.

품이다. 빳빳한 책장을 한 장씩 넘기면 삽화들이 마치 공들여 만든 스티커처럼 느껴진다. 세밀하게 그리고 칠한 사람과 나무, 밤하늘, 별, 꽃, 구름이 무지갯빛, 연푸른색, 복숭아색, 달걀색 등으로 오묘하게 빛났다. 독특한 것은 사람들이 가까이 있든 멀리 있든 원근법과 상관없이 항상 비슷한 크기로 그려져 있다는 것이다.

"하늘이 천 개의 눈을 가지더라도 그처럼 사물을 정밀하게 관찰해 낼 수는 없을 것이다." 세밀화가 절정에 달했던 사파비 왕조의 한 화가는 세밀화를 두고 이렇게 말했다. 당연한 말이겠지만 세밀화를 그릴 때는 매우 정교하고 철저한 과정을 지켜야 한다. 우선 '와슬리'라는 세밀화용 종이를 준비하고 조개껍데기나 '마노'라는 돌로 종이 표면을 여러 번 문질러 표면을 고르게 만든다. 그 뒤 가늘고 길게 깎은 연필을 종이 위에 문질러 연필심을 바늘처럼 다듬은 다음 이 연필로 스케치를 시작한다. 스케치를 마치면 연하고 묽은 물감으로 종이 위를 한 번 칠한 후 얇은 붓에 돌가루와 묽은 풀을 섞어 만든 물감을 묻혀 꼼꼼히 색칠을 한다.

세밀화는 독립된 그림이 아니라 이야기를 위한 그림이다. 세밀화가 처음 만들어진 것도 이슬람을 포교하기 위해서였다. 아랍어 경전으로 된 이슬람을 타 언어권으로 쉽게 전파하기 위해서는 경전에 삽화를 넣어 내용을 알기 쉽게 만들어야 했다. 이슬람에서는 근본적으로 인간과 동물 묘사를 우상숭배라고 여기기 때문에 인간이나 동물은 최대한 작고 섬세하게 입체감 없이 그렸다. 실루엣만 그리거나 풍경 뒤에 살짝 숨기는 식으로 표현하기도 했다. 그러나 이슬람 이전부터 종교화를 그렸던 페르시아 문화권은 그 금기를 가뿐히 어기고 비교적 자유로운 창작 환경에서 세밀화의 중심지로 발전했다.

《내 이름은 빨강》에 의하면 서양의 그림들이 원근법을 사용해 사실적으로 대상을 재현한 것이라면, 다시 말해 인간의 눈으로 사물을 보는 것이라면 원근법 없이 대상을 평면으로 묘사하는 세밀화는 높은 곳에서 아래를 내려다보는 신의 관점에서 세상을 그린 것이다. 서양의 그림들이 인간의 욕구에 충실하다면 세밀화는 신의 입장을 더 중시한다고 볼 수 있다. 소설 속 세밀화가들은 거장의 그림을 변주하는 것이 아니라 반복적으로 따라 그리면서 눈이 멀게 되는 그날이 왔을 때 보지 않고도 그릴 수 있도록 그리고 또 그린다. 세밀화가들에게 눈이 먼 채로 그림을 그리는 것이란 곧 신이 되는 것을 의미한다. 인간의 눈에 방해를 받지 않고 오로지 신이 보는 방식대로 세상을 보는 것이기 때문이다. 소설 속 세밀화가들은 서양화의 유입으로 인해 그림을 보는 시선이 신에서 인간으로 뒤바뀌는 거대한 사건에 직면하면서 극심한 갈등을 겪게 된다. 페르시아에도 소설 속 오스만제국이 그랬던 것처럼 17세기 유럽 회화의 영향으로 원근법이 들어왔고, 세밀화 속 별 표정이 없던 인물들은 점차 입체감과 생동감을 갖기 시작했다.

《내 이름은 빨강》의 세밀화가 에니시테는 이렇게 말한다.

우리는 못 해! 우리가 유럽의 모방자가 되기를 얼마나 두려워하는지 자네가 죽인 엘레강스에게서 배우지 않았나. (중략) 종국에는 우리의 화풍이 죽을 테고, 우리의 색은 빛이 바랠 걸세. 우리의 색과 그림에 아무도 관심을 갖지 않게 될 거야. 관심을 갖는 사람이 있다 하더라도 아무

고흐와
피카소가
갇혀 있는 곳

이란의 푸른빛 금속 공예품(위)과 청아한 유리 공예품들(아래)은 과거 페르시아의 높은
예술적 경지를 확인시켜준다.

것도 이해하지 못하거나 입을 삐죽거리며 왜 이 그림에는 원근법이 사용되지 않았느냐고 묻겠지.

-오르한 파묵,《내 이름은 빨강》

이스파한의 이맘 광장을 둘러싼 건물들에는 다양한 전통 공예품 가게들이 들어차 있다. 페르시아의 시장이라는 별명이 절로 이해되는 그곳에서는 사파비 왕조 때 절정에 달한 페르시아의 예술품들을 찾아볼 수 있다. 세밀화작품, 꽃·새·사랑·전쟁 장면을 그린 윤기 나는 펜박스, 색색의 페이즐리 문양을 담은 직물, 나무·조개껍데기·상아·금속 조각을 붙여 만든 액자, 섬세한 문양의 금속공예품, 터키옥색·흰색·검은색으로 된 호리병과 접시…… . 그렇게 쏟아져 나오는 예술품들을 보면서 에니시테의 말을 함께 곱씹으니 점점 더 궁금해졌다. 고흐와 피카소의 그림이 미술관 지하에 갇혀 있지 않았다면 내가 서예에 이리도 경탄할 수 있었을까? 이란에 오지 않았다면 이렇게 페르시아의 예술품들을 즐길 수 있었을까?

21세기 문화의 멜팅팟(melting Pot)이자 최신 문화 트렌드를 선도하는 뉴욕을 보면 문화는 섞일수록 풍요롭다는 말이 맞는 듯싶다. 한때 인종과 문화의 멜팅팟이었던 페르시아문화 역시 그러했다. 페르시아는 두 번의 거대한 제국을 거친 덕분에 각지의 수많은 사람들이 물건을 사고팔고 문화와 예술을 공유할 수 있었다. 동양과 서양의 중간에 위치한 탓에 동서문화 융합의 교두보 역할을 하기도 했다. 7세기 초 아랍 점령기의 페르시아는 이슬람제국의 일부가 되었지만 페

고흐와
피카소가
갇혀 있는 곳

르시아인들의 문화는 정복자들보다 훨씬 뛰어났다. 페르시아의 예술가들은 이슬람제국의 바그다드, 즉《천일야화》의 무대로 옮겨와 그곳을 문명의 중심지로 만들어주었다. 채식필사본, 화려한 도자기, 금색으로 수놓은 직물, 호화로운 카펫과 깔개 등 이슬람제국의 뉴욕이라 할 수 있는 바그다드는 오히려 점령국인 페르시아의 색채가 가장 뚜렷한 도시가 되었다. 페르시아 예술가들은 이슬람제국의 넓은 영토를 구석구석 오가며 인도, 스페인, 아프리카 등지에서 우아한 아라베스크 문양과 꽃무늬를 전파했다. 그들의 예술은 세계 어떤 예술보다도 가장 널리 퍼진 예술이 되었다. 원피스나 스카프 등에 그려진 페이즐리 문양부터 고급 카펫, 저 멀리 신라시대의 금관과 유리병 유적이 보여주듯이 그 영향력은 어마어마했다. 문화적 주도권은 서구 문화에 빼앗겼지만 새로운 상상력이 경쟁력이 된다는 이 시대의 우리는 창조적 문화의 기반을 바로 다양한 문화가 혼종·재창조되었던 페르시아의 문화에서 발견할 수 있을지도 모른다. 여기, 아직 우리의 손이 닿지 않은 보물이 있다.

# 음악이여 날아라,
## 안으로
## 그리고 밖으로

3월 노루즈 휴일, 터헤레 언니 마흐텁의 집이었다. 혈기왕성한 마흐텁의 두 아들은 하루 종일 텔레비전을 틀어놓고 있었다. 평소에는 텔레비전을 잘 보지 않던 나는 또 다른 세계를 만나게 되었는데 바로 PMC, 페르시안 뮤직 채널(Persian Music Channel)이었다.

가만히 보고 있자니 신기하기만 했다. 긴 머리를 뒤로 모두 넘겨 하나로 묶은 이란 남자가 금방이라도 울 것 같은 눈으로 처연하게 노래를 부르고, 검은 선글라스와 가죽 재킷을 입은 한 남자는 높은 빌딩 사이에서 "내 마음은 네 손에 있다"며 울부짖었다. 이란의 대중음악은 대체로 두 부류로 나눌 수 있다. 의상과 음악이 모두 서구적이거나 아니면 이란식으로 서구적이거나.

채널 PMC는 한국의 Mnet과 같은 음악 채널인데 분명 이란의 음악방송이지만 방송을 만들고 전송하는 곳은 다름 아닌 이웃 도시 두바이다. 힙합, 댄스, 발라드 등 다양한 음악들이 다소 조악한 뮤직비디오와 함께 하루 종일 흘러나왔다. 남자가수가 훨씬 더 많았는데 사실은 여자가수들을 보는 재미가 더 쏠쏠했다. 그녀들은 긴 머리카락을 휘날리며 보란 듯이 풍만한 몸매를 뽐내고 있었다.

한동안 텔레비전 앞에 진을 치고 앉아서 보니 전통악기를 퉁겨대는 모습만 상상하던 내 눈에 PMC의 뮤직비디오는 팝 뮤직비디오를 보는 것만큼이나 자극적이었다. "그가 좋아서 미치겠어!"라며 좋아하는 가수의 영상에 고래고래 소리를 지르던 터헤레와 댄스 음악에 요염한 춤을 추던 큰 미나와 작은 미나가 문득 떠올랐다. 그러나 이같은 발랄한 풍경은 오직 어딘가의 '내부'에서만 이루어진다. 차 안이나 건물 안이 아니면 음악소리는 좀처럼 잘 들리지 않았다.

〈아무도 페르시안 고양이를 모른다〉(2009)라는 영화가 있다. 듀엣으로 활동하는 인디 뮤지션이자 연인 사이인 주인공 네거르와 아쉬칸은 운 좋게 런던의 음악축제에 참가할 기회를 얻는다. 그들은 런던행을 위해 나데르라는 남자를 소개받는데, 그는 여권과 비자 발급이 까다로운 이란에서 불법 비자와 여권을 제공하고 세션 멤버를 스카웃까지 해주는 일명 만능 해결사다. 나데르는 이 연인을 오토바이에 태우고 테헤란 구석구석을 다니며 다양한 뮤지션들을 소개해준다. 그러나 비자와 여권 문제가 꼬이면서 결국 나데르는 잠적하고 만다.

영화는 이란의 언더그라운드 음악을 들려준다. 이란 헤비메탈밴드의 낯선 괴성과 굵직한 목소리로 속사포처럼 내뱉는 페르시아어 랩, 이란판 모던록이 빠른 영상에 쉴새없이 펼쳐진다. 영화 후반부에서 아쉬칸은 이런 말을 한다. "아이슬란드에 가서 시규어로스(Sigur Ros, 아이슬란드 록그룹)를 보고 싶어." 평범한 말이지만 평범하게 들리지 않는다. 영화 중간 등장하는 푸른 스카프 차림의 여인은 네거르에게 "전 50센트(미국 힙합 가수)가 너무 좋아요."라고 속삭인다.

그러나 무엇보다도 보는 이의 가슴을 뒤흔든 장면은 만능 해결사 나데르가 오토바이를 타고 좁은 골목이나 건물 지하, 높은 옥상에 올라가는 장면이다. 그곳들은 뮤지션들이 경찰을 따돌리고 음악을 하기 위해 숨어든 아지트다. 그들은 소가 옆에서 울고, 짚이 가득 쌓인 외양간에서 밴드 연습을 한다. 코를 막아야 할 정도로 냄새가 심하고 불결한 곳이라 결국 한 멤버는 연습 도중 쓰러지기까지 한다.

이란에서는 앨범을 내거나 공연을 하려면 정부의 허가를 받아야 한다. 그러나 특히 언더그라운드 음악은 정부의 허가를 받기 힘들다. 서구적이고 반이슬람적이라는 이유에서다. 물론 전통음악이라고 무조건 허가해주는 것도 아니다. 여성들은 전통음악을 한다고 해도 혼자 공연할 수 없다. 반드시 그룹을 이루어 공연해야 한다.

혁명 전 1970년대의 서구화 바람을 타고 서양음악도 대거 유입되었다. 이란인들은 1960년대 초부터 서양음악을 들을 수 있었고 이란의 대중음악도 더불어 부흥을 맞았다.

홍대 벼룩시장과 비슷한 테헤란의 조메 바자르, 페르시아어로 금요일 시장을 뜻하는 곳에 가본 적이 있다. 수많은 물건 중 유독 눈에 띈 것은 바로 1960년에서 1970년대 이란의 가요 테이프였다. 혁명 전 유물이 어찌나 신기하던지. 당시 여가수들은 정말 서양인처럼 풍성하게 띄운 갈색 머리와 목을 훤히 드러내고 환하게 웃고 있었다. 마치 스웨덴 혼성그룹 아바(ABBA)의 멤버들 같았다.

1964년 망명 전부터 당시 호메이니는 급격한 서구화에 "라디오와 텔레비전은 젊은이들을 식민지화하는 존재"라고 강력하게 비판했다. 이슬람혁명 이후 그는 "음악은 마약과도 같다. 음악을 듣는 사람은 더이상 중요한 활동에 헌신할 수 없게 된다."라며 음악을 연주하거나 가르치는 행위 모두를 금지했고, 여성은 더 이상 혼자서 공연할 수 없었다. 서구와 이란의 팝 음악 모두 라디오와 텔레비전에서 사라지고 한동안 혁명가만을 들을 수 있었다. 음반을 불법으로 소지하거나 유통하는 행위는 엄청난 벌금과 감옥행으로 이어졌고, 정기적으로 집을 방문해 파티를 했는지 검문을 하기도 했다.

혁명 후 서구와 이란의 팝 음반은 뒷골목에서만 거래되었다. 재미있는 것은 앞에서 니마가 이야기해주었던 로스앤젤레스의 이란인들이 만든 '테헤란젤레스'의 팝음악이다. 채널 PMC에 등장하는 많은 뮤지션들이 이 부류에 속한다. 로스앤젤레스에서 만들어진 음반들은 질이 좋든 좋지 않든 암암리에 이란으로 유통되어 음악에 목마른 이란 사람들에게 널리 퍼져나갔다.

채널 PMC에는 중간중간 콘서트 광고도 심심찮게 나온다. 그때는 이란의 '패티김'이라고 할 수 있는 국민가수 구구쉬(Googoosh)가 터키의 안탈리아에서 여름 공연을 한다는 광고를 한창 하고 있었다. 이란을 떠나 미국에 사는 그녀는 환갑이 넘은 나이에도 탱탱한 피부와 고혹적인 눈매를 뽐내고 있었다. 알고 보니 테헤란젤레스 뮤지션들은 미국, 캐나다, 독일 외에도 터키나 아랍에미리트에서도 공연을 자주 한다고 한다. 동포들이 쉽게 볼 수 있도록 이란 가까운 곳에서 공연을 하는 것이다. 우리로 치면 패티김이나 심수봉이 한국에 오지 못하고 중국이나 일본에서 공연하는 것과 같다. 광고를 보고 있자니 가슴 한쪽이 먹먹해져 왔다.

기숙사에서 지켜본 결과 친구들은 음악을 주로 불법으로 만든 CD나 인터넷을 통해, 그리고 위성채널을 통해 듣고 있었다. 레코드 숍에 가서 들어보니 역시나 그곳의 음반들은 고상하기는 해도 생동감이 없었다. 이란 남자가 우울한 표정을 짓고 있는 재킷의 음반, 추상적인 디자인의 전통음악과 민속음악 음반, 이란 영화의 OST나 클래식만이 레코드 숍을 가득 메우고 있었다. 그러다가 피르다우시 서점에서 놀라운 것을 발견했다. 레드 제플린, U2, 머라이어 캐리 등 익숙한 스타들의 음반이 버젓이 놓여 있는 것이 아닌가. 한번은 푸른 재킷이 마음에 들어 영화 〈바벨(BABEL)〉의 OST를 구입했는데 기숙사에 돌아와 뜯어보니 음반 재킷은 앞뒤 두 페이지가 끝이고 그나마 내지는 백지였다. 재킷 종이 또한 코팅이 되어 있기는커녕 버석버석한 잉크가루가 만져졌다. 영락없는 불법복제 CD였다.
　열악한 이란의 음악 환경 속에서 한국 음악과 팝만 듣던 나에게 어느 날 고마운 존재가 등장했다. 비스킷을 사러 간 슈퍼에서 발견한 이란의 민속음악 CD였다. 이란의 조그만 슈퍼에서는 보통 영화 DVD나 CD를 소규모로 가져다놓고 팔곤 하는데, 재킷 디자인이 조악한 다른 CD와 달리 그 CD는 유려한 색깔의 캘리그라피도 돋보였고, 열 명이 넘는 남녀가 악기를 들고 있는 모습도 호기심을 자극했다. 갑자기 들어보고 싶다는 생각이 들어 값도 싼 김에 턱하니 사버렸다. 민속음악 밴드 러스탁(Rastak)은 그렇게 우연히 만난 보물이었다. 그들은 다양한 전통악기로 놀라운 화음과 멜로디를 선사했다. 하프와 비슷한 소리를 내는 '산투르'는 페르시아 여인의 흩날리는 옷자락을, 가느다란 피리소리는 푸른 들판을, 경쾌한 합창소리는 모래

테헤란의 조메 바자르에서 발견한 1960, 1970년대 이란 음악 테이프. 재킷의 이란 가수들의 차림새
가 마치 서양인처럼 보인다.

사막을 떠도는 유목민들의 모습을 연상시켰다. 러스탁은 쿠르디스탄, 부쉐르, 투르크멘 등 다양한 지방의 음악 고수들에게 직접 전수받은 민속음악을 세련되게 변주했다.

작은 오케스트라 형식의 러스탁. 알고 보니 유럽 음악의 뿌리는 다름 아닌 페르시아 음악에서 시작되었다고 한다. 페르시아 음악은 실크로드를 통해 인도, 중국, 한국의 음악에까지 영향을 미치기도 했다고. 피아노와 양금의 전신도 바로 다름 아닌 페르시아 악기 산투르라고 한다. 바이올린은 페르시아의 대표적 현악기 '카만제'가, 오보에와 태평소는 세로로 부는 원추형 관악기 '수르나'가 발달해 만들어졌다. 조금 더 덧붙이면 서양배 모양의 4현 악기인 '바르바트'는 비파가 되었고, 바르바트와 비슷한 '우드'는 나중에 류트가 되었다. 페르시아의 악기가 없었다면 베토벤의 손끝에서 위대한 교향곡이 나올 수도, 아름다운 바이올린 협주곡과 청아한 오보에 소리를 듣지도 못할 뻔했다.

야근을 하고 돌아올 때나 홀로 택시를 타고 돌아갈 때, 지루한 여행길에서 나는 늘 귀에 익숙한 한국 음악을 들었다. 외로운 타국에서 심신이 지칠 때면 음악은 영양제가 되어주었다. 이란계 이슬람 신학자 알 가잘리는 그의 책《행복의 연금술》에서 음악에 대해 이렇게 말했다.

전능하신 분께서는 인간의 마음을 부싯돌과 같이 만드셨다. 그 안에는 불길이 숨어 있는데, 음악과 화음이 그 불을 붙게 할 수 있고 인간을

음악이여 날아라.
안으로
그리고 밖으로

황홀경에 빠지게 할 수 있다. (중략) 인간에게 자신이 그 세계와 관계를 맺고 있음을 상기시켜 주고, 그 안에 자신이 설명할 수도 없는 깊고 신비로운 감정을 불러일으킨다.

－알 가잘리, 《행복의 연금술》

해가 저서 온통 연푸른빛이었던 토히드 광장 거리에서 더위가 가시지 않아 뜨뜻한 바람을 맞으며 걷고 있었다. 터헤레와 미나도 함께 있었는데 미나가 갑자기 제일 좋아하는 이란 노래, 메흐르누쉬(Meh-rnoosh)의 〈너의 눈〉을 부르기 시작했다. "너의 눈은 아름다워. 너의 눈빛은 너무 특별해." 곧이어 터헤레도 맞받아 부르기 시작했다. "네가 세상을 보는 방식은 내게도 따뜻하고 고귀해 보여." 나도 따라 불렀다. 그리고 곧 우리는 한 목소리가 되었다. "알고 있었니. 넌 나의 눈이었고 나의 모든 것이었다는 걸."

음악이 없어 삭막한 테헤란 거리, 음악이 듣고 싶어 한국 음악을 즐겨 들었던 나에게 친구들과 함께 불렀던 노래는 아직도 잊히지 않는다. 친구들도 그날 함께 부른 그 노래를 기억하고 있을까? 간절히 바란다. 언젠가 친구들의 품에서 음악이 훨훨 날게 되기를. 안으로 그리고 밖으로도……

# 이란의
오래된
한류 열풍

"양곰(장금)!"

"소서노!"

이란 거리를 걸을 때마다 남녀노소 할 것 없이 나를 부르는 두 개의 이름이 있었으니, 바로 소서노와 양곰이다. 소서노는 주몽의 아내 소서노, 양곰은 대장금을 이르는 말이다. 이란의 한류 열풍은 한국에서도 익히 알고 있었지만, 상상을 뛰어넘는 수준이었다. 코딱지만 한 피란샤흐르 거리에서도 드라마 〈주몽〉의 주인공 송일국, 한혜진 사진이 박힌 딱지가 버젓이 팔리고 있고, 치만 동생 레일라의 컴퓨터 바탕화면에는 배우 권상우와 박한별이 쿠르드족 의상을 입고 환하게 웃으며 서 있었다. 딱 봐도 합성사진이었다. 이뿐만이 아니다. 치만 친구의 아들은 배우 한혜진의 사진을 마치 가족사진처럼 액자에 담아 걸어놓기까지 했다. 여행서에 언급되지도 않는 작은 도시 피란샤흐르가 이 정도이면 다른 도시는 말할 것도 없었다.

한류는 이란 곳곳을 적시고 있다. 한류 열풍의 핵심은 단연 드라마다. 한국 드라마는 2003년 의학 드라마 〈의가형제〉를 시작으로 〈대장금〉, 〈주몽〉, 〈상도〉, 〈이산〉이 이란 국영방송 IRIB 채널을 타고 차례로 방영되었다. 〈대장금〉의 시청률은 90퍼센트에 육박할 정도로 폭발적인 사랑을 받았다. 이란 방송 관계자의 말에 따르면 나머지 10퍼센트는 거의 텔레비전을 보지 않는 사람들이니 그야말로 전 이란 국민이 장금이의 희로애락을 함께한 셈이다. 후발 주자는 〈주몽〉이었다. 2008년 이 드라마 역시 시청률 60퍼센트를 기록하며 주몽 신드롬을 일으켰다. 내가 남자였다면 '소서노' 대신 '주몽'이라는 말을 수십 번 들었을 것이다. 어떤 이란 청년은 자신의 이름을 '주몽'으로 바꾸고 싶다며 개명 신청을 했고, 한 목장 경비원은 주몽을 챙겨 보느라 양 90마리를 도난당했다고 한다.

이국의 드라마 한 편이 이란의 저녁 문화까지 바꿔놓았다. 보통 이란인들은 저녁식사 후 가족들과 차를 마시거나 과일을 먹으며 이야기를 나누는데, 〈주몽〉 방영 당시에는 저녁식사가 끝나자마자 텔레비전 앞에 앉아 꼼짝도 하지 않고 주몽을 시청했다고. 2009년 배우 송일국이 이란을 방문했을 때 이란은 그야말로 발칵 뒤집혔다. 주몽을 만나고 싶어 사흘 동안 식음을 전폐한 아이는 당시 한국대사의 특별 주선으로 송일국을 만났을 정도였다. 그러나 이란 남서부 도시의 한 젊은이의 사례에 비하면 그것은 아무것도 아니다. 〈주몽〉을 보고 극 중 소서노인 배우 한혜진에 푹 빠진 젊은이는 어느 날 아버지에게 진지하게 말했다.

"아버지. 저 한국에 가서 소서노에게 청혼하고 싶어요."

그는 아버지에게 집 재산인 염소와 양을 팔아 비행기 값으로 써도 되느냐고 물었고, 아버지는 당연히 일언지하에 거절했다. 그는 깊이 절망한 나머지 천장에 목을 매고 자살 기도를 했다고 한다. 이럴 수가!

이란 사람들 눈에 한국 드라마가 어떻기에 이토록 사랑받은 것일까? 우선 이란의 방송 환경 덕이 컸다. 이란에는 케이블방송을 제외하면 채널이 많지 않은 편이다. 예능 프로그램도 없다. 할리우드 영화가 국영방송에서 방영되기도 하지만 검열이 심하다. 결국 이러한 방송 여건 속에 한국의 사극 방송이 틈새를 치고 들어온 것이다. 게다가 사극이라는 점도 인기를 끄는 데 한몫을 했다. 이슬람혁명 이후 이란에서는 여자가 노출하는 장면을 방송에서 볼 수 없게 되었다. 어깨나 무릎, 종아리가 드러나도 곤란하다. 그렇기 때문에 상대적으로 제약이 많은 현대극에 비해 편집할 필요가 없는 한국의 사극은 자연히 이란 방송가의 요구 조건에 들어맞았던 것이다. 이란 여성들은 장금이가 입은 장옷이 차도르와 비슷하다고 여기기도 했다. 또한 스토리 라인이 단순하고 선과 악의 구분이 분명한 한국의 사극은 문화적인 공감대를 충분히 형성하기에 충분했다. 한국 드라마에는 우정과 가족애를 다룬 내용이 많아서 친구와 가족을 애틋하게 생각하는 이란 사람들이 무척 공감했다고 한다. 물론 배우들의 연기력도 한몫했다. 한류 열풍을 다룬 한 한국 방송에서 이란 할머니는 이렇게 말했다.

"전 인생을 오래 살아봐서 진심이 담기지 않은 연기는 다 알아요. 그런데 한국 배우들은 정말로 혼신을 다해 연기하는 것 같아요."

"숭가. 이것 좀 봐봐."
어느 날 기숙사 친구 라히미가 자신의 노트북을 자랑스레 내밀며

이란의
오래된
한류 열풍

작은 도시 피한샤흐르 시내에서 딱지로 제작된 〈주몽〉 배우들 사진이 팔리고 있다.

말했다. 노트북 화면을 들여다보니 폴더 하나에 한국 아이돌 그룹 뮤직비디오가 빼곡히 들어 있었다. 라히미와 무릎을 꿇고 앉아 오랜만에 한국의 뮤직비디오를 보니 눈부셨다. 빠른 박자와 귀에 쏙 박히는 멜로디, 화려하고 세련된 의상들. 괜히 어깨가 으쓱해졌다. 한국의 최신 음악, 패션은 이란 국영방송을 넘어 파르시(Farsi)1 같은 이란의 위성 채널, KBS 월드, 페이스북, 유튜브 등 각종 사이트를 통해 이란 사람들의 눈과 귀에 실시간으로 전해지고 있다. 한 방송에서 다룬 이란의 한류는 콘텐츠의 장르를 비롯해 소비자의 연령대까지 다채로웠다. 열아홉 살 소녀가 한국의 슈퍼주니어에 열광하며 노래에 맞춰 춤을 추고, 나이 지긋한 할머니가 송일국과 권상우의 브로마이드를 모으기도 한다. 심지어 흰 배추를 썰고 고춧가루 대신 케첩과 칠리소스를 썩썩 버무려 김치 만드는 것을 흉내내기도 한다. 나는 달뜬 눈으로 케이팝(K-POP) 뮤직비디오를 보는 친구들을 보며 한류의 힘에 우쭐해했지만, 그때 나는 하나는 알고 둘은 몰랐다. 사실 페르시아의 문화, '페르시아의 물결'이 한류보다 먼저였다. 그것도 1500년이나 앞서서 말이다.

6세기 사산 왕조 페르시아 시대, 비잔틴과 서아시아의 문물이 그 유명한 실크로드를 통해 중앙아시아와 중국을 거쳐 먼 한반도까지 흘러들어왔다. 페르시아 상인들의 신라 진출이 본격화된 6세기에서 9세기경, 비잔틴제국의 콘스탄티노플과 사산 왕조 페르시아의 타브리즈, 이슬람제국의 바그다드, 당나라의 장안, 신라의 경주는 그야말로 동시 '패션시대'를 누렸다. 6개월이면 콘스탄티노플에서 경주까지 9000킬로미터에 달하는 거리의 육상 실크로드와 바닷길을 통해 교역품 수송이 가능했다. 이 길을 통해 상아, 향수, 향료, 유리제품, 보석, 진주, 양념, 보석의 원석들이 중국까지 빠른 속도로 흘러들어 왔다. 페르시아 상인들은 주로 바닷길을 통해 중국으로 들어왔고 차츰 교역권을 넓혀가다 결국 한반도까지 그 영향을 끼쳤다. 그 흔적이 지금도《삼국사기》곳곳에서, 경주 고분에서, 왕릉에서, 박물관에서 숨쉬고 있다.

통일신라시대 원성왕의 능으로 추정되는 경주 괘릉에는 요상한 생김새의 무인 석상이 하나 서 있다. 신라인답지 않게 거대한 체격에 높은 코, 부리부리한 눈, 덥수룩한 수염을 가지고 있고 머리에는 띠를 두르고 허리에는 주머니를 차고 있는데, 딱 보아도 '서역인', 즉 페르시아인의 모습이다. 놀랍게도 이와 유사한 남자의 모습이 옛 페르시아 왕묘인 나크시 에 로스탐의 한구석에서 발견되기도 했다. 나크시 에 로스탐 중 사산 왕조 페르시아의 왕 바흐람 2세를 묘사한 부조를 살펴보면 수염부터 머리에 두른 띠, 손에 칼이나 몽둥이를 쥐고 서 있는 모습, 옷의 주름까지 경주 괘릉의 무인석상과 아주 많이 닮았다는 것을 알 수 있다.

그러나 무엇보다도 고분과《삼국사기》기록에서 발견된 페르시아의 유리와 보석, 카펫에 눈길이 간다. 페르시아에서 온 진귀한 이 물품들은 당시 신라에서는 일명 페르시아산 '수입 명품'이었다고 한다.《삼국사기》에 육두품과 오두품의 페르시아산 카펫 사용을 금지한다는 내용과 페르시아 보석과 옥제품 사용 금지령에 대한 기록이 있는데, 정부가 나서서 관리해야 했을 정도로 비싸고 인기가 많았던 모양이다. 당시 튼튼하게 짜인 페르시아 카펫은 신라의 귀족이나 왕가 저택의 바닥에서, 페르시아의 보석 '슬슬(瑟瑟)'은 귀족 여인들의 빗 장식에서, 영롱한 페르시아 유리는 유리컵에서 반짝이고 있었다.

2009년경 이란의 서사시 《쿠쉬나메》가 페르시아와 한반도의 긴 인연을 품은 채 세상에 모습을 드러냈다. 《쿠쉬나메》는 이란 국립 박물관 소속의 한 박사가 발견했다. 그는 한국의 한 이슬람 학자에게 "페르시아 고전 서사시 《쿠쉬나메》에 '바실라'라는 명칭이 무수히 등장하는데, 이것이 한국의 신라일지도 모르니 빨리 확인해달라"는 메일을 보냈다. 그해는 〈대장금〉에 이은 〈주몽〉의 폭발적인 인기로, 배우 송일국이 이란을 방문하기도 했던 이란 한류의 절정기였다. 조국을 잃은 페르시아 왕자의 신라 원정기를 담은 이 놀라운 이야기는 비록 허구이지만 역사적 사실에 근거한 작품이기에 한국과 이란의 오랜 인연을 증명하는 중요한 증거가 되고 있다. 《쿠쉬나메》에는 신라에 대한 묘사가 자세히 나온다. 아비틴 왕자의 눈에 비친 신라는 이란 사람들이 드라마와 음악을 통해 상상하는 한국처럼 아름답고 동경하는 나라였다. 모든 길과 장터는 말끔하게 단장되어 있고 돌로 지어진 성벽은 견고했다. 깨끗한 물이 사방에서 흐르고 개천 가까이에 향나무가, 정원에는 재스민과 튤립과 히아신스가 가득했다. 더불어 신라의 여인들은 삼나무처럼 늘씬한 몸매에 얼굴은 달과 같이 아름다웠다.

그러나 아비틴 왕자 앞에 구세주처럼 등장한 신라의 왕 '타이후르'는 더 감동적인 존재였다. 나라를 잃고 먼 이국까지 옮겨온 아비틴 왕자의 사정을 그는 진심으로 가슴아파했다. 신라에 도착한 아비틴을 따뜻하게 맞아주는 것도 모자라 그는 존경의 뜻으로 아비틴을 장미와 찔레꽃이 드리워진 황금 왕좌에 앉혔다. 아비틴은 며칠 동안 튤립 가득한 길을 걸었는데 그가 가는 곳마다 노랫소리와 하프소리가 울려 퍼지고, 어디를 가든 음식과 의복, 카펫이 준비되어 있었다고 한다.

외국인에 대한 거부감은 지금이나 신라시대나 다르지 않았는지, 《쿠쉬나메》에서는 당시 신라 귀족들이 수치와 적개심으로 이방인 남자를 대하며 딸을 주지 않아 슬프고 우울한 이방인의 마음을 그렸다. 아비틴 왕자가 프라랑 공주와 사랑에 빠져 청혼했을 때 타이후르 왕 또한 예외는 아니었다. 사실 그에게도 외국인은 부담스러운 존재였고, 그의 딸이 외국인과 결혼하면 남편이 떠날 경우 슬픔에 잠길 것이 분명했기 때문이다. 그러나 그는 결국 아비틴의 됨됨이와 총명함을 믿고, 더불어 그와의 우정으로 아비틴을 사랑하는 딸의 남편으로 맞아들였다. 처음에는 《쿠쉬나메》 속 페르시아 왕자와 신라 공주의 사랑 이야기에 혹했지만 생각할수록 타이후르 왕에게 더 눈길이 간다. 낯선 페르시아인의 외모와 언어, 문화의 장벽을 모두 이겨낸 것이 아닌가. 허구의 인물이지만 타이후르의 처사는 그래서 더 놀랍고 감동적이다. 타문화에 대한 넓은 관용으로 아비틴을 받아들인 타이후르 왕을 생각해보면, 《쿠쉬나메》가 한류의 절정기에 우리에게 다가온 것이 어쩌면 우연이 아니었는지도 모른다.

# 이란의 영화,
# 작은 손거울로 비춘
# 다양한 진실들

"DVD 도착했나요?"

"아니요. 죄송합니다."

또 며칠 뒤

"DVD 왔나요?"

"아니요, 아직. 보냈다고는 했는데."

테헤란에서 나는 가끔 타지리쉬 광장과 가까운 발리 아스르 거리 왼편의 '나쉬르 정원'이라는 서점에 들르곤 했다. 흰 바탕에 초록색 페르시아어가 멋들어지게 그려진 간판, 붉은 벽돌 건물에 서점 내부가 훤히 보이는 거대한 창문이 멀리서 보아도 멋스러운 서점이었다. 이 서점에 자주 들렀던 이유는 운치 있는 서점 건물 때문이기도 했지만, 무엇보다도 유럽 화가처럼 생긴 깡마른 서점 주인이 모흐센 마흐말바프 전집 DVD를 구해준다고 했기 때문이다. 그러나 몇 번을 들러도 아직 안 왔다는 말 뿐. 서점에 헛걸음을 할 때마다 나는 근처 이란 영화박물관에 들러 마음을 달래곤 했다.

영화박물관은 굳이 들리지 않고 주변을 지나치더라도 그 존재만

테헤란의 영화박물관 벽 한쪽에 이란의 유명 배우들 사진이 전시되어 있다.

으로도 마음이 든든해지는 곳이다. 카자르 왕조 때 지어진 페르도우스(ferdows, 천국) 정원 안에 자리한 박물관은 각종 나무와 꽃들로 조성되어 있는데 싱그러운 분위기가 매력적이다. 시원하게 하늘로 치솟는 분수, 톡톡 물방울 튀는 소리, 푸른 나무 사이로 물감을 떨어뜨린 것 같은 빨강, 노랑, 분홍 꽃들……. 박물관 위층 발코니에 서서 내려다보면 이곳은 작은 천국, 그야말로 '시네마 천국'이었다.

박물관에는 총 일곱 개의 전시실이 있는데 세계영화제 수상 감독 및 작품들이 전시된 세 번째 전시실에 들어서자마자 모흐센 마흐말바프 전시물 쪽으로 발걸음을 옮겼다. 〈가베〉와 〈고요〉, 〈칸다하르(Safar E Ghandehar)〉를 보고 그의 영화에 홀딱 반한 나는 영화박물관에서라면 그와 관련된 많은 정보를 만나볼 수 있으리라 잔뜩 기대에 부풀어 있었다. 홀 한쪽에서 편안하게 웃고 있는 그와 가족들 사진, 영화 포스터들이 은은한 조명 아래에서 빛나고 있었다. 그의 얼굴을 보자 나도 모르게 눈시울이 뜨거워졌다.


1980년대 중반, '유럽 영화는 죽었다'고 했을 때 세계 영화계가 주목한 곳은 중국과 이란이었다. 중국 영화계는 몇몇 뛰어난 작가의 출현에 그쳤지만, 이란 영화는 2000년 한 해 동안 각종 국제영화제에서 118개의 상을 수상하며 대단한 기록을 세웠다. 한 나라의 영화가 1년 동안 이렇게 많은 상을 받은 것은 앞으로도 전무후무한 기록일 것이다. 이 시기 해외 영화제에서 끌어모은 트로피들이 영화박물관 제3전시실에서 조용히 그 영광의 순간들을 드러내고 있었는데, 대략 그 개수만도 60에서 70여 개 정도가 되었다.

이란의 영화,
작은 손거울로 비춘
다양한 진실들

나 역시 이란 영화 하면 어린이 영화가 먼저 떠오르지만, 이란 영화 애호가로 알려진 그래서 이란 영화를 편애한다고 오해 아닌 오해를 받았던 부산국제영화제 김지석 수석 프로그래머는 "이란 영화가 그저 조그맣고 깨끗한 샘인 줄 알았다가 문득 그 밑에 망망대해가 감춰져 있다는 사실을 깨달았다."라고 한다. 더불어 전 세계 영화 비평가들은 이란 영화를 파시스트 정권의 억압에 대항해 현실적인 사회 문제나 일상에 귀 기울이는 이탈리아 네오리얼리즘에 비교하며 세계 영화사에서 예술적으로 중요한 위치를 부여하고 있으며, 독일 유명 감독 미카엘 하네케나 베르너 헤어조크도 이란을 예술영화계에서 가장 중요한 나라 중 하나로 꼽는다. 도대체 이란 영화가 어떻기에 그런 것일까?

　이란 영화의 시작은 1900년으로 거슬러 올라간다. 당시 카자르 국왕 무자파르 알딘 샤가 휴양차 유럽에 가서 영화를 보게 되었는데, 그 이후 왕과 동행한 전속 사진가에게 영화를 만들게 하면서 시작되었다. 초창기에는 궁정을 중심으로 다큐멘터리나 선전영화 중심으로 제작되었지만 그 이후 인도와 터키, 할리우드 영화를 모방한 '필름 파르시'라고 부르는 대중영화가 1950년대까지 성행했다. 당대의 이란 영화산업은 재능 있는 평범한 사람이 아니라 마피아에 의해 엔터테인먼트산업의 경향을 띠었으나, 1960년대 이후 작가주의 영화들이 조금씩 등장하면서 평범한 사람들의 삶과 생각, 감정을 그려내기 시작했다. 이란 영화의 대변자가 된 아바스 키아로스타미 감독도 이즈음 첫 단편영화 〈빵과 골목길〉(1970)을 개봉했다.

　이슬람혁명 역시 이란 영화사에서 중요한 분수령이 되었다. 혁명 초기 3년 동안 영화산업은 정체되고 몇몇 감독들은 다른 나라로 망명을 떠났지만, 혁명은 마피아가 쥐고 있던 낡은 산업체제를 붕괴시켰고 자신만의 방식으로 영화를 만들고 싶은 젊은이들에게도 많은 기회가 돌아갔다. 내가 좋아하는 감독 모흐센 마흐말바프나 〈천국의 아이들〉의 마지드 마지디도 이 시기 이후 열정적으로 영화를 만들기 시작했다. 더불어 혁명 뒤 할리우드 영화 등 외국 영화의 상영이 금지된 탓에 이란 영화는 그들 내부적으로 경쟁하게 되었고, 자국의 영화산업을 원조하려는 정부 정책도 이란의 영화산업 발전에 큰 도움을 주었다. 단편영화, 저예산 독립영화를 제작해온 파라비 영화재단과 장편영화를 주로 제작하는 이란 영 시네마 소사이어티의 막대한 지원이 뒷받침되었다. 평범한 젊은이들에게 영화의 문이 열리고 정부의 지원을 받으면서 이란 영화계는 조금씩 꿈틀거리기 시작했다.

사실 본래 이란은 영화 발전 이전에도 남다른 문화적 토양을 가지고 있었으니, 바로 '시'다. 수만 명의 시인이 있고 전 국민이 시를 즐겨 읽고 낭송한다. 모흐센 마흐말바프 감독에 따르면 그의 영화 이름이기도 한 전통 카펫, '가베'를 만드는 사람이 이란에만 15만 명에 달하는데, 15만 명의 가베 직공들은 시인이나 다름없다고 한다. 자신이 만든 카펫에 저마다의 일상생활이나 상상의 이야기를 담기 때문이다. 내가 모흐센 마흐말바프의 영화에 반한 것도 바로 이란 특유의 시적인 대사와 장면 때문이었다. 특히 타지키스탄의 소년과 소녀를 주인공으로 한 1998년 작품 〈고요〉는 감각적인 영상미가 뛰어난 작품이다. 예쁜 소녀 나데레가 귀에 건 붉은 체리와 손톱에 얹은 붉은 달리아 꽃잎이 조용히 클로즈업되고, 소리에 예민한 눈먼 소년 코쉐

이란의 영화,
작은 손거울로 비춘
다양한 진실들

드의 귓가에 물소리, 빗소리, 면화 솜 뜯는 소리, 시 낭송, 악기 소리가 끊이지 않고 울린다. 그의 영화는 화면 안으로 관객을 끌어들이는 화려함은 없지만 영화 속 풍경을 자기 주변을 가만히 들여다보듯 조용히 응시하게 한다. 이란 영화가 세계 영화계의 대안적 미래로 거론된 이유는 단순한 스토리에서 오는 영성성과 그것을 섬세하게 훑는 영상의 시적인 감수성 때문이다.

평범한 일상 속에서 진리를 발견하고 삶의 철학을 깨닫는 페르시아 시문학의 전통은 영화 미학뿐만 아니라 영화관에도 영향을 끼쳤다. 이 지점이 이란 영화의 가장 큰 특징이 아닐까? 이란의 영화인들은 영화야말로 가장 '민주적인' 예술이며 누구나 영화를 만들 수 있다고 본다. 1980년대 이후 이란 영화는 다큐멘터리와 허구가 뒤섞이는 양상을 보이고 있다. 다큐멘터리 영화의 오랜 전통 덕분에 실제 인물 혹은 비전문 배우의 연기와 그의 이야기를 그대로 화면 안에 담아내는 감각이 뛰어나다. 실화를 바탕으로 만든 아바스 키아로스타미의 영화 〈클로즈업〉(1990)의 주인공은 바로 이 실화의 주인공 후세인 사브지안이 연기했다. 영화는 모흐센 마흐말바프 감독 행세를 하다가 붙잡힌 사브지안의 이야기를 그리고 있는데, 자신의 실제 경험을 연기한 그는 놀랍게도 훗날 영화감독으로 데뷔했다. 〈천국의 아이들〉의 주연 배우들은 감독이 테헤란 남부 초등학교에서 직접 뽑은 친구들이며, 〈가베〉의 여주인공 또한 연기에는 전혀 관심이 없던 평범한 여성이었다. 마치 주술사 같은 노련한 감독들의 가이드에 따라 실제 인물이나 비전문 배우들이 들려주는 이야기들은 이란 영화를 매끈하게 잘 빠진 문화상품이 아닌 자연스럽고 진실된 삶의 노래로 들려준다.

　영화 창작자의 신분과 연령대의 폭도 넓다. 영화 만들기야말로 가장 큰 교육이라고 생각한 모호센 마흐말바프 감독은 4년 동안 테헤란에서 '모호센 마흐말바프 영화학교'를 만들어 아내와 두 딸, 아들을 가르쳤고, 결국 영화감독 가족을 탄생시켰다. 그의 막내딸 하나 마흐말바프가 데뷔작 〈학교 가는 길〉(1998)을 만들었을 때 그녀의 나이는 고작 아홉 살이었고, 다니던 학교를 그만두고 영화를 만들기 시작한 큰딸 사미라 마흐말바프는 〈칠판〉(2000)과 〈오후 5시〉(2003)라는 작품으로 두 번 연속 칸영화제 심사위원 대상을 수상했다.

　물론 이란 사람들이 해외에서 유명한 이란의 예술영화만을 즐겨 보지는 않는 것 같다. 기숙사 친구들은 아바스 키아로스타미나 모호센 마흐말바프 감독의 심심한 영화보다는 기숙사 방에 모여 불법 DVD로 〈블랙 스완〉이나 〈킹스 스피치〉 같은 미국 영화나 이란의 대중영화를 보았다. 터헤레는 나에게 〈오리지널 씬〉이란 영화를 보았냐며 묘한 미소를 짓기도 했다. 어느 날 시나리오 공부를 하는 친구에게 나는 마흐말바프 감독의 영화를 좋아한다며, 어떤 감독을 좋아하냐고 물어보니, 그녀는 모호센도 나쁘지는 않지만 다른 감독을 더 좋아한다며 생전 들어보지도 못한 감독 이름을 말했다. 아마도 해외에는 알려지지 않은 감독 중 한 명이었을 것이다.


　해외에 익히 알려진 이란 영화감독 중 마흐말바프, 키아로스타미 감독의 영화들은 DVD 판매점에서 구하기가 힘들었다. 두 감독의 작품들 모두 이란에서는 반정부적이고 정치적이라는 다소 모호한 이유로 상영이 금지되었기 때문이다. 검열은 혁명 전에도 존재했지만 혁명 후 이란은 영화에 대한 검열이 가장 심한 나라가 되었다. 영화 검열은 대략 4에서 5단계를 거치는데, 꽉 죄는 여성의 옷, 여성 신체의 일부 노출, 여성과 남성의 육체적인 접촉이나 애정행각, 군인이나 경찰, 가족에 대한 조롱, 수염 기른 남자에 대한 부정적인 캐릭터, 외국 음악 사용 등을 금지하고 있다. 이 조항들을 지키지 않을 경우 영화 상영은 힘들고 검열을 통과했다고 해도 매우 불리한 상영 조건을 갖게 된다.

그러나 키아로스타미 감독이 "검열에도 불가하고 이란 영화감독들은 여전히 영화를 만들고 많은 것을 고민하며 검열 문제를 극복하고 있다."라고 말하듯이 세계에서 가장 심한 검열에도 불구하고 이란 영화는 세계가 깜짝 놀랄 만한 영화를 만들어왔고 또 만들고 있다. 더불어 별다른 오락문화가 없는 이란인들에게 영화는 여전히 최고의 문화 엔터테인먼트이기 때문에 영화 시장도 계속 공고할 것이다. 마흐말바프 감독이 영화 탄생 100주년을 기념해 만든 영화 〈살람 시네마〉에는 이란인의 영화 사랑이 잘 드러나 있다. 그는 새 작품에 출연할 100명의 배우를 뽑는다고 오디션 광고를 내는데, 무려 5000명의 사람들이 오디션 장소인 영화박물관으로 찾아와 저마다의 영화에 대한 열정을 감독 앞에서 성토한다. 영화는 그 오디션 풍경을 담담하게 관찰하는데 지식인, 학생, 아이, 차도리, 가족 구성원 모두가 오디션에 등장해 이란 사람들이 얼마나 영화에 관심이 많은지를 증명해 보인다. 오디션 참가자 중 부축을 받고 들어온 검은 선글라스를 쓴 맹인 청년은 영화를 한 번도 보지 못했지만 영화관에서 소리를 들으며 영화에 흐르는 감정을 느꼈다고 고백한다. 감독은 갑자기 그에게 선글라스를 벗어보면 안 되겠느냐고 반복해서 요청을 하고 청년은 주저하다 결국 선글라스를 벗는다. 눈을 감고 있던 그는 눈을 떠달라는 감독의 반복적이고 무리한 요청에 결국 울음을 터뜨린다. 맹인인 척 연기를 했던 것이다. 다 알고 있었다는 듯한 표정의 마흐말바프 감독은 왜 거짓말을 했느냐며 맹인이면 배우로 뽑힐 줄 알았냐고 묻는다. 젊은이는 영화를 사랑해 연기를 하고 싶었다고, 그래서 오디션장에 도착하기 전까지 맹인 행세를 하며 왔음을 고백한다. 감독은 그를 담담하게 바라보며 "당신이 연기를 하길 결심했고 연기를 한 현실 그 자체, 그게 바로 영화다."라고 말했다. 감독은 그제야 이 오디션 자체가 영화의 무대임을, 청년이 자신의 역할을 영화 속에서 충실히 한 것임을 알려준다. 오디션 참가자들은 배우를 뽑는 줄만 알았던 이 오디션이 사실은 영화 그 자체였음을 알게 된다. 마흐말바프 감독은 이란 사람들의 영화 사랑과 영화에 관한 자신의 철학을 이렇게 오디션을 통해 자연스럽게 담아낸 것이다.

마흐말바프 감독은 더 많은 사람이 자신만의 영화를 만들어야 한다고 보았다. 그는 페르시아 시인 루미의 시를 인용하며 "진실이란 세상 곳곳에 흩뿌려져 있으며 우리 모두 진실을 하나씩은 가지고 있습니다."라고 말했다. 그가 더 많은 사람들이 영화를 만들어야 한다고 본 이유는 바로 영화를 통해 더 많은 진실을 드러낼 수 있기를 바랐기 때문일 것이다. 그의 영화 〈고요〉에서 소녀 나데레는 거울을 보며 체리를 양쪽 귀에 걸다가 옆에 있던 코쉐드에게 거울을 들어달라고 부탁한다. 코쉐드가 거울을 받으며 묻는다.

"이게 뭐야?"

"거울."

"뭐 하려고?"

"보려고. 거울 안의 내 모습을 보려고."

"나도 보여?"

"응."

코쉐드가 거울을 손으로 만지작거리며 묻는다.

"내가 어디에 있어?"

나데르가 먼지 쌓인 직사각형 거울을 한손으로 받아들더니 다른 손으로 코쉐드의 손을 잡고 손가락 끝으로 먼지 쌓인 거울 속 코쉐드의 얼굴을 따라 그림을 그린다.

"이게 네 얼굴이야. 이게 네 눈썹이고 네 코야. 이게 입이고. 이게 너야. 코쉐드."

할리우드 영화가 빨려 들어갈 만큼 강하고 화려한 행성이라면 이란 영화는 세상의 작은 진실을 비추는 작은 조각 거울과 같다. 이란 영화는 그 작은 거울에 비친 진실들을 가만히 들여다보고 있다. 마치 거울 속에 그려진 코쉐드의 얼굴처럼 말이다.

# 세헤라자드가
# 이야기꾼이 된
# 이유

테헤란대학 맞은편 서점 거리, 도로를 따라 서점들이 줄지어 서 있는 이 거리는 세계 최대의 서점 거리 중 하나다. 파리에 오데옹 헌책방 거리, 도쿄에 간다 고서점 거리가 있다면 이란에는 이곳 테헤란대학 서점 거리가 있다. 한국에서 출간되기도 한 《테헤란에서 롤리타를 읽다》의 작가 아자르 나피시는 이 거리를 분홍빛으로 회상했다. 그녀는 이 책방 저 책방을 돌아다니다 영국의 무명작가 윌리엄 그린을 아는 책방 주인이나 손님을 발견하는 것이 큰 즐거움이었다고 했다. 테헤란에서 유학하던 선배가 교수님께 드릴 희귀 서적을 구한 곳도 바로 이 서점 거리였다. 명실상부 이란을 대표하는 책의 거리이지만 작은 점포가 늘어서 있는 용산 전자상가 같은 느낌이 들어서 그다지 세련되지는 않았으나, 테헤란대학을 포함한 이란의 지식층에 매일같이 지혜와 통찰의 젖줄이 되어주는 곳이기 때문에 그 아우라를 느낄 수 있는 것이다.

서점 내부는 보자마자 미소가 지어진다. 붉은 벽돌로 만든 기둥 사이로 들어 차 있는 책장과 기둥을 넝쿨처럼 감고 올라가는 철제 계단이 한눈에 보아도 운치가 있어서 갑자기 '책 식욕'이 한껏 돋는다. 제목도 모르는 책을 골라 집어 책 한가운데를 펼치니 역시나 꼬불꼬불한 곡선과 조그만 점들이 톡톡 박혀 있는 페르시아어 문장들뿐. 한참을 더듬거리며 책에 몰두하다가 고개를 드니 책에 집중하고 있는 여대생이 눈에 보였다. 그녀를 보고 있으니 문득 한 여성이 떠올랐다. 아, 세헤라자드!

세헤라자드. 세상에서 가장 유명한 여성 이야기꾼은 바로 세헤라자드가 아닐까? 그녀가 다채로운 이야기를 펼친 무대는 바로 '아라비안나이트', 다른 이름으로 '천일야화', 천 하룻밤의 이야기다.

"아득한 옛날, 인도와 중국의 섬들을 다스리는 사산 왕조의 왕 중 왕인 대왕이 많은 군사와 노비들을 거느리고 살고 있었다."

어느 날 사산 왕조의 샤흐리야르 왕은 흑인 노예와 간음하고 있는 왕비를 목격한다. 왕은 왕비에 대한 배신감과 분노로 세상 모든 여자를 증오하게 되고, 3년 동안 매일 밤 새로운 처녀와 동침하고 아침이 되면 죽이는 일을 반복한다. 그날도 어김없이 사형 집행을 담당한 대신에게 처녀 한 명을 데려오라고 명령한다. 온 나라의 여자를 왕이 모두 죽여버린 탓에 더 이상 혼기가 찬 여자를 구할 수 없었던 대신은 근심에 싸여 자신의 고민을 딸 세헤라자드에게 털어놓자, 심각한 아버지와 달리 그녀는 담담하게 말한다.

"오, 아버지. 그렇게 여자를 죽이는 일이 언제까지 계속될까요? 저는 임금님과 여자들 모두를 파국에서 건져내는 방법을 생각해냈어요."

세헤라자드는 동생 두냐자드와 작전을 짜고 왕에게 이야기를 들려주고 싶다고 청한다. 마침 잠을 못 이루고 뒤척이고 있던 샤흐리야르 왕은 기꺼이 그녀의 이야기를 들어주기로 한다. 이렇게 세헤라자드의 첫날 밤 이야기가 시작된다. "오, 인자하신 임금님. 옛날에 여러 도시와 거래를 하는 아주 부유한 상인이 있었습니다……."

동생 두냐자드는 세헤라자드의 이야기 실력을 극찬한다. "언니의 이야기는 어쩌면 그렇게도 기가 막힐까요. 아양 떠는 여자의 눈동자보다도 강하게 사람의 마음을 끄는군요! 게다가 언니가 보기로 든 여러 가지 책도, 이제까지 이야기한 세상에서도 희귀한 진담, 기담도 얼마나 기가 막힙니까!"

동생의 칭찬대로 세헤라자드는 믿을 수 없을 만큼 수많은 이야기를 수집했다. 제왕전, 고대국가의 연대기와 전설, 고대문화 등 다양한 이야기를 탐독했고 역사책을 수집했다. 많은 시를 외웠으며 철학, 과학, 예술 분야도 열심히 공부했다. 세헤라자드가 무려 1001일 밤동안 들려준 이야기는 《천일야화》에 280여 편이 전해지고, 전체 분량도 한국 번역본 기준 4000~5000쪽에 달한다. 왕이 지루해하면 목숨이 위험하기 때문에 사랑·범죄·여행·신선·역사·교훈담·우화 등 이야기도 다채로웠다. 수많은 이야기는 처음에는 세헤라자드의 입에서, 그리고 이야기의 주인공들 입에서, 또 그 이야기의 주인공들 입에서 흘러나왔다. 그녀의 이야기에 왕은 속수무책으로 이야기에 빠져들었고 다음 날 아침이 되면 이야기가 궁금해서 그녀를 죽이지 못했다. 매일 아침 왕은 속으로 이렇게 되뇌인다. '이야기가 끝날 때까지 알라께 맹세코 이 여자를 죽이지 않으리라.'

세헤라자드가
이야기꾼이 된
이유

《천일야화》는 '아라비안나이트'로 흔히 알려져 있지만 원조는 6세기경 페르시아에서 만들어진《천의 이야기(Hazār Afsān)》다.《천의 이야기》가 8세기에 아랍어로 번역되어 바그다드, 카이로를 중심으로 이야기가 추가되고 다듬어진 끝에 지금의《천일야화》가 만들어졌다. 앞에서 이야기했듯이 이야기의 배경은 사산 왕조 페르시아다. 따지고 보면 아라비안나이트는 본래 '페르시안 나이트'였다. 세헤라자드는《천일야화》에서 만들어진 가공의 이야기꾼이고, 진짜《천일야화》를 탄생시킨 것은 바로 페르시아 사람들이다.

페르시아는 이야기의 땅이었다. "(페르시아 민족은) 누가 들려주는 이야기를 듣기를 좋아한다. 그래서 헤아릴 수 없는 동화와 한량없는 시가 있다." 괴테가 그의 책《서동시집》에서 말했듯이 페르시아는 이야기의 역사가 오래된 나라 중 하나다. 아케메네스 페르시아 시대, 왕의 명령은 이야기를 통해 제국의 구석구석에 전달되었다. '예능인'들은 하프를 연주하며 왕의 칙명을 이야기에 녹여서 사람들에게 들려주었다. 사람들의 관심을 끌어모아 더 효과적으로 왕의 말씀을 전달하기 위해서였다. 12세기의 네자미 간자비, 13세기의 루미와 같은 페르시아 시인들 역시 시에 다양한 우화를 담았고, 그 이야기들은 사람들의 입에서 입으로 퍼져나가 카펫, 벽화, 세밀화, 수공예품 등에 자연스럽게 내려앉았다.

세헤라자드가 들려준 이야기들은 한 명의 작가가 지어낸 이야기가 아니다. 페르시아의 이야기뿐만 아니라 실크로드를 통해 전해진 여행자들의 이야기 등 광활한 지역을 기원으로 한 신화, 전설, 민담들이 모여 만들어진 것이다. 리처드 버턴판《아라비안 나이트》서문에는 아랍인들과의 추억 이야기가 나오는데 이를 통해 페르시아에서 사람들은 이렇게 이야기를 듣고, 들려주었겠구나 짐작해볼 수 있다. 리처드가 이야기를 들려줄 때면 노인, 아낙네, 아이들이 차례로 둘러앉아 이야기에 집중한다. 그들은 귀뿐만 아니라 눈과 입으로도 이야기를 빨아들일 듯이 몰입한다. 타지 알 무르크의 의협심이나 기사도적 무용담에 자기 일처럼 자랑스러워하고, 〈아지즈와 아지자 이야기〉의 헌신적인 사랑에 감동해 눈시울을 적신다. 또 수북이 쌓인 황금을 한 줌의 흙처럼 던져주었다는 설화에서는 꼴깍 소리가 들릴 정도로 군침을 삼키고, 법관이나 탁발승이 황야의 야비한 장난꾸러기에게 모욕을 당할 때는 킬킬대며 재미있어한다. 평소에는 점잔을 빼던 수다쟁이 이발사나 알리도 쿠르드인 사기꾼 이야기가 나오면 배를 움켜쥐고 크게 웃으며, 때로는 데굴데굴 바닥을 뒹굴기까지 한다.

1001일이 지나 세헤라자드는 왕에게 이렇게 말한다. "임금님께서는 계집 때문에 재난을 만나시어 큰 욕을 보셨으나, 그 옛날 코스로의 대왕들도 임금님보다 훨씬 지독한 재난과 슬픈 불행을 맛보셨습니다. 저는 오랫동안 교주와 왕후, 군자 등 고귀하신 분들이 여인으로 하여금 여러 가지로 욕을 당하신 이야기를 해왔습니다."

세헤라자드의 말에 왕은 자신의 과오를 인정한다. 그리고 세헤라자드를 세상 어디에서도 찾을 수 없는 압제와 살육에서 백성을 구해낸 여자로 칭송한다. 왕은 세헤라자드가 들려주는 이야기를 통해 다시 태어나게 된다. 죽음을 무릅쓰고 전한 이야기는 한 사람의 인생과 나라의 명운을 구할 수 있었다.

세헤라자드가
이야기꾼이 된
이유

2008년 30대 이란 여성이 한국 뉴스에 소개된 적이 있다. 그녀의 이름은 파테메 하비비자드, 다름 아닌 직업 이야기꾼인데 실명보다 고르다파리드로 더 유명하다. '고르다파리드'는 이란의 대표적인 영웅서사시 〈샤흐나메〉에 등장하는 한 용감하고 지혜로운 여인을 일컫는 말이다. 그녀는 오로지 격정적인 목소리와 다양한 몸짓만으로 이 이야기를 들려주기로 유명하다. 이 스토리텔링 기술을 '나갈리'라고 부르는데 이란에서는 역사가 깊은 예술의 한 장르다. 그녀는 카펫에 두꺼운 책과 문서, 신문 등을 펼쳐놓고 〈샤흐나메〉를 기본으로 소설, 신화, 서사시, 구술 방법론 등 다양한 분야를 공부한다. 턱을 괴고 앉아 이야기의 얼개와 몸짓, 소리내는 법을 고민하고 또 고민한다. 〈샤흐나메〉에서 고르다파리드가 적에 맞서 싸우기로 결심하는 장면을 표현할 때는 스스로 고르다파리드가 되어 머리카락을 끌어모아 투구를 쓰고 성채를 나와 적을 향해 달려가는 마임을 한다. 팔을 돌려 줄을 돌리는 행위를 묘사하고, 입으로 획획 줄 감는 소리를 흉내낸다.

아자르 나피시는 《테헤란에서 롤리타를 읽다》에서 소설을 읽는 것은 곧 경험을 흡입하는 것이라고 했다. 파테메가 몸으로 들려주는 〈샤흐나메〉는 오랜 세월 이란인들의 뿌리가 되어준 이야기다. 이란인들은 옛 페르시아 왕들의 일대기를 통해 아랍의 침략 이전 자신들의 역사가 얼마나 풍요로웠는지 눈과 귀로 끊임없이 되새기며 자부해왔다. 나는 이란에 오기 전에도 다양한 '세혜라자드들'과 만났다. 다큐멘터리 〈왕비와 나〉를 만든 나히드 페르손 사르베스타니, 소설 《테헤란에서 롤리타를 읽다》의 아자르 나피시, 그리고 2009년 내한한 동화작가 겸 출판인 화리데 칼라트바리 등 수많은 이야기꾼이 있지만 가장 먼저 떠오르는 작가는 《페르페폴리스》라는 만화를 그린 마르잔 사트라피다. 그녀는 이 책 서문에서 만화를 그린 이유를 설명하고 있다. "이 오래되고 거대한 문명(페르시아)은 광신적인 근본주의와 테러 등에 관련해서만 이야기되어 왔다. 인생의 반 이상을 이란에서 보낸 한 명의 이란인으로서, 나는 이란에 대한 이러한 이미지가 실제 모습과는 거리가 있다는 것을 알고 있다." 그녀의 자전적 이야기를 담은 이 책은 서문에서 그녀가 밝힌 바와 같이 이란의 현대사를 무게 있게 그리면서도, 펑크록을 좋아하던 소녀 시절의 그녀처럼 발랄하고 유쾌하게 담아냈다. 검은 머리카락에 총명한 눈빛을 가진 그녀는 이란이 엄숙하고 어둡기만 한 나라는 아님을 역설적으로 흑백 그림으로 알려준 것이다.

마르잔의 말처럼 이야기의 땅, 세헤라자드의 땅 이란은 공교롭게도 가장 베일에 싸인, 가장 이야기를 꽁꽁 숨겨둔 나라다. 그러나 이야기의 힘은 강하다는 것을 그녀들은 끊임없이 증명하고 있지 않은가? '천일야화'의 이야기가 꼬리를 물고 이어지듯 나도 그 이야기의 꼬리를 따라가다 나의 이야기를 그리게 되었다. 세헤라자드들의 이야기 속에서 이란이라는 문이 열렸고, 이란에서 만난 이야기들 속에서 '나'의 이란 이야기라는 또 다른 문이 열렸다. 세헤라자드와의 마주침 때문이었을까. 어느새 나는 이란의 이야기를 들려주는 또 다른 세헤라자드를 꿈꾸고 있었다.

세헤라자드가
이야기꾼이 된
이유

# 참고문헌

• 고형욱, 《와인의 문화사》, 살림, 2006.

• 요한 볼프강 폰 괴테, 전영애 옮김, 《괴테 서·동시집》, 서울대학교출판문화원, 2012.

• 글사랑출판사편집부 지음, 《이야기 페르시아 신화》, 글사랑, 2008.

• 김영연, 《여행필수 이란어회화》, 문예림, 1999.

• 김희선, 〈페르시아 카페트에 표현된 디자인 구도 및 패턴특징에 관한 연구〉, 《한국의상디자인학회지》 제5권 제1호 통권 8호, 한국의상디자인학회, 2003.

• 다르유시 아크바르자데·이희수 지음, 《쿠쉬나메》, 청아출판사, 2014.

• 레자 아슬란 지음, 정규영 옮김, 《알라 외에 다른 신은 없도다》, 이론과 실천. 2006.

• 로버트 어윈 지음, 황의갑 옮김, 《이슬람 미술》, 예경, 2005.

• 리처드 F. 버턴 지음, 김병철 옮김, 《아라비안 나이트 1》, 범우사, 1992.

• 마르잔 사트라피, 김대중·최주현 옮김, 《페르세폴리스 1》, 새만화책, 2005.

• 마보드 세라지 지음, 민승남 옮김, 《테헤란의 지붕》, 은행나무, 2010.

• 버나드 루이스 엮음, 김호동 옮김, 《이슬람 1400년》, 까치글방, 2001.

• 베스타 S. 커티스 지음, 임웅 옮김, 《페르시아 신화》, 범우사, 2003.

• 샌더 L. 길먼·저우 쉰 지음, 이수영 옮김, 《흡연의 문화사》, 이마고, 2006.

• 샤리아르 만다니푸르 지음, 김이선 옮김, 《이란 검열과 사랑 이야기》, 민음사, 2011.

• 샴세딘 모함마드 허페즈 쉬러지 지음, 신규섭 옮김, 《신비의 혀》, 나남출판, 2005.

• 신규섭, 《페르시아 문화》, 살림, 2004.

• 신양섭, 〈바둑판 모양의 계획도시, 테헤란〉, 《국토연구 통권 제293호》, 국토연구원 논문, 2006.

- 아자르 나피시 지음, 이소영 옮김,《테헤란에서 롤리타를 읽다》, 한숲출판사, 2003.
- 알 가잘리 지음, 안소근 옮김,《행복의 연금술》, 누멘, 2009.
- 에드워드 피츠제럴드 지음, 이상옥 옮김,《루바이야트》, 민음사, 1975.
- 오르한 파묵 지음, 이난아 옮김,《내 이름은 빨강 1, 2》, 민음사, 2004.
- 오은경,《베일 속의 이슬람과 여성》, 프로네시스, 2006.
- 윌 듀런트 지음, 왕수민 옮김,《문명이야기 1-1》, 민음사, 2011.
- 유달승,〈페르시안 카펫과 이란 문화의 정체성 연구〉,《한국이슬람학회논총》제22-3집, 한국이슬람학회, 2012.
- 유달승,《이슬람 혁명의 아버지, 호메이니》, 한겨레출판, 2009.
- 유스프 까르다위 지음, 최영길 옮김,《이슬람의 허용과 금기》, 세창출판사, 2011.
- 유흥태,《고대 페르시아의 역사》, 살림, 2008.
- 유흥태,《에스파한》, 살림, 2008.
- 유흥태,《이란의 역사》, 살림, 2008.
- 이동규,〈페르세폴리스에 나타난 고대 페르시아 제국의 문화정치〉,《서양사론》제114호, 한국서양사학회, 2012.
- 이언 게이틀리 지음, 정성묵 · 이종찬 옮김,《담배와 문명》, 몸과마음, 2003.
- 이희수,〈이슬람 문화형성에서 사산조 페르시아의 역할과 동아시아와의 교류〉,《한국중동학회논총》30권 1호,
- 이희수,《이슬람과 한국문화》, 청아출판사, 2012.
- 이희수,《이희수 교수의 이슬람》, 청아출판사, 2011.
- 장 크리스토프 빅토르 지음, 김희균 옮김,《아틀라스 세계는 지금》, 책과함께, 2007.
- 장병옥,《이란 들여다보기》, 한국외국어대학교출판부, 2012.
- 장병옥,《이란어 문법》, 한국외국어대학교출판부, 2002.
- 정은희 · 오사다 사치코 지음《차 한 잔으로 떠나는 세계여행》, 이른아침, 2008.
- 제럴딘 브룩스 지음, 황성원 옮김,《이슬람 여성의 숨겨진 욕망》, 뜨인돌, 2011.
- 조지프 캠벨 · 빌 모이어스 지음, 이윤기 옮김,《신화의 힘》, 이끌리오, 2002.
- 래리 A. 사포바 · 리처드 E. 포터 지음, 최윤희 외 옮김,《문화 간 커뮤니케이션》, 커뮤니케이션 북스, 2007.
- 니코스 카잔차키스 지음, 이윤기 옮김,《그리스인 조르바》, 열린책들, 2009.
- 타밈 안사리 지음, 류한원 옮김,《이슬람의 눈으로 본 세계사》, 뿌리와이파리, 2011.
- 파테메 유세피 · 김정위 외 엮음,《페르시아어 시집》, 지식산업사, 2010.

- 포루그 파로흐자드 지음, 신양섭 옮김, 《바람이 우리를 데려다 주리라》, 문학의숲, 2012.

- 하이다 모기시 지음, 문은영 옮김, 《이슬람과 페미니즘》, 프로네시스, 2010.

- 한국외국어대학교 외국학종합연구센터, 《세계의 민간신앙》, 한국외국어대학교출판부, 2006.

- 힐미 압바스 지음, 조경수 옮김, 《마음의 땅, 보이지 않는 자들》, 이매진, 2003.

- A. Burke, 《Lonely Planet Iran》(Paperback, 6th), lonely Planet, 2012.

- A. Burke, 《Lonely Planet Iran》(Paperback, 5th), lonely Planet, 2008.

- 이희수, 〈중동에 숨어있는 우리 역사의 비밀〉, 《경향신문》, 2010. 10. 17.

- 정한석, 〈아시아 영화 기행: 이란〉 1~4회, 《씨네21》, 2005. 9. 5.

- 〈감추는 이란 정부, 폭로하는 네티즌〉, 《연합뉴스》, 2009. 6. 23.

- 〈이란 물담배 논란, 알고보면 권력투쟁?〉, 《한겨레》, 2011. 11. 18.

- 〈이슬람의 여론 집결지 '금요집회'〉, 《한국경제》, 2006. 2. 13.

- 〈한류에 빠진 이란 "제재로 시장 잃으면 한국 손해"〉, 《한겨레》, 2010.

- "Iranian car hits end of the road", BBC News, 2005. 5. 16.

- "Iran's banned press turns to the net", BBC News, 2002. 8. 9.

- "Iran's fashion police put on a show of chadors to stem west's cultural invasion", The Guardian, 2006. 7. 14

- "Iran's 'hidden' alcoholism problem", BBC News, 2012. 6. 20.

- "Persia: Ancient Soul of Iran", National Geography, August 2008.

- "Seven Die in Iran After Drinking Homemade Alcohol", The New York Times, 2013. 6. 3.

- "Talk Like an Iranian", The Atlantic, 2012. 8. 22

- "Tehrangeles: How Iranians made part of LA their own", w News, 2012. 9. 29.

- "Contending with Censorship: The Underground Music Scene in Urban Iran," intersections 10, no. 2, 2009.

- 강성수, 〈이란의 최근 자동차 생산 동향〉, KOTRA & globalwindow.org, 2012.

- http://en.kurdland.com/history.asp?id=1041

- http://family.jrank.org/pages/955/Iran-Family.html#ixzz2SkrKEJEQ

- http://globalsolutionspgh.org/2012/09/temporary-marriage-in-iran/

- http://icps.ut.ac.ir/e-firstpage.html

- http://iranian.com/main/news/2011/02/13/43-nasa-scientists-are-iranians.html

- http://news.naver.com/main/read.nhn?mode=LSD&mid=sec&sid1=104&oid=262

&aid=0000003418

- http://souciant.com/2013/03/modernizing-tehran/
- http://www.cultureofiran.com/patriarchy.html
- http://www.hani.co.kr/arti/international/arabafrica/447948.html
- http://www.iranchamber.com/recipes
- http://www.iranicaonline.org
- http://www.iranonline.com
- http://www.newstatesman.com/asia/2008/02/temporary-marriage-muta-iran
- http://www.payvand.com/news
- http://www.strangehorizons.com/2012/20120220/kian-p.shtml
- http://www.tehrantimes.com/component/content/article/88-life-style/4248-glorious-paintings-under-our-feet-the-persian-carpet-story

참고문헌

테헤란 기숙사 카펫 위 수다에서 페르시아 문명까지

# 오! 이런, 이란

지은이 | 최승아

1판 1쇄 발행일 2014년 10월 20일
1판 2쇄 발행일 2018년 10월 15일

발행인 | 김학원
편집장 | 김민기 황서현
기획 | 문성환 박상경 임은선 최윤영 김보희 전두현 최인영 이보람 정민애 이문경 임재희 이효온
디자인 | 김태형 유주현 구현석 박인규 한예슬
마케팅 | 이한주 김창규 김한밀 김규빈 송희진
저자·독자서비스 | 조다영 윤경희 이현주 이령은(humanist@humanistbooks.com)
스캔·출력 | 이희수 com.
제작 | 이펙피앤피

발행처 | (주) 휴머니스트 출판그룹
출판등록 | 제313-2007-000007호(2007년 1월 5일)
주소 | (121-869) 서울시 마포구 동교로23길 76(연남동)
전화 | 02-335-4422  팩스 | 02-334-3427
홈페이지 | www.humanistbooks.com

ⓒ 최승아, 2014

ISBN 978-89-5862-732-6  03910

* 이 도서의 국립중앙도서관 출판예정도서목록(CIP)은 서지정보유통지원시스템 홈페이지(http://seoji.nl.go.kr)와 국가자료공동목록시스템(http://www.nl.go.kr/kolisnet)에서 이용하실 수 있습니다.(CIP제어번호: CIP2014027741)

만든 사람들

편집장 | 황서현
기획 | 정다이 전두현
편집 | 박민영 정다이
디자인 | 임동렬
문의 | 이효온(lho2001@humanistbooks.com)